Isabell Hensel | Daniel Schönefeld | Eva Kocher
Anna Schwarz | Jochen Koch [Hrsg.]

Selbstständige Unselbstständigkeit

Crowdworking zwischen Autonomie und Kontrolle

Nomos

edition sigma

Die Deutsche Nationalbibliothek verzeichnet diese Publikation in der Deutschen Nationalbibliografie; detaillierte bibliografische Daten sind im Internet über http://dnb.d-nb.de abrufbar.

ISBN 978-3-8487-5134-1 (Print)
ISBN 978-3-8452-9335-6 (ePDF)

edition sigma in der Nomos Verlagsgesellschaft

1. Auflage 2019

Vorwort der Herausgeber*innen

Die Digitalisierung verändert Lebens- und Arbeitswelten und dabei auch herkömmliche Grenzziehungen zwischen selbstständiger und abhängiger Erwerbsarbeit. Traditionelle Prozesse der Arbeitsteilung, die Tätigkeiten in den Ordnungsrahmen von Organisation, Markt oder Netzwerken zusammenführen, werden zunehmend durch unterschiedlichste hybride Koordinationsformen ergänzt oder sogar ersetzt.

Das Beispiel des Crowdworking zeigt, wie sich Unternehmen unter Globalisierungs- und Innovationsdruck öffnen und Arbeitskraft am digitalen Markt ‚einkaufen', um sie in ihren Wertschöpfungsprozess zu integrieren. Digitale Crowdworking-Plattformen übernehmen in der sog. Gig-Economy oft eine zentrale Rolle bei der Koordination der Arbeitsleistungen, die über eine reine Vermittlungstätigkeit weit hinaus geht. Die so beschäftigten Crowdworker*innen sind zwar meist der gewählten Vertragskonstruktion zufolge selbstständig, tatsächlich aber in vielerlei Hinsicht abhängig. Dabei werden die von den Plattformen versprochene Autonomie des Arbeitens und entsprechende Erwartungen der Crowdworker*innen begrenzt und überformt von neuartigen digitalen Steuerungs- bzw. Kontrollformen.

Der vorliegende Band beleuchtet das sich damit einstellende Spannungsverhältnis zwischen Autonomie und Kontrolle in der digitalen Erwerbsarbeit und entfaltet die Ergebnisse des von 2015 bis 2018 durch die Fritz Thyssen Stiftung geförderten Forschungsprojektes „Koordination selbstständiger Unselbstständigkeit: Erwerbsarbeit jenseits der Organisation im Internetzeitalter". Das Forschungsteam, bestehend aus Isabell Hensel, Prof. Dr. Jochen Koch, Prof. Dr. Eva Kocher, Dr. Daniel Schönefeld und Prof. Dr. Anna Schwarz, verbindet sozial-, organisations- und rechtswissenschaftliche Perspektiven und untersucht die Interaktions- und Koordinationsformen im Feld des Crowdworking. Während die empirische und konzeptionelle Analyse ihren Fokus zunächst insbesondere auf das unter dem Stichwort ‚Micro'- oder ‚Clickworking' bekannte ‚einfache Crowdworking' richtet, ist das Forschungsprojekt in einer nun folgenden zweiten Phase auf die Besonderheiten des komplexen Crowdworking ausgerichtet. Ansatzpunkte und Denkanstöße dazu finden sich gleichermaßen im vorliegenden Band.

Aufgrund seiner interdisziplinären Ausrichtung bündelt das Projekt unterschiedliche fachspezifische Konzepte von Autonomie und Kontrolle. So wird das Spannungsverhältnis des Crowdworking in der Organisationsforschung an der Differenz Markt/Organisation, in der Soziologie in der Unterscheidung lose/enge Kopplung und in den Rechtswissenschaften an der Abgrenzung selbstständige/abhängige Beschäftigung diskutiert. Die verschiedenen disziplinären Blickwinkel auf die Interaktionen und Dynamiken im Dreieck Crowdworker*innen, Plattformen und Crowdsourcer verhindern einseitige Festlegungen und Kategorisierungen und ermöglichen es, das Besondere dieser Beschäftigungsformen zwischen traditionellen Typisierungen zu artikulieren. Erst wenn Steuerungsverhältnisse, Praktiken und Regulierungsdynamiken zusammen gedacht werden, wird es möglich, an den Plattformen vorbei auch auf das Gestaltungspotential der Crowd zu blicken.

Die Projekterkenntnisse fordern Theorien und normative Gestaltungsansätze digitaler Beschäftigung heraus. Wir haben sie auf einer Tagung im November 2017 mit Akteur*innen aus Wissenschaft, der Praxis des Crowdworking sowie der Politik diskutiert. Die Debatte bot uns vielfältige Denkanstöße, die in die hier publizierten Beiträge eingeflossen sind.

Der vorliegende Band dokumentiert Ergebnisse unserer Projektarbeit. Gleichzeitig kommen aber auch Akteur*innen aus dem Feld des Crowdworking und der politischen Praxis mit ihren Perspektiven zu Wort. Diesen, den Vortragenden auf unserer Tagung sowie allen, die in den vergangenen Jahren rege mit uns diskutiert und uns unterstützt haben, gilt unser Dank. Namentlich seien erwähnt: Thorben Albrecht, Christiane Benner, Dr. Sarah Bormann, Elke Ebert, Gunter Haake, Prof. Dr. Rüdiger Krause, Ralf Lemster, Prof. Dr. Manfred F. Moldaschl, Dr. Sebastian Strube, Prof. Dr. Jörg Sydow, Harald Weber und Ines Zimzinski. Zudem danken wir dem Nomos-Verlag für die Aufnahme in das Verlagsprogramm, dem Viadrina Center B/Orders in Motion für die finanzielle Unterstützung in der Antragsphase sowie der Fritz Thyssen Stiftung für die Finanzierung des Projekts und die Möglichkeit, in dem innovativen Bereich des Crowdworking einen Forschungsbeitrag leisten zu können. Nicht zuletzt danken wir allen Crowdworker*innen, Plattform-Betreiber*innen und den zahlreichen Expert*innen, mit denen wir Interviews zur Praxis des Crowdworking führen durften.

Die Manuskripte wurden im Oktober 2018 fertig gestellt.

Frankfurt (Oder), im Januar 2019

Isabell Hensel, Jochen Koch, Eva Kocher, Daniel Schönefeld und
Anna Schwarz

Inhalt

Vorwort der Herausgeber*innen 5

1. Einführung

Autonomie und Kontrolle – Crowdworking „im Dazwischen“
Einführung in den Sammelband 11

Daniel Schönefeld und Isabell Hensel

2. Empirie des Crowdworking: Kopplungsverhältnisse im Feld

Kontrollierte Autonomie. Einblick in die Praxis des Crowdworking 43

Daniel Schönefeld

Crowdwork: Digitale Tagelöhnerei oder Arbeit der Zukunft? 85

Sebastian Strube

Crowdworking als neuer Modus selbstständiger Erwerbsarbeit? Eine
Einordnung aus soziologischer Perspektive 97

Anna Schwarz

3. Gestaltungsansätze für das Crowdworking: Politik und kollektive Interessenvertretung

Neue Beschäftigungsformen und ihre soziale Sicherung –
Schlüsselthemen im Dialogprozess „Arbeiten“ 4.0 des BMAS 127

Thorben Albrecht

Selbstständige Arbeit auf Crowdworking-Plattformen – ein Gestaltungsfeld für Gewerkschaften 133

Sarah Bormann / Gunter Haake

Crowdworking gestalten – IG Metall 4.0 143

Christiane Benner

4. Koordination des Crowdworking: Direktionsrechte oder Wettbewerb?

Crowdworking zwischen Markt und Organisation – Eine steuerungstheoretische Betrachtung 153

Jochen Koch

Crowdworking: Ein neuer Typus von Beschäftigungsverhältnissen? 173
Eine Rekonstruktion der Grenzen des Arbeitsrechts zwischen Markt und Organisation

Eva Kocher

Die horizontale Regulierung des Crowdworking: Wer bestimmt die Regeln? 215

Isabell Hensel

Autor*innenangaben 255

1. Einführung

Autonomie und Kontrolle – Crowdworking „im Dazwischen"
Einführung in den Sammelband

Daniel Schönefeld und Isabell Hensel

1. *Einleitung*

1.1 *Plattformisierung von Märkten*

Die Nutzung plattformbasierter Dienstleistungen ist ein fester Bestandteil des Lebens einer Vielzahl von Menschen geworden: Sie gehen online, um Musik und Filme zu streamen, mit Freund*innen in Kontakt zu bleiben, sich zu verlieben, nach Wohnungen zu suchen, zu lernen oder um Informationen einzuholen. Seit einigen Jahren nimmt die Plattformisierung aber auch im Berufsleben eine stetig wachsende Rolle ein. Weil die Koordination von Erwerbsarbeit über digitale Intermediäre immer stärker voranschreitet und das Leben einer wachsenden Anzahl von Menschen beeinflusst, gilt es, diese Entwicklung aufmerksam zu beobachten.

Doch zunächst eine erste Systematisierung der zunehmenden Plattformisierung gesellschaftlicher Bereiche. In Anlehnung an Florian A. Schmidt (2016, S. 6) lassen sich fünf Felder voneinander unterscheiden, die von digitalen Plattformen kolonisiert werden: Kauf und Verkauf von Waren (z.B. Amazon), Kommunikation (z.B. Facebook), Entertainment (z.B. Youtube), Recherche und Wissen (z.B. Google) und schließlich die Erwerbsarbeit. Aufgrund digitaler Technologien lassen sich Tätigkeiten in unterschiedlich große Aufgabenpakete parzellieren. Die so granulierte Arbeit wird dann in Form von ‚Gigs' durch die Crowd bearbeitet. Man spricht deshalb auch von der Gig-Economy bzw. dem Crowdworking.

Mit Blick auf die Frage des Ortes, an dem die Arbeiten ausgeführt werden, können noch einmal zwei Formen des Crowdworking unterschieden werden (vgl. Schmidt 2016, S. 7). Eine ganze Reihe von Arbeiten werden offline erledigt. Beispiele hierfür sind Dienstleistungen im Bereich des Gastgewerbes (z.B. Airbnb), haushaltsnaher Dienstleistungen (z.B. Helpling) oder des Transports (z.B. Uber). Zahlreiche Tätigkeiten, wie etwa die Entwicklung von Logos oder das Prüfen von Softwareprodukten, werden virtuell ausgeführt.

Die in diesem Band versammelten Beiträge fokussieren auf die zuletzt genannte Form des Crowdworking. Denn insbesondere mit dieser digitalen Form des Bearbeitens von Aufgaben in und durch die Crowd sind in besonderem Maße brisante und kontrovers diskutierter Phänomene verknüpft (vgl. World Bank Group 2015; Schörpf u.a. 2017; Martin u.a. 2015; Gupta u.a. 2014; Kocher / Hensel 2016, Hensel 2017; Schönefeld u.a. 2017; Schönefeld / Schwarz 2017). Crowdworking:

- dringt immer tiefer in etablierte Wirtschaftssektoren vor und stellt damit etablierte Strukturen zunehmend Frage
- schafft neue Formen des – teilweise prekären – Einkommenserwerbs und hat damit das Potenzial, vor allem langfristig die sozialen Sicherungssysteme vieler Länder auf spürbare Weise herauszufordern
- bringt Erwerbstätige weltweit in neue Formen von Konkurrenz und Kollaboration, womit sich neue Konfliktlinien sowie Chancen transnationaler Solidarisierung gleichermaßen ergeben
- trägt zur Forcierung neuer, kollektiv geteilter Bilder von Selbstständigkeit bei, die alte Konzepte in Frage stellen
- irritiert etablierte Theorien der Koordination und Regulierung von Erwerbsarbeit in den Sozial- und Rechtswissenschaften in einem solchem Umfang, dass neue Beschreibungen und Modelle erforderlich werden.

1.2 Definition von Crowdworking

Betrachtet man die aktuell prävalente Form des Crowdworking, lassen sich drei Akteure voneinander unterscheiden, die es fortwährend interaktiv hervorbringen (vgl. Howe 2006; Hensel u.a. 2016; Leimeister u.a. 2016a).

Crowdsourcer*innen, zumeist Organisationen, rufen eine ihnen potentiell unbekannte Masse von Arbeitskräften zur Ausführung eines spezifischen Auftrags auf. Dieser ‚Call' erfolgt über externe digitale Plattformen. Das sind Unternehmen, die eine Website betreiben, auf der die Crowdworker*innen registriert und adressierbar sind. Nach der vertraglichen Gestaltung durch die Parteien handelt es sich dabei überwiegend um Selbstständige, die die digitale Infrastruktur der Plattform nutzen, um Aufträge nachzufragen bzw. ihre Dienstleistungen anzubieten.

Abb. 1: Akteure des Crowdworking

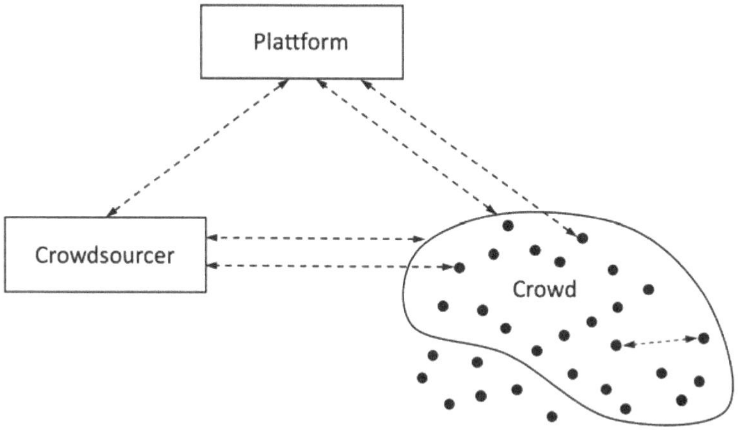

Quelle: eigene Darstellung

Auf diese Weise beschreiben insbesondere die Plattformen einen Crowdworkingprozess bzw. die Rolle der daran Teilnehmenden und ihre spezifischen Handlungen. Wie Crowdworking in der Praxis gemacht wird – in welchen Kopplungs- bzw. Machtrelationen die Akteure *in actu* stehen – und welche Herausforderungen sich daraus für Recht, Politik, kollektive Interessenvertretung und die wissenschaftliche Beschreibung dieser neuen Form der Koordination von Arbeit ergeben, sind offene Fragen. Die Beiträge des vorliegenden Sammelbands suchen Antworten auf sie zu finden.

Idealtypisch können zwei Formen der hier im Zentrum stehenden Spielarten des Crowdworking unterschieden werden: das einfache und das komplexe Crowdworking (vgl. auch World Bank Group 2015, S. 7; Schönefeld u.a. 2017). Beim zuerst genannten arbeiten die Teilnehmenden separiert von einander an gering vergüteten, einfach zu erledigenden Microaufgaben, für die manchmal nur ein Klick erforderlich ist. Ein Beispiel hierfür ist die Kategorisierung von Artikeln für Online-Shops: ‚Ist das ein Kleidungsstück? Ja oder Nein. Handelt es sich um eine Hose? Ja oder Nein. Ist die Hose blau? Ja oder Nein.' Und so weiter... Um an dieser Praxisform des Crowdworking teilnehmen zu können, ist zwar ein enormes Maß an Konzentrationsfähigkeit erforderlich, es werden aber nur geringe fachliche Fertigkeiten benötigt. Aus diesem Grund spricht man hier auch oft von Micro- oder Clickworking. Bekannte Plattformen, über die entsprechende Tätigkeiten abgewickelt werden, sind Amazon Mechanical Turk, Crowdflower und Clickworker.

Beim komplexen Crowdworking werden deutlich anspruchsvollere und besser bezahlte Aufgaben bearbeitet, die zumeist eine mehrjährige Praxis in diesem Gebiet oder eine einschlägige (Hochschul-)Ausbildung voraussetzen. Dazu zählen zum Beispiel die Entwicklung von Logos oder ganzer Werbekampagnen für global agierende Unternehmen, das Schreiben von Programmcodes für Apps oder das Industrie- und Produktdesign. Auf sogenannten Freelancing-Plattformen, wie etwa Upwork, erfolgt die Aufgabenbearbeitung typischerweise durch nur einen/eine Crowdworker*in. Das heißt, dass sich einzelne Personen aus der Crowd auf ausgeschriebene Aufgaben bewerben – wer den Zuschlag erhält, führt die Arbeit aus. Auf Plattformen, wie etwa Jovoto, ist häufig ein kollaborativer Arbeitsmodus zu beobachten. Hier finden sich virtuell immer wieder neue Teams zusammen, die dann gemeinschaftlich – aber auch im Wettbewerb mit anderen Teams – online einen Auftrag bearbeiten.

Tab. 1: Formen des Crowdworking

	Formen des Crowdworking	
	Einfach	**Komplex**
Fachliche Anforderungen	niedrig	mittel/hoch
Arbeitsmodus	separiert	separiert/ gemeinschaftlich
Bearbeitungsdauer	kurz	mittel/lang
Bezahlung	niedrig	mittel/hoch
Tätigkeiten	Kontrollaufgaben Produktbeschreibungen Transkription	Produktdesign Übersetzungen Programmieren
Plattformen	Amazon Mechanical Turk Crowdflower Clickworker	Jovoto Innocentive Upwork

Quelle: eigene Darstellung

1.3 Crowdworking als sich rasant entwickelndes Phänomen

Ein auf zahlreichen Quellen und unterschiedlichen Schätzverfahren basierender Bericht der World Bank Group (2015) diagnostiziert für das Jahr 2013, dass es circa 145 Plattformen gab. Dort waren knapp 48 Millionen

Personen als Arbeitskräfte registriert. Die meisten von ihnen lebten in den USA und in Indien. Als Crowdsourcer*innen traten vor allem Unternehmen aus der Privatwirtschaft auf. Dazu zählten insbesondere Firmen aus den Bereichen „Internet Services“ (29 Prozent) und „Media and Entertainment“ (20 Prozent) (World Bank Group 2015, S. 15). Die Diagnose der Weltbank muss heute aber mit Vorsicht betrachtet werden. Denn Crowdworking ist ein rasant wachsendes und sich ständig veränderndes Phänomen.

Dies zeigt sich zunächst mit Blick auf den Umfang der Crowd(s). So verzeichnete etwa die Plattform „Clickworker“ im Jahr 2010 70.000 registrierte Arbeitskräfte, 2014 waren es 700.000, 2018 ist die Crowd dieser Plattform auf mehr als eine Million Menschen angewachsen (vgl. Clickworker 2017 und 2018). Andere Plattformen weisen ähnlich hohe Zuwachsraten auf (vgl. Schönefeld u.a. 2017, S. 4f.; Schönefeld / Schwarz 2017, S. 207). Es ist also davon auszugehen, dass die Anzahl der registrierten Crowdworker*innen weltweit jährlich um mehrere Millionen ansteigt.

Auch die exakte Zahl der Plattformen kann nur schwer empirisch ermittelt werden. Das liegt zum einen daran, dass immer wieder neue Plattformbetreiber*innen ihre Website online stellen. Andere müssen ihren ‚digitalen Marktplatz‘ – mal mehr, mal weniger schnell nach dessen Gründung – schließen. Zum anderen gibt es aber auch Zusammenschlüsse von Plattformen (z.B. Elance und oDesk zu Upwork; vgl. World Bank Group 2015, S. 7). Gelegentlich kommt es zu Übernahmen von Plattformen durch Unternehmen, die bisher noch nicht im Crowdworking aktiv waren. So kaufte etwa der Personaldienstleister Randstadt die Plattform Twago auf (vgl. Miller / Schneider 2016, S. 24).

Insgesamt betrachtet, handelt es sich beim Crowdworking um ein sehr dynamisches Phänomen, das zahlreiche Fragen aufwirft. Dementsprechend wenden sich immer mehr Forschende aus unterschiedlichen Perspektiven dieser neuen Form von Erwerbsarbeit zu. Im nächsten Abschnitt werden die zentralen Forschungslinien und -ergebnisse in drei Disziplinen – Wirtschaftswissenschaft, Soziologie und Rechtswissenschaft – skizziert. Im darauffolgenden Abschnitt wird der Ansatz unseres Forschungsprojektes und des vorliegenden Bandes umrissen. Hiernach geben wir einen Ausblick auf die Inhalte der einzelnen Beiträge.

2. *Stand der Forschung*

2.1 *Wirtschaftswissenschaft*

Konturen der Plattform-Ökonomie

Ein erster Strang der wirtschaftswissenschaftlich ausgerichteten Forschung versucht, verschiedene Spielarten des Crowdworking zu bestimmen. Die Autor*innen setzen hierbei konzeptionell an den Plattformen an. Diese, und nicht etwa die Crowd, sind der Ausgangspunkt, von dem aus Crowdworking gedacht und erforscht wird (vgl. kritisch dazu Koch in diesem Band).

Betrachtet man die Literatur in diesem Forschungsfeld, findet sich eine inzwischen nur noch mühsam überschaubare Menge von Klassifikationen (vgl. z.B. Schmidt 2016; Leimeister / Zogay 2013; Vukovic 2009). Die hier jeweils genutzten Kategorien decken praktisch alle Phasen von Crowdsourcing- bzw. Crowdworkingprozessen ab (vgl. zusammenfassend Leimeister u.a. 2016a, S. 38ff.): Von der Art und dem Umfang der crowdgesourcten Aufgaben, über die verschiedenen Modi ihrer Bearbeitung bis hin zu den Spielarten der Vergütung. Auf Basis solcher Klassifikationen lässt sich die Variationsbreite des Crowdworking erahnen. Ob und wie oft die entsprechenden Phänomene aber in der Praxis beobachtbar sind und in welchen Kombinationen sie auftreten – welche Arten von Aufgaben etwa typischerweise auf eine spezifische Weise bearbeitet werden – lässt sich daraus nicht ableiten. Doch diese Informationen sind von Relevanz, ist man darum bemüht, die kontroversen Debatten über die Risiken des Crowdworking (zum Beispiel Prekarisierung) anhand nachvollziehbar entwickelter Daten einzuordnen.

Auf eben diesen Bedarf reagiert ein kleiner Teil der überwiegend wirtschaftswissenschaftlich orientierten Forschungscommunity. Hier ist vor allem eine Studie zu nennen, die ein Forschungsteam um Jan Marco Leimeister (2016a) durchgeführt hat. Mittels einer Clusteranalyse von Plattformen wurden insgesamt fünf empirisch beobachtbare Crowdworking-Typen auf induktivem Wege konstruiert:

Tab. 2: Crowdworking-Formen

	Crowdworking-Formen / Plattform-Typen				
	Microtask	Marktplatz	Design	Test	Innovation
Aufgaben-Komplexität	gering	hoch	hoch	hoch	hoch/gering
Verbreitung international	14%	31%	20%	15%	20%
Verbreitung national	11%	35%	24%	8%	22%

Quelle: Leimeister u.a. (2016a, S. 42ff.)

Die Forschungsgruppe entwickelt diese Spielarten anhand mehrerer Kriterien (vgl. Leimeister u.a. 2016a, S. 34f.). Besonders interessant ist die Kategorie *Komplexität der Aufgaben*, die auch für unser Crowdworking-Projekt maßgeblich ist. Es fällt auf, dass sich Crowdworking – anders als im medialen Diskurs oftmals dargestellt – überwiegend um die Bearbeitung komplexer Aufgaben dreht. Obschon also in der politischen, medialen und wissenschaftlichen Debatte das Microworking im Zentrum steht, zählt diese Form des Crowdworking – international betrachtet – zu dem kleinsten Cluster.

Diese Einsicht steht im Einklang mit unseren Beobachtungen des Crowdworking (vgl. Schönefeld u.a. 2017). Eine Analyse aller Aufgabensorten, die derzeit über 50 zufällig ausgewählte Plattformen (national und international) abgewickelt werden können, zeigt: Die absolute Mehrheit dieser Tätigkeiten kann nur dann erfolgreich abgeschlossen werden, wenn die Crowdworker*innen über ein entsprechendes Fachwissen (intensive Übung, Ausbildung oder Studium) verfügen.

Effizienz- und Optimierungsforschung

Der zweite Strang innerhalb der wirtschaftswissenschaftlich ausgerichteten Forschung nimmt eine evaluative Perspektive auf das Crowdworking ein (vgl. z.B.: Leicht u.a. 2016; Zogaj u.a. 2015; Gould u.a. 2016; Ye u.a. 2017).

Einige der Studien drehen sich um die Frage, ob und inwiefern sich durch das Crowdsourcen von Aufgaben – im Vergleich zur Bearbeitung dieser Tätigkeiten durch festangestellte Mitarbeitende – bessere Ergebnisse erzielen lassen. Beispielhaft sei hier auf eine Studie von Niklas Leicht u.a. (2016) verwiesen. Das Team hat zwei Organisationen untersucht, die jeweils eine selbst entwickelte App für deren Kund*innen klassisch (also ‚in house') und mit Hilfe der Crowd testen ließen. Die Ergebnisse der auf verschiedenen Daten beruhenden komparativen Studie zeigen, dass die Kosten beider Verfahren relativ ähnlich sind, das Crowdsourcen von Testläufen aber in verschiedenen Dimensionen Vorteile erzeugt. Das betrifft zum Beispiel den Faktor Zeit: „Crowdsourced software testing can be ramped up very quickly and becomes more effective if the testing unit has to deal with time or resource constraints" (Leicht u.a. 2016, S. 12). Ferner notieren die Autoren, dass das Auslagern von Tests an die Crowd den Vorteil erzeugt, eine sehr große Spannbreite unterschiedlicher Softwarekonfigurationen und Nutzungsformen bei einer Vielzahl von Nutzer*innen abbilden zu können. Zugleich halten die Forscher aber auch fest, dass sich das Testen von Apps mittels der Crowd unter bestimmten Bedingungen nicht lohnt. Das ist vor allem dann der Fall, wenn die Tests ein sehr hohes Fachwissen erfordern oder kritische Infrastrukturen innerhalb eines Softwareprodukts geprüft und modifiziert werden sollen. In diesem Fall erzeugt das Prüfen der Software auf klassischem Wege durch Angestellte des jeweiligen Unternehmens bessere Resultate (vgl. Leicht u.a. 2016, S. 12).

Eine weitere Gruppe von Studien im Feld der Effizienz- und Optimierungsforschung nimmt das ‚System Crowdworking' selbst in den Blick. Von der Überlegung ausgehend, „not all crowdsourcing projects turn out to be a striking success" (Zogaj u.a. 2015, S. 1), wird hier danach gefragt, von welchen Faktoren die Leistungsfähigkeit der Crowd beeinflusst wird. Einige Studien gehen dabei überwiegend monokausal vor. So fragen etwa Sandy Gould u.a. (2016) im Rahmen ihrer Untersuchung, welchen Einfluss das Multitasking (geteilte Aufmerksamkeit) auf die Ergebnisqualität hat. Teng Ye u.a. (2017, o.S.) beobachten „the relationship between payment and performance quality in crowdsourcing." Ein Team um Shokran Zogaj (2015) nimmt einen breiteren Blick ein. Die Autoren haben zunächst eine Vielzahl von Variablen identifiziert, die in einem Zusammenhang mit den Leistungen der Crowd stehen. Dazu zählt beispielsweise das Zergliedern eines Auftrags in kleinere Einheiten oder die Möglichkeit, Crowdworker*innen auf Basis bestimmter Merkmale aus dem Pool der potentiellen Auftragnehmer*innen herauszufiltern. Mit Hilfe einer Fallstudie rekonstruieren die Forschenden dann, welche der zuvor identifizierten Variablen sich besonders intensiv auf den Erfolg des Projekts ausgewirkt haben.[1] Sie gelangen zu dem Fazit, dass „task definition mechanisms and quality assurance mechanisms have the highest impact on the success of crowdsourcing projects" (Zogaj u.a. 2015, S. 1).

2.2 *Soziologie*

Ein Großteil der soziologischen Arbeiten widmet sich der Vermessung der Crowd (vgl. z.B.: Al-Ani / Stumpp 2015b; Bertschek u.a. 2016; Berg 2016; Leimeister u.a. 2016; Ipeirotis 2010). Im Zentrum der Studien steht die Frage: „Who are the Crowdworkers?" (Ross u.a. 2010) Betrachtet man die Ergebnisse in diesem Feld studienübergreifend, lässt sich – grob geschätzt – folgendes Bild entwickeln. Die auf den Plattformen weltweit registrierten Personen sind vergleichsweise jung, oftmals gut ausgebildet und Männer sind auf vielen Plattformen häufiger registriert als Frauen. Die Mehrheit betreibt Crowdworking als Nebenjob. Zugleich verdeutlichen die Studienergebnisse aber auch, dass Crowdworking differenziert betrachtet werden muss. Je nach gewählter Forschungsperspektive werden starke Unterschiede innerhalb der Crowd erkennbar:

Zum einen zeigt sich dies, wenn man einfaches und komplexes Crowdworking vergleichend betrachtet. Unterschiede zwischen beiden Arbeitsformen sind bereits in den Dimensionen Geschlecht, Alter und Bildung erkennbar. Im Vergleich zum einfachen Crowdworking ist in der komplexen Form *der Anteil* der Frauen an der Crowd höher, ebenso das durchschnittliche Alter sowie der formale Bildungsabschluss der Teilnehmenden (vgl. World Bank 2015, S. 31ff.; Leimeister 2016b, S. 32ff.). Markante Unterschiede zeigen sich auch mit Blick auf das über Crowdworking erzielbare Einkommen und dessen Stellenwert am Gesamteinkommen des jeweiligen Haushalts. So verdienen beispielsweise in Deutschland lebende Crowdworker*innen im Microtasking-Bereich durchschnittlich 144 Euro pro Monat, während es ihre ‚Kolleg*innen' im Design-Bereich auf 662 Euro monatlich schaffen (vgl. Leimeister u.a. 2016b, S. 43). Dementsprechend sehen auch nur 6% jener Personen, die einfache Arbeiten übernehmen, das über die Plattformarbeit generierte Einkommen als ihre zentrale Einnahmequelle

1 Unter Erfolg verstehen die Autoren zum einen das Erreichen von Vorgaben in den Dimensionen „Time, cost and quality" (Zogaj u.a. 2015, S. 6). Zum anderen nehmen sie aber auch „subjective criteria", wie etwa die „perceived satisfaction" (Zogaj u.a. 2015, S. 6) in den Blick.

an, während es bei der Vergleichsgruppe (Design) ungefähr dreimal so viele sind, nämlich 19% (vgl. Leimeister u.a. 2016b, S. 48).

Zum anderen sollte Crowdworking auch mit Blick auf den Lebensort der teilnehmenden Arbeitskräfte betrachtet werden. Gut erforscht sind hier die Perspektiven von Personen, die ihre Dienstleistungen im Microworking anbieten. So verweist etwa Janine Berg (2016, S. 9) darauf, dass in Indien lebende Crowdworker*innen das über Amazon Mechanical Turk generierte Einkommen häufiger als zentrale Einnahmequelle betrachten, als dies bei in den USA lebenden Personen der Fall ist, die auf der Plattform Aufträge nachfragen. Als Erklärungsangebot lassen sich die unterschiedlichen Lebenshaltungskosten in beiden Ländern anführen.

Eine bisher noch recht kleine Gruppe innerhalb der soziologisch orientierten Forschung nimmt die (Beschreibung der) Praxis des Crowdworking in den Blick (vgl. Gupta u.a. 2014; Martin u.a. 2015; Schörpf u.a. 2017; Durward / Blohm 2017). Die Autor*innen fokussieren insbesondere die Frage, welchen strukturellen Herausforderungen Crowdworker*innen während des Arbeitens auf, über und mit Plattformen begegnen.

Erstens zeigt sich hier, dass die Arbeitskräfte eine starke zeitliche Flexibilität an den Tag legen müssen. Dies wird insbesondere in den Arbeiten einer Gruppe um Neha Gupta (2014) deutlich, die sich vor allem für indische Crowdworker*innen auf Amazon Mechanical Turk interessiert. Die Sozialforscher*innen halten fest, das „working life" der digitalen Arbeitskräfte sei „heavily dictated by the availabilty of HITs" (Gupta u.a. 2014, S. 6). Die Crowdworker*innen könnten also kaum selbst entscheiden, wann sie arbeiten, sondern müssten sich nach der Verfügbarkeit von Aufträgen richten. Dies wird besonders in einem Interviewauszug deutlich, in dem eine Person berichtet, dass sie sogar ihren Schlafrhythmus an das Vorhandensein von Arbeitsgelegenheiten angepasst habe: „When there is work I work, when there is no work I am taking rest." (Gupta u.a. 2014, S. 6) Zweitens arbeiten die Studien heraus, dass Crowdworker*innen auf verschiedenen Plattformen vor dem Problem des Erwerbs und anschließenden Erhalts einer möglichst hohen Reputation stehen, um an gut bezahlte Aufträge zu gelangen. Besonders eindrucksvoll zeigt dies ein Team um Philip Schörpf (2017). Die Forschenden konzentrieren sich auf den Design-Bereich im Crowdworking. Sie verdeutlichen, dass die digital agierenden Designer*innen vor allem von der Bewertung durch die auftraggebenden Unternehmen abhängig sind. Insbesondere Anfänger*innen, die noch kaum Aufträge und damit Bewertungen vorweisen können, würden eine ganze Reihe von Strapazen auf sich nehmen, um Crowdsourcer*innen zu einer möglichst hohen Bewertung zu motivieren: „crowdworkers offer additional tasks, demand less payment or forfeit payment at all, do extra revisions or are constantly available in case the customors are not satisfied." (Schörpf u.a. 2017, S. 51)

Vor dem Hintergrund der These einer massiven Konkurrenz unter Crowdworker*innen ist eine zweite Gruppe von Studien interessant. Sie fragt danach, ob und inwiefern sich innerhalb der Crowd die Entwicklung kooperativer Beziehungen beobachten lässt. Dabei wird unter anderem deutlich, dass sich die Beschäftigten wechselseitig unterstützen, indem sie Auftraggeber*innen auf speziell hierfür entwickelten Seiten bewerten und damit einen öffentlichen Druck auf diese entwickeln können. Wie in vielen anderen Bereichen auch, wird hier vor allem das Microtasking fokussiert; vor allem die Website Turkopticon. Mit Hilfe einer standardisierten Befragung arbeitet Marcus Ellmer (2016) heraus, dass die Nutzer*innen Turkopticon tatsächlich auch deshalb verwenden, um Solidarität innerhalb der Crowd zu entwickeln. Der Autor betont aber, dass dies nicht das primäre Motiv der Leute sei. Eine weitere Gruppe von Studien zeigt, dass sich innerhalb der Crowd auch strategische Allianzen zwischen den Arbeiter*innen entwickeln. Gupta u.a. (2014) berichten insbesondere von Netzwerkbildung: Mehrere Crowdworker*innen unterstützen sich dadurch, indem sie einander auf neue Aufträge hinweisen und Wissen teilen. Durward / Blohm (2017) beschrieben in ihrer Studie das Phänomen der sogenannten „Crowd Aggregators":

> „single crowd workers acquire larger tasks from the platform, decompose them into smaller subtasks and distribute these to other crowd workers. In this context, the single crowd worker takes over the governance and management of the subtasks. Furthermore, this mediating crowd worker predefines the conditions of the subtasks like payment, milestones and deadlines, based on the earlier agreements with the crowdsourcer." (Durward / Blohm 2017, S. 402)

Die Autoren arbeiten auch heraus, dass solche Kooperationen keineswegs nur kurzfristig bestehen, sondern oftmals auf Dauer angelegt sind.

Rechtswissenschaften

Die rechtliche Debatte zum Crowdworking ist in einen breiten Diskurs zur Digitalisierung der Arbeit eingebettet, der von Phänomenen des innerbetrieblichen Einsatzes von digitaler Technik, wie etwa internes Crowdworking oder Robotern und Datenbrillen, bis hin zu digitalen Beschäftigungsverhältnissen jenseits des Betriebes reicht. Crowdworking ist paradigmatisch zum einen für die unternehmensexterne Beschaffung und Koordination von Arbeitskraft, z.B. in Werk-, Dienstvertrags- und Arbeitnehmer*innenüberlassungsstrukturen, überwiegend jenseits des Arbeitsrechts, und zum anderen für die Digitalisierung und Globalisierung der Arbeit.

Die Auslagerung von Arbeitstätigkeiten erreicht mit der Digitalisierung eine neue Qualität. Im Fokus der bisherigen Debatte stand bisher die arbeitsrechtliche Fassung der Beschäftigungsverhältnisse im Dreieck zwischen Auftraggeber*innen, Plattformen und Crowdworker*innen (vgl. die Beschlüsse des 71. DJT 2016: „Digitalisierung der Arbeitswelt – Herausforderungen und Regelungsbedarfe"; insbesondere Krause 2016; vgl. auch Weißbuch 2016; jetzt aber zu den Beziehungen zwischen Auftraggeber*innen und Plattformen Kocher 2018). Sie dreht sich insbesondere um die Frage, ob digital auf Plattformen beschäftigte Crowdworker*innen als Arbeitnehmer*innen einzuordnen sind, ob also von Scheinselbstständigkeit auszugehen ist (dazu Lingemann / Otto 2015, S. 1043; Däubler / Klebe 2015; Günther / Böglmüller 2015, S. 1030; kritisch zum engen Arbeitnehmer*innen-Begriff des BAG, Wank 2017 und 2018; Kocher in diesem Band) oder ob Crowdworker*innen mindestens arbeitnehmerähnlicher Schutz zu gewähren ist (z.B. nach dem Heimarbeitsgesetz, so Giesen / Kersten 2017, S. 110ff.; kritisch zur Passgenauigkeit Däubler 2018, § 18, Rn. 61) bzw. gewährt werden sollte (für eine Begriffsausweitung etwa Deinert 2015).

Bei der Frage der Scheinselbstständigkeit (zu diesem Problem und Gerichtsentscheidungen in den USA Cherry 2016; Prassl / Risak 2016) steht die Rolle der Plattformen im Zentrum der Untersuchungen (dazu Ellmer 2015; Schmidt 2016; zur Kontrollmacht etwa Morozov 2014; Waas u.a. 2017; Klebe 2017; Kocher / Hensel 2016). Der rechtswissenschaftliche Fokus liegt dabei auf der Suche nach Indizien für ein Direktionsrecht der Plattformen, wie z.B. internetspezifischen Kontrollformen der Arbeitstätigkeit über technische Instrumente wie Screenshots, Kontrolle von Mausaktivitäten oder die Protokollierung von Arbeitsabläufen (zur „elektronischen Leine" Krause 2016, B 104; Haupt / Wollenschläger 2001, S. 292; Kocher / Hensel 2016, S. 985f) und über soziale Kontrollnetzwerke, die die Kund*innen in die Kontrolle einbeziehen, wie etwa „Feedback"-Mechanismen und Reputationssysteme, die anstelle der Weisung für die Auftragsvergabe und -vergütung herangezogen werden (De Stefano 2016, S. 4; Lingemann / Otte 2015, S. 1045). Das netzwerkartige Nebeneinander von Plattformen, Auftragnehmer*innen und Crowdworker*innen veranlasst einige Ansätze, die Besonderheiten des Crowdworking nicht ausschließlich vom Arbeitnehmer*innen-Begriff, sondern von der „Mehr-Arbeitgeber-Beziehung" zu denken (am radikalsten Bücker 2016; von „Mehr-Arbeitgeber-Beziehungen" sprechen Deinert / Helfen 2016, S. 86; dazu auch Felstiner

2011, S. 187 ff. und Prassl / Risak 2016; kritisch zu einem *joint employer* Däubler 2016, S. 238).

In der Debatte wird daher immer öfter eingewendet, dass die bestehenden arbeitsrechtlichen Konzepte und Kategorien des Arbeitnehmer*innen-Begriffs nicht mehr geeignet sind, um die Besonderheiten des Crowdworking zu erfassen (etwa Krause 2016, B 106f.; Prassl / Risak 2016, S. 619; Däubler / Klebe 2015, S. 1032; De Stefano 2016; Cherry 2016, S. 577). Einigkeit besteht darin, dass der Gesetzgeber aufgerufen ist, den Besonderheiten der digitalen Koordinationsmodi Rechnung zu tragen.

Die breite und vielfältige arbeitsrechtliche Regulierungsdebatte reicht von einer Anpassung bzw. Neudefinition des Arbeitnehmer*innen-Begriffs über einen Mindestschutz durch punktuelle Vorschriften wie etwa eine Mindestvergütung für Crowdworker*innen, einen Gesundheitsschutz für die besondere Arbeitssituation bis hin zu einer Statussicherung der Crowdworker*innen etwa in Form eines „Crowdworking-Gesetzes" (zu den zahlreichen Vorschlägen BMAS 2017, S. 175; für eine dem HAG analoge Sicherung auch Waas 2017, S. 177ff.; Liebman / Lyubarsky 2017, S. 129ff.; Brose 2017, S. 14; Preis 2017, S. 173; Prassl 2018, S. 74ff.). Im Raum steht in diesem Zusammenhang auch die Forderung nach einer Modifizierung des Heimarbeitsgesetzes, um darüber Crowdworker*innen als ‚moderne Heimarbeiter*innen' einen Mindestschutz zu gewähren (statt vieler Krause 2016, B 105ff; Risak 2015; Klebe 2017).

Von einer anderen Seite nähern sich solche Konzepte, die an der zivil- und wirtschaftsrechtlichen Position der Crowdworker*innen ansetzen und über einen vertragsrechtlichen Schutz wie eine Kontrolle der Allgemeinen Geschäftsbedingungen (Däubler / Klebe 2015, S. 1032), durch Kartellrecht (etwa Däubler 2015, S. 264) oder andere Schutzkonzepte (vgl. Beschlüsse des DJT 2016; Bayreuther 2017; Jürgens u.a. 2017) eine Stärkung der Marktposition der Selbstständigen erreichen wollen. Vor allem der Blick auf Formen des komplexen Crowdworking im Kreativ- und Innovationsbereich (vgl. Schörpf u.a. 2017)[2] zeigt das Selbstverständnis der digital Beschäftigten als Selbstständige und weckt Zweifel an einer pauschalen Behandlung aller digitalen Beschäftigten als Arbeitnehmer*innen (vgl. BT-Drs. 17/12505, S. 48; differenzierend auch Waas u.a. 2017). Forderungen nach marktkorrigierenden oder -schaffenden Maßnahmen des Gesetzge-

2 Die Verlängerungsphase des Thyssen-geförderten Forschungsprojektes „Koordination selbstständiger Unselbstständigkeit. Erwerbsarbeit jenseits der Organisation im Internetzeitalter" legt ihren Fokus auf die besonderen Koordinationsformen des komplexen Crowdworking.

bers wie Zugangs- und Wettbewerbssicherung, etwa über Transparenz (vgl. allgemein für digitale Plattformen, Martini 2017), insbesondere im Hinblick auf Vertrags-, Urheber-, Datenschutz- und Persönlichkeitsrechte werden insofern nicht nur für Crowdworking-Plattformen, sondern für alle Arten digitaler Plattformen seit längerem diskutiert (Research group on the Law of Digital Services 2016).

Daneben gibt es konkrete sozialrechtliche Gestaltungsvorschläge, die sich zwar größtenteils an die arbeitsrechtlichen Begriffsarbeiten anschließen, darüber hinaus aber konkret einen eigenen und spezifischen sozialrechtlichen Schutz der Crowdworker*innen z.B. über eine allgemeine oder risikospezifische Sozialversicherungspflicht von Solo-Selbstständigen (dazu BT-Drs. 12/12505, S. 75; Waltermann 2010; nun auch die Beschlüsse des DJT 2016, S. 12; Riedel / Welskop-Deffaa 2016; Brose 2017; zur Arbeitslosenversicherung Koch u.a. 2011), über die Öffnung bzw. Nachbildung der Künstlersozialkasse (statt vieler Krause 2016, B 106f.; BT-Drs. 9/26, S. 17), die Einrichtung eines neuen berufsständischen Versorgungswerkes für digitale Arbeitsformen oder über die Einrichtung einer (europäischen) Sozialkasse (Biegoń u.a. 2017, S. 9) fordern. In der sozialrechtlichen Debatte scheint damit eine Mehrheit für eine eigene Statussicherung zu plädieren, auch um die Allgemeinheit vor einem drohenden Kollaps der Sozialversicherungssysteme zu bewahren.

Auf der anderen Seite steht die Skepsis gegenüber umfassenden Regulierungen der neuen Beschäftigungsformen (Allen / Berg 2014; Dostmohammed / Long 2015). Die neue Organisationsstruktur, die Internationalität und die Dynamik der Plattformarbeit würden den Gesetzgeber vor große Herausforderungen stellen. Neben dem Gesetzgeber werden daher zunehmend die Gewerkschaften aufgefordert, ihre Rechte zu Kollektivverhandlungen auch für selbstständig Erwerbstätige wahrzunehmen bzw. die digitale Crowd in ihrer Selbstregulierungsfähigkeit zu unterstützen (vgl. Al-Ani / Stumpp 2015a und b; IG Metall 2016). Diesbezüglich werden neben Repräsentationsproblemen wie etwa die Anonymität und Erreichbarkeit der Betroffenen (Deinert 2015, Rn. 152ff.; Schliemann 2014, S. 540ff.; Krause 2016, B 107; auch Cohen 2015, S. 303ff.) vor allem kartellrechtliche Fragen diskutiert, insbesondere dann, wenn sich ohne den verfassungs- bzw. europarechtlichen Schutz der Koalitionsfreiheit Selbstständige kollektivieren, die keine arbeitnehmerähnlichen Personen im Sinne des § 12a TVG sind (vgl. Bayreuther 2017).

3. Zwischen Autonomie und Kontrolle – Unser interdisziplinärer Projektansatz

Unser an der Europa-Universität Viadrina angesiedeltes Crowdworking-Projekt, dessen zentrale Ergebnisse in diesem Band (gemeinsam mit Beiträgen einiger unserer Diskussionspartner*innen) vorgestellt werden, fokussiert besonders auf die Praxis dieser neuen Form digital vermittelter Erwerbsarbeit und die sich daraus ergebenden Herausforderungen. Hierfür greifen wir auf eine differenzierte Datenbasis zurück:

- 20 Interviews mit Crowdworker*innen und Betreiber*innen von Plattformen
- 30 AGBs von Plattformen
- 50 Websites von Crowdworking-Plattformen

Mit Hilfe dieser Daten nehmen wir das Crowdworking in einem weiten und engen Sinn zugleich in den Blick. Zum einen erweitern wir die Perspektive auf Crowdworking, indem drei Disziplinen – Soziologie, Organisationsforschung und Rechtswissenschaft – das Phänomen jeweils zunächst fachspezifisch und dann inter- bzw. transdisziplinär analysieren. Zum anderen erfolgen unsere Rekonstruktionen auf ‚disziplinierte' Weise, indem wir uns auf eine spezifische Spannungslinien konzentrieren, die aktuell zwar besonders kontrovers debattiert wird, zu der aber nur wenige systematisch entwickelte Einsichten vorliegen: die Spannung zwischen Autonomie und Kontrolle im Crowdworking. Übersetzt in fachspezifische Kategorien, ergeben sich damit drei thematische Präzisierungen:

Abb. 2: Crowdworking zwischen Autonomie und Kontrolle – Disziplinäre Zugänge

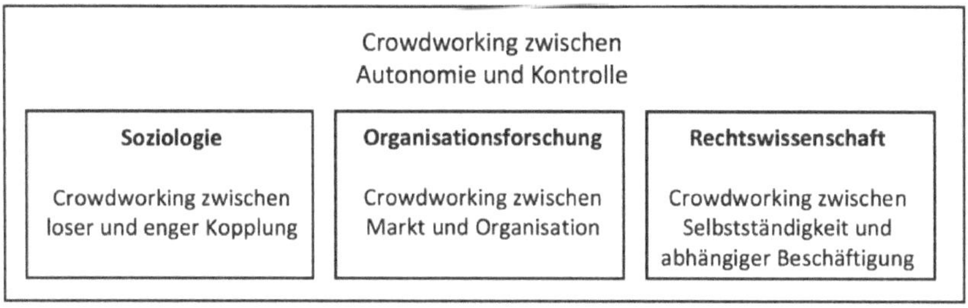

Soziologie: Zwischen loser und enger Kopplung

Der größte Teil der soziologisch ausgerichteten Arbeiten konzentriert sich darauf, die Konturen des Crowdworking vermittels historischer Vergleiche und auf theoretisch-konzeptionellem Weg zu bestimmen. Die bisher vorliegenden empirischen Beiträge widmen sich überwiegend der Vermessung der Crowd, untersuchen Chancen und Herausforderungen für die am Crowdworking teilnehmenden Arbeitskräfte und rekonstruieren Interaktionen zwischen ihnen mit Blick auf Formen der Arbeitsteilung und der Solidarität. Bislang mangelt es jedoch an Studien, die systematisch danach fragen, wie die Teilnehmenden am Crowdworking zu einander positioniert sind: Wer interagiert wann, wie, mit wem? Vor dem Hintergrund der oben skizzierten Herausforderungen gilt es dabei vor allem den Blick auf die Crowdworker*innen zu richten: Können sie tatsächlich autonom ihre Arbeit gestalten oder unterliegenden sie (doch) verschiedenen Kontrollformen durch die anderen Teilnehmenden an dieser neuen Form der Erwerbsarbeit (Plattformen, Crowdsourcer*innen und Crowd)?

Daraus ergibt sich die Zielstellung des soziologischen Teilprojekts. Sein Ausgangspunkt bildet das Autonomieversprechen der Plattformökonomie – ‚Arbeite wann, wo und was du willst.' Mit Bezug auf Karl Weick wird argumentiert, dass darin das Bild einer losen Kopplung zwischen dem/der einzelnen Crowdworker*in und den anderen Akteuren des Crowdworking zum Ausdruck kommt: Die Beschäftigten in der digitalen Ökonomie können sich mit Blick auf die Wahl der Arbeitsinhalte, -orte und -zeiträume überwiegend an selbstgewählten Referenzpunkten orientieren. Auf Basis der erhobenen Interviews mit Crowdworker*innen wird im soziologischen Teilprojekt gefragt, inwiefern sich dieses Bild tatsächlich in ihren Beschreibungen der Praxis digitalen Arbeitens widerspiegelt. Es gilt also empirisch zu bestimmen, wie Crowdworking zwischen loser und enger Kopplung, zwischen Autonomie und Kontrolle in Interviews präsentiert wird.

Organisationsforschung: Zwischen Markt und Organisation

Aus organisationswissenschaftlicher Perspektive zeigt sich in der bisherigen Debatte des Crowdworking ein konzeptionell-begriffliches Defizit: Die überwiegende Mehrheit der vorliegenden Arbeiten betrachtet es in Form einer Entweder-oder-Logik, namentlich als Markt oder Organisation. Aufgrund dieser Dichotomisierung kommt aber das, was Crowdworking von anderen Formen der Koordination von Erwerbsarbeit unterscheidet, nicht in den Blick. Es mangelt mithin an Versuchen, das weite Feld zwischen Markt und Organisation detaillierter zu bestimmen. Daraus ergibt sich die Spezifik des organisationswissenschaftlichen Ansatzes.

Erstens wird hier eine enge Definition von Crowdworking genutzt, indem von der Existenz eines outsourcenden Unternehmens und einer digitalen Crowdsourcing-Plattform abstrahiert wird. Der Fokus richtet sich also dann auf das *Working der Crowd*, als soziales Phänomen eigener Art.

Zweitens gilt es ein begriffliches Instrumentarium zu entwickeln, mit dem zwischen den beiden ‚klassischen' Koordinationsformen Markt und Organisation begrifflich differenziert werden kann: Worin liegt die jeweilige Spezifik dieser beiden Möglichkeiten, Erwerbsarbeit zu koordinieren? Drittens wird auf Basis dieser so etablierten Werkzeuge danach gefragt, welche ‚Zwischenformen' in diesem (Spannungs-)Feld theoretisch beobachtbar sein können. Es werden also Definitionsmöglichkeiten abgeleitet, anhand derer differenziert bestimmt werden kann, inwiefern eine empirisch beobachtbare Crowd mehr ist als nur ein (Quasi-)Mark bzw. weniger ist als eine (Quasi-)Organisation.

Rechtswissenschaft: Zwischen abhängiger und selbstständiger Beschäftigung

Die rechtswissenschaftliche Debatte setzt ebenfalls an der Differenz von Autonomie und Kontrolle an und arbeitet sich vor allem an den Grenzen des Arbeitsrechts ab, interessiert sich also für Fragen von Abhängigkeit und Selbstständigkeit. Die Abgrenzung verläuft parallel zu den organisationstheoretischen Begriffen von Organisation und Markt. Der durch das Merkmal der Fremdbestimmung gekennzeichnete Rechtsbegriff der Arbeitnehmer*in wird dem der idealtypisch selbstbestimmten Selbstständigen gegenübergestellt; die Abgrenzung zwischen Selbstständigkeit und Arbeitnehmer*inneneigenschaft ist dabei überwiegend eine „Alles-oder-nichts"-Frage (vgl. auch Leist u.a. 2017, S. 56). Neue Dynamiken, Wechselwirkungen und Grenzverwischungen können damit nicht erfasst werden. Dabei hat unsere Untersuchung der Koordinationsmechanismen des Crowdworking gezeigt, dass die neuen Beschäftigungsformen die Abgrenzung selbst in Frage stellen, wenn nämlich komplexe Arrangements und Wechselwirkungen zwischen Markt und Organisation sichtbar werden, deren Eigenheiten im Rahmen der herkömmlichen Rechtsbegriffe nicht in den Blick genommen werden (können). Das zeigt sich etwa, wenn die formal selbstständigen Crowdworker*innen derart in die Plattformorganisation eingebunden sind, dass ihnen eine autonome Teilnahme am Markt nicht mehr möglich ist – ohne dass sie damit schon Weisungen im arbeitsrechtlichen Sinn unterliegen würden. Unsere interdisziplinäre Perspektive, die diese neuen Kopplungs- und Steuerungsmodi offenlegt, fordert die bisherige rechtliche Typisierung von Beschäftigungsverhältnissen heraus. Es wird notwendig, bei dieser Vereinnahmung durch die Organisation anzusetzen und nach den Rückwirkungen auf die bestehenden arbeits-, vertrags- und wettbewerbsrechtlichen Kategorien zu fragen. In der Schnittmenge zeigt sich das ‚Zwischen' des Crowdworking: dann geht es aus rechtlicher Perspektive genauso um die Grenzen des Arbeitsrechts zwischen Markt und Organisation als auch um die Grenzen des Vertrags- und Wettbewerbsrechts zwischen Markt und Organisation.

Aus dieser Perspektive lässt sich noch einmal an der Frage ansetzen, auf was zum einen die arbeitsrechtliche Abhängigkeit und der so rechtfertigte Schutzeingriff und zum anderen die vertragsrechtliche Freiheit und die daraus folgende Marktderegulierung bzw. -regulierung gründet. Vom gemeinsamen Ausgangspunkt der Übermacht digitaler Plattformen ergeben sich spezifische Rechtsfolgen. Während arbeitsrechtlich ein Schutz in der digitalen Organisation geboten ist, geht es vertragsrechtlich darum, die Einzelnen unter digitalen Kommunikationsbedingungen zur gleichberechtigten Teilnahme am Markt zu befähigen und so gesehen vor mächtiger Organisation zu schützen.

Eine Reihe von Gewerkschaften setzt in ihrer Arbeit selbst bereits an diesem ‚Zwischen' an und bemüht sich um einen spezifischen Schutz der besonderen digitalen Beschäftigungsformen, indem jenseits bestehender Rechtskategorien kreative Lösungswege gesucht werden, um die Gestaltung der neuen komplexen Arrangements weiter zu treiben. Ein weiterer Fokus der rechtswissenschaftlichen Untersuchung des Forschungsprojektes liegt daher auf der rechtlichen Bewertung der kollektiven Selbstregulierungsbestrebungen der Crowd, die sich scheinbar in Gegenbewegung zu den marktgetriebenen Plattformen im Kommunikationsraum Internet entwickeln.

Interdisziplinarität

Erst diese Vervielfältigung der Perspektiven auf die Grenzüberschreitungen des Crowdworking erlaubt es, die Spannungsverhältnisse der Beschäftigungsform in den Blick zu bekommen. Über die interdisziplinäre Projektanlage können die Wechselwirkungen zwischen Empirie, Theorie und Normativität produktiv werden. Diese Logik spiegelt sich auch in der Struktur des vorliegenden Bandes. Es galt, unsere empirischen Befunde mit politischen Gestaltungsansätzen und normativen Gestaltungsoptionen zu verknüpfen.

4. *Beiträge des Bandes*

Der vorliegende Sammelband umfasst Aufsätze der an unserem Crowdworking-Projekt versammelten Disziplinen (Soziologie, Organisationsforschung und Rechtswissenschaft) sowie Beiträge einiger unserer Diskussionspartner*innen aus der Praxis des Crowdworking. Nach unserem einführenden Beitrag folgen drei thematische Blöcke, unter denen sich jeweils drei Autor*innen versammeln.

Teil 1 – Empirie des Crowdworking: Kopplungsverhältnisse im Feld

Daniel Schönefeld (Soziologe im Crowdworking-Projekt) nimmt die für unser Projekt zentrale Frage nach den Kopplungsverhältnissen zwischen den Akteuren des Crowdworking als Ausgangspunkt und sucht auf empirischem Wege nach Antworten. Auf Basis von Interviews mit Crowdworker*innen im Microworking und Softwaretesting rekonstruiert er, wie sie ihre Positionierung und die damit verbundenen Handlungsmöglichkeiten im Dreiecksverhältnis Crowd-Plattform-Crowdsourcer*innen beschreiben. Anhand zahlreicher Beispiele zeigt Schönefeld, dass die Interviewten Crowdworking als eine Praxis präsentieren, bei der ihre Entscheidungen über Arbeitszeiten und -inhalte stark von den Erwartungen, Verhaltensweisen und Vorgaben der anderen Akteure (mit-)bestimmt werden, sie also nur in begrenztem Umfang autonom agieren können. Eine besondere Rolle spielen dabei die Plattformen. Sie werden als einflussreiche Player beschrieben, die die Handlungsmöglichkeiten der Crowdworker*innen systematisch strukturieren.

Auch der nachfolgende Beitrag von *Sebastian Strube* liefert eine dichte Beschreibung der Beziehungen zwischen den Teilnehmenden am Crowdworking. Der Journalist hat selbst über mehrere Monate hinweg als Crowdworker gearbeitet, mit seinen ‚digitalen Kolleg*innen' über deren Sorgen und Nöte gesprochen und ihre Debatten in vielen Chatforen aufmerksam verfolgt. Auf Basis dieses vielschichtigen Datensets macht er deutlich, dass Crowdworking vor allem eines ist: harte Arbeit. Denn auch hinter solchen Tätigkeiten, für deren Übernahme wenige formale Qualifikationen benötigt werden, stehen zahlreiche Anstrengungen. Um etwa denselben Modeartikel – „Handtaschen, ständig Handtaschen" (Strube) – stets neu textlich in Szene zu setzen, ist zunächst eine gründliche Recherche sowie die Entwicklung eines Baukastens aus flexibel kombinierbaren Textstücken nötig. Erst nach diesen unbezahlten Tätigkeiten kann man mit der Bearbeitung des Auftrags beginnen – falls die Crowd ihn nicht schon weggearbeitet hat. Strubes Beitrag mündet schließlich in die These, dass das über Plattformen koordinierte Crowdworking nur dann eine Zukunft hat, wenn die Crowd Wertschätzung erfährt, etwa durch die Möglichkeit, Arbeitsprozesse mitgestalten zu dürfen.

Anna Schwarz (Soziologin im Crowdworking-Projekt) stellt ihren Beitrag in den Kontext bisheriger Studien zur Herausbildung neuer Formen von selbstständiger Erwerbstätigkeit, die vielfach an neuartigen Motiven hierfür sowie an der Verbreitung multipler Beschäftigungsformen ansetzen. Sie ergänzt diese Debatten um sozialstatistische Daten zur Entwicklung von Solo-Selbstständigkeit sowie von Mehrfacherwerbseinbindungen in der Bundesrepublik. Sodann führt sie aktuellere soziologische Konzepte zu Subjektkonstruktionen, insbesondere im Internetzeitalter, ein, welche gerade an die Fragen veränderter Erwartungen an die Erwerbsarbeit sowie die eigene Positionierung darin heranführen. Vor diesem Hintergrund wertet sie nationale und internationale (meist standardisierte) Befragungen zu Motivationen von Crowdworker*innen aus, um darin eventuell derartige Neuorientierungen aufzuspüren. Spezifische Ausprägungsformen neuartiger Motive, etwa in Richtung Flexibilisierung von Arbeit und Einkommen, sind vor allem im einfachen Crowdworking, in Richtung Selbstoptimierung eher im komplexeren Crowdworking erkennbar. Um solche Tendenzen subjektiver Neuorientierungen zu validieren und genauer zu verstehen, bedarf es weiterer Studien zu diesen spezifischen Formen digital koordinierter Erwerbsarbeit.

Teil 2 – Gestaltungsansätze für das Crowdworking: Politik und kollektive Interessenvertretung

Der zweite thematische Abschnitt unseres Buchs ist den Gestaltungsansätzen für das Crowdworking gewidmet. Den Auftakt macht *Thorben Albrecht*, ehemaliger Staatssekretär im Bundesministerium für Arbeit und Soziales und heute Mitglied im Bundesvorstand der SPD, der die Thematik zunächst aus politischer Perspektive rahmt. Er argumentiert, dass Crowdworking in Deutschland für die daran teilnehmenden Arbeitskräfte gegenwärtig eine untergeordnete Rolle spielt. Da die Gig Economy ein starkes Wachstumspotenzial aufweise, könne sich dies jedoch in kurzer Zeit ändern. Zum Problem würde diese Entwicklung, wenn die Gig- und Crowdworker*innen geringe Einnahmen über die digitale Erwerbsarbeit generieren könnten, gleichzeitig aber das volle unternehmerische Risiko allein tragen müssten. Von diesem Szenario ausgehend, skizziert Albrecht Regulierungsmöglichkeiten. Insgesamt ist sein Beitrag von der Idee getragen, die Diskussion entsprechender Optionen müsse immer beides im Blick haben: Die Ermöglichung technischer Entwicklung und die Ansprüche und Bedürfnisse der Menschen an die damit einhergehende Arbeitsgestaltung.

Die sich anschließenden Beiträge dokumentieren gewerkschaftliche Überlegungen zur Gestaltung digitaler Beschäftigung. *Sarah Bormann* (wissenschaftliche Mitarbeiterin im ver.di-Projekt „Cloud und Crowd“) und *Gunter Haake* (Referat Selbstständige bei ver.di und Geschäftsführer von mediafon) beschreiben Crowdworking aus Sicht der Gewerkschaft ver.di.

Zunächst argumentieren sie, dass man Crowdworking nicht grundsätzlich als eine Form des Arbeitens beschreiben sollte, die mehr Kontrolle als Autonomie bedeutet. Da viele Personen Crowdworking nur nebenberuflich betreiben oder um Auftragsflauten abzufangen, müsse man anerkennen, dass darin durchaus ein „emanzipatorisches Potential" stecke; in dem Sinne, dass die Arbeitskräfte sich nicht in Organisationen – und den typischen Koordinationselementen, wie festgelegten Arbeitszeiten etc. – begeben müssten, um sich etwas dazuzuverdienen. Zugleich weisen Bormann und Haake aber auch auf zahlreiche Probleme hin, die vor allem Gewerkschaften kritisch bearbeiten sollten. Neben der hohen Dumping-Dynamik, die dem Crowdworking inhärent sei, wird vor allem die damit einhergehende mangelnde Basis zur Entwicklung von Solidarität innerhalb der Crowd genannt. Politische Akteure seien deshalb aufgefordert, mit dazu beizutragen, dass faire Arbeitsbedingungen für die Beschäftigten in der digitalen Ökonomie herrschen bzw. diese dazu ermächtigt werden, hierfür selbst einzutreten. Gewerkschaften könnten dies über die Beratung von Selbstständigen und die Vertretung entsprechender Forderungen, wie etwa ein gleiches Schutzniveau für jede Art von Arbeit, mitgestalten und unterstützen.

Christiane Benner, zweite Vorsitzende der IG Metall, berichtet in ihrem Beitrag von solchen konkreten gewerkschaftlichen Bemühungen zur Gestaltung digitaler Beschäftigung, ihren Potentialen und Schwierigkeiten. Nach einer Einschätzung des Phänomens Crowdworking skizziert sie vor allem die Herausforderungen, vor denen die Gewerkschaften stehen, um Crowdworker*innen zu mobilisieren. Die IG Metall setze dabei auf viele kleine Schritte zur Verbesserung der Beschäftigungsbedingungen, die vor allem am Ausgleich des „eklatanten Macht- und Informationsungleichgewichts" ansetzen. Es wird von der Entwicklung der Plattform „faircrowdwork.org" berichtet, von den Beratungsangeboten, den speziellen Unterstützungsangeboten für Solo-Selbstständige und dem Dialog mit Plattformen, der sich in einer steigenden Anzahl an freiwilligen Selbstverpflichtungen ausdrückt. Als „neue Stufe" wird die Einrichtung einer Ombudsstelle zur Beilegung von Streitigkeiten auf den Plattformen bezeichnet. Christiane Benner betont aber, dass das gewerkschaftliche Engagement der Interessenvertretung von rechtlichen und politischen Maßnahmen begleitet werden müsse. Neben der Altersvorsorgepflicht spricht sie auch notwendige Weiterentwicklungen des Arbeitnehmer*innenbegriffs, der Mitbestimmung und des Kartellrechts auf der europäischen Ebene an. Dabei betont sie, dass auch Plattformbeschäftigte die Möglichkeit haben sollten, „ihre Arbeitsbedingungen kollektiv auszuhandeln".

Teil 3 – Koordination des Crowdworking: Direktionsrechte oder Wettbewerb?

Jochen Koch (Organisationsforscher im Crowdworking-Projekt) entwickelt in seinem Beitrag eine steuerungstheoretische Perspektive auf Crowdworking im engeren Sinne. Er argumentiert, dass das potentiell Neue an dieser Form der Koordination von Arbeit in den aktuellen Debatten bisher kaum erkennbar wird. Denn es fände sich die Tendenz, Crowdworking *entweder* als Markt *oder* als Organisation zu beschreiben. Diese exklusive Binarität möchte Koch überwinden, indem er einen Ansatz entwickelt, mit dem es möglich wird, Crowdworking als einen Koordinationsmechanismus *zwischen* Markt und Organisation theoretisch und empirisch erfassbar zu machen. Hierfür stellt er zunächst die Logiken des Marktes und der Organisation im Sinne von Idealtypen vor und arbeitet dann deren wesentlichen Unterschiede heraus. Dabei zeigt er, dass sich Organisationen von Märkten vor allem darin unterscheiden, dass erstere über Koordinationsformen verfügen, die es ihnen ermöglichen, aus vergangenen Erfahrungen zu lernen und das neue Wissen zu speichern. Märkte hingegen, so Koch, lernen nichts aus der Vergangenheit. Diese Einsicht überträgt er schließlich auf Crowdworking. Sein Beitrag mündet in die These, dass die Positionierung einer Crowd zwischen Markt und Organisation davon abhängt, inwiefern sich in der jeweiligen Figuration Koordinationselemente finden lassen, die wissensintensive Diskurse (zwischen den Crowd-Mitgliedern) ermöglichen und damit den Aufbau einer crowdinternen Wissensbasis und Kompetenzstruktur ermöglichen. Je mehr entsprechende Elemente erkennbar sind, desto weniger entspräche die Crowd dem Markt.

Die beiden folgenden rechtswissenschaftlichen Beiträge setzen kritisch an der im Recht entsprechend der Dichotomie Organisation/Markt vorgefundenen Differenz Arbeitnehmer*innen/Selbstständige an.

Vor dem Hintergrund der von Jochen Koch entwickelten Steuerungsperspektive unternimmt *Eva Kocher* (Rechtswissenschaftlerin im Crowdworking-Projekt) eine Rekonstruktion der Grenzen des Arbeitsrechts am Beispiel des Crowdworking. Sie verneint einen Schutz der Crowdworker*innen über den Arbeitnehmer*innenbegriff nach der herrschenden Dogmatik. Allerdings könne das Heimarbeitsgesetz für die Crowdworker*innen als moderne Heimarbeiter*innen einschlägig sein. Wenn jedoch die herrschenden Auslegungspraxen dazu führten, dass Tätigkeiten wie das Crowdworking je nach Einzelfallentscheidung sowohl in der einen als auch in der anderen Rechtsform ausgeübt werden könnten, scheitere das Arbeitsrecht mit seinem Anliegen des sozialen Schutzes. Es folgt deshalb eine konzeptionelle Rekonstruktion der Abgrenzung von ‚Arbeitsvertrag' und ‚Selbstständigkeit'. Im Zentrum steht die Frage, wie adäquat der Fokus auf die ‚Weisungsgebundenheit' ist, um die Charakteristika dessen zu erfassen, was ursprünglich mit dem Konzept der ‚persönlichen Abhängigkeit' gewollt war. Für die Rekonstruktion greift sie auf bisher marginal gebliebene Auslegungsangebote zurück, die die den Arbeitsvertrag prägende ‚persönliche Abhängigkeit' nicht ausschließlich mit Weisungsbindung gleichzusetzen, sondern als weiteres Kriterium die „organisatorische Einbindung" hinzuzunehmen. Dieses eigne sich gut, um Anknüpfungspunkte für rechtliche Regelungen zu finden, die der Vielfalt und Diversität der neuen digitalen Beschäftigungsverhältnisse gerecht werden könnten. Wo Personen jenseits einer organisationalen Hierarchie über rekursive Prozesse wie etwa Rating- und Feedbacksysteme und die Ausdifferenzierung nach Qualifikationen eingebunden würden, sei ein differenzierter Schutz der Beschäftigungsverhältnisse vor der Organisationsmacht der Plattformen auch verfassungsrechtlich geboten. Ausgangspunkt für ein Arbeitsrecht im Crowdworking seien dann die spezifischen Organisationsrisiken auf Plattformen als Maßstab für die ‚Fremdbestimmung' der Crowdworker*innen. Eine Regulierung des Crowdworking im Hinblick auf arbeitsrechtlich relevante Risiken, müsse, so Kocher, an ein neu entwickeltes Verständnis von Organisation anknüpfen.

Aus der entgegengesetzten Perspektive – von den Begriffen der Selbstständigkeit und des Marktes her – fragt *Isabell Hensel* (Rechtswissenschaftlerin im Crowdworking-Projekt) in ihrem Beitrag nach den Regulierungsoptionen des Crowdworking an den Grenzen des Vertrags- und Wettbewerbsrechts zwischen Markt und Organisation. Ebenfalls ausgehend von einem Verständnis von organisationaler Gestaltungsmacht der Plattformen wird nun nach dem Schutz nicht in der Organisation (Arbeitsrecht), sondern vor der Organisation gesucht. In dieser Perspektive geht es um die Sicherung des Marktgleichgewichts vor übermächtigen Organisationen, also die Verhinderung von Fremdbestimmung und wirtschaftlicher Abhängigkeit. Nach einer Analyse der Regulierungsmechanismen des Vertrags- und Wettbewerbsrechts, die die bestehenden privatrechtlichen Regelungen daraufhin befragt, inwieweit sie zu einem gesicherten Selbstständigkeitsstatus der Crowdworker*innen beitragen können, fordert der Beitrag eine Verzahnung von Vertrags- und Wettbewerbsrecht hin zu einer prozeduralen Regulierung des Crowdworking. Ähnlich wie im Arbeitsrecht, das traditionell individuelle, kollektive und staatliche Handlungsebenen miteinander verknüpft, müssten eine Vielzahl von Akteuren in die Gestaltung der digitalen Beschäftigungsverhältnisse einbezogen werden. Das gilt umso mehr, als deren Formen vielfältiger, fluider, instabiler und schnelllebiger werden und von netzwerkartigen sowie algorithmischen Prozessen bestimmt werden. Weder der Gesetzgeber (durch Spezialgesetzgebung) noch die Gerichte (durch die Anwendung oder Erweiterung alter Formeln) alleine sind in der Lage, die Standards der neuen Arbeitsformen zu definieren bzw. über direkte Steuerung Marktungleichgewichte der komplexen Arrangements auszugleichen.

Literatur

Al-Ani, Ayad / Stumpp, Stefan (2015a): Arbeiten in der Crowd – Generelle Entwicklungen und gewerkschaftliche Strategien. Expertise für ver.di. Berlin.

Al-Ani, Ayad / Stumpp, Stefan (2015b): Motivationen und Durchsetzung von Interessen auf kommerziellen Plattformen. Ergebnisse einer Umfrage unter Kreativ- und IT-Crowdworkern. In: HIIG Discussion Paper. Alexander von Humboldt Institute for Internet and Society. No. 2015-05.

Allen, Darcy / Berg, Chris (2014): The sharing economy. How over-regulation could destroy an economic revolution. Melbourne: Institute of Public Affairs.

Bayreuther, Frank (2017): Entgeltsicherung Selbstständiger. In: Neue Juristische Wochenschrift, S. 357-361.

Berg, Janine (2016): Income Security in the on-demand economy: Findings and policy lessons from a survey of crowdworkers. In: International Labour Office (Hrsg.). Conditions of Work and Employment. No. 74. Online: http://www.ilo.org/wcmsp5/groups/public/---ed_protect/---protrav/---travail/documents/publication/wcms_479693.pdf

Bertschek, Irene / Ohnemus, Jörg / Viete, Steffen (2016): Befragung zum sozioökonomischen Hintergrund und zu den Motiven von Crowdworkern. Mannheim: Zentrum für Europäische Wirtschaftsforschung. Online: http://www.bmas.de/SharedDocs/Downloads/DE/PDF-Publikationen/Forschungsberichte/fb-462-endbericht-crowdworker.pdf;jsessionid=499498A72412DC538F4E4243795534C6?__blob=publicationFile&v=4 (Stand: 20.1.2019)

Biegoń, Dominika / Kowalsky, Wolfgang / Schuster, Joachim (2017): Schöne neue Arbeitswelt? Wie eine Antwort der EU auf die Plattformökonomie aussehen könnte. FES: Berlin.

Brose, Wiebke (2017): Von Bismarck zu Crowdwork: Über die Reichweite der Sozialversicherungspflicht in der digitalen Arbeitswelt. In: Neue Zeitschrift für Sozialrecht, S. 7-14.

Bücker, Andreas (2016): Arbeitsrecht in der vernetzten Arbeitswelt. In: Industrielle Beziehungen, 23, 2, S. 187-225.

Bundesministerium für Wirtschaft und Energie (2017): Weißbuch – Digitale Plattformen.

Cherry, Miriam (2016): Beyond Misclassification: The Digital Transformation of Work. In: Comparative Labor Law & Policy Journal, 37, 3, S. 544-577.

Clickworker (2017): Onepager Unternehmensporträt. Online: https://www.clickworker.com/wp-content/uploads/2017/01/Onepager-DE.pdf?_ga=1.161423165.1870692565.1480930798 (Stand: 20.1.2019)

Clickworker (2018): Website der Plattform. Online: https://www.clickworker.de/ueber-uns/unsere-crowd-die-clickworker/ (Stand: 20.1.2019)

Cohen, Larry (2015): United States of Crowdworkers. In: Christiane Benner (Hg.). Crowdwork – zurück in die Zukunft? Frankfurt a. M.: Bund-Verlag, S. 303-322.

Däubler, Wolfgang (2015): Crowdworker – Schutz auch außerhalb des Arbeitsrechts? In: Christiane Benner (Hg.). Crowdwork – Zurück in die Zukunft? Frankfurt a. M.: Bund-Verlag, S. 243-274.

Däubler, Wolfgang (2016): Steigende Schutzdefizite im Arbeitsrecht? In: Industrielle Beziehungen, 23, S. 236-247.

Däubler, Wolfgang (2018): Digitalisierung und Arbeitsrecht. Internet, Arbeit 4.0 und Crowdwork, 6. Auflage. Frankfurt am Main: Bund-Verlag.

Däubler, Wolfgang / Klebe, Thomas (2015): Die neue Form der Arbeit – Arbeitgeber auf der Flucht?. In: Neue Zeitschrift für Arbeitsrecht, 17, S. 1032-1041.

Deinert, Olaf (2015): Soloselbstständige zwischen Arbeitsrecht und Wirtschaftsrecht. Zur Notwendigkeit eines erweiterten Sonderrechts für Kleinunternehmer als arbeitnehmerähnliche Personen. Baden-Baden: Nomos.

Deinert, Olaf / Helfen, Markus (2016): Entgrenzung von Organisation und Arbeit? Herausforderungen für Arbeitsrecht, Management und Mitbestimmung. In: Industrielle Beziehungen, 23, S. 85-91.

Deutscher Juristentag (2016): Beschlüsse, Bonn: Deutscher Juristentag e.V.

Dostmohammed, Salman / Long, Jude (2015): Regulating the Sharing Economy. Applying the process for creative destruction. Halifax: Dalhousie University.

Durward, David / Blohm, Ivo (2017): The Rise of Crowd Aggregators – How Individual Workers Restructure Their Own Crowd. In: Jan Marco Leimeister / W. Brenner (Hg.). Proceedings der 13. Internationalen Tagung Wirtschaftsinformatik. St. Gallen, S. 395-409.

Ellmer, Markus (2015): The Digital Division of Labor: Socially Constructed Design Patterns of Amazon Mechanical Turk and the Governing of Human Computation Labor. In: momentum QUARTERLY. Zeitschrift für Sozialen Fortschritt, 4(3), S. 174-186.

Felstiner, Alek L. (2010): Working the crowd: Employment and labor law in the crowdsourcing industry. In: Berkeley Journal of Employment & Labour Law, 32, 1, S. 143-203.

Giesen, Richard / Kersten, Jens (2017): Arbeit 4.0. Arbeitsbeziehungen und Arbeitsrecht in der digitalen Welt. München: C.H.Beck.

Gould, Sandy J.J. / Cox, Anna L. / Brumby, Duncan P. (2016): Diminished Control in Crowdsourcing: An Investigation of Crowdworker Multitasking Behavior. In: ACM Transactions on Computer-Human Interaction, 23(3), S. 19-29.

Günther, Jens / Böglmüller, Matthias (2015): Arbeit 4.0 – Arbeitsrechtliche Herausforderungen in der vierten industriellen Revolution. In: Neue Zeitschrift für Arbeitsrecht, 17, S. 1025-1031.

Gupta, Neha / Martin, David / O'Neill, Jacki (2014): Turk-Life in India. In: Group '14 (Hg.). Proceedings of the 18th ACM International Conference on Supporting Group Work. Florida, S. 1-11.

Haupt, Susanne / Wollenschläger, Michael (2001): Virtueller Arbeitsplatz – Scheinselbständigkeit bei einer modernen Arbeitsorganisationsform. In: NZA – Neue Zeitschrift für Arbeitsrecht, S. 289-296.

Howe, Jeff (2006): The Rise of Crowdsourcing. In: Wired Magazine, 14.

Hensel, Isabell / Koch, Jochen / Kocher, Eva / Schwarz, Anna (2016): Crowdworking als Phänomen der Koordination digitaler Erwerbsarbeit. Eine interdisziplinäre Perspektive. In: Industrielle Beziehungen, 23(2), S. 162-186.

Hensel, Isabell (2017): Soziale Sicherheit für Crowdworker_innen? Zu Regulierungsproblemen am Beispiel der Alterssicherung für Selbstständige. In: Sozialer Fortschritt, 66, S. 897-918.

IG Metall u.a. (2016): Frankfurter Erklärung zu plattformbasierter Arbeit: Vorschläge für Plattformbetreiber, Kunden, politische Entscheidungsträger, Beschäftigte und Arbeitnehmerorganisationen. Kopenhagen u.a.

Ipeirotis, Panos (2010): Demographics of Mechanical Turk. Online: https://www.researchgate.net/publication/228140347_Demographics_of_Mechanical_Turk

Jürgens, Kerstin / Hoffmann, Reiner / Schildmann, Christina (2017): Arbeit transformieren! Denkanstöße der Kommission "Arbeit der Zukunft". Bielefeld: transcript Verlag.

Klebe, Thomas (2017): Arbeitsrecht 4.0: Faire Bedingungen für Plattformarbeit, In: Wirtschafts- und Sozialpolitik Direkt, 22, Bonn: Friedrich-Ebert-Stiftung.

Koch, Andreas / Rosemann, Martin / Späth, Jochen (2011): Soloselbständige in Deutschland. Strukturen, Entwicklungen und soziale Sicherung bei Arbeitslosigkeit. Kurzexpertise im Auftrag der Friedrich-Ebert-Stiftung. Bonn.

Kocher, Eva (2018): Die Spinnen im Netz der Verträge – Geschäftsmodelle und Kardinalpflichten von Crowdsourcing-Plattformen, In: JuristenZeitung, 18, S. 862-870.

Kocher, Eva / Hensel, Isabell (2016): Herausforderungen des Arbeitsrechts durch digitale Plattformen – ein neuer Koordinationsmodus von Erwerbsarbeit. In: Neue Zeitschrift für Arbeitsrecht, 33(16), S. 984-990.

Krause, Rüdiger (2016): Digitalisierung der Arbeitswelt – Herausforderungen und Regelungsbedarf. Gutachten B. In: Verhandlungen des 71. Deutschen Juristentags Essen 2016. Deutscher Juristentag (Ständige Deputation) (Hg.). München: C.H.Beck.

Leicht, Niklas / Müller-Bloch, Christoph / Blohm, Ivo / Leimeister, Jan-Marco (2016): When is Crowdsourcing Advantageous? The Case of Crowdsourced Software Testing. In: Twenty-Fourth European Conference on Information Systems (ECIS), Türkei. Online: http://aisel.aisnet.org/cgi/viewcontent.cgi?article=1062&context=ecis2016_rp

Leimeister, Jan Marco / Zogaj, Shkodran (2013): Neue Arbeitsorganisation durch Crowdsourcing. Düsseldorf: Hans Böckler Stiftung.

Leimeister, Jan Marco / Zogaj, Shkodran / Durward, David / Blohm, Ivo (2016a): Systematisierung und Analyse von Crowd-Sourcing-Anbietern und Crowd-Work-Projekten. Düsseldorf: Hans-Böckler-Stiftung.

Leimeister, Jan Marco / Durward, David / Zogaj, Shkordran (2016b). Crowd Worker in Deutschland. Eine empirische Studie zum Arbeitsumfeld auf externen Crowdsourcing-Plattformen. Düsseldorf: Hans-Böckler-Stiftung.

Leist, Dominik / Hießl, Christina / Schlachter, Monika (2017): Plattformökonomie – eine Literaturauswertung (Forschungsbericht / Bundesministerium für Arbeit und Soziales, FB499). Berlin: BMAS.

Liebman, Wilma B. / Lyubarsky, Andrew (2017): Crowdworkers, the Law and the Future of Work: The U.S. In: Crowdwork. A Comparative Law Perspective. In: Bernd Waas / Wilma B. Liebman / Andrew Lyubarsky / Katsutoshi Kezuka (Hg.). Frankfurt a. M.: Bund-Verlag, S. 24-140.

Lingemann, Stefan / Otte, Jörn (2015): Arbeitsrechtliche Fragen der „economy on demand". In: Neue Zeitschrift für Arbeitsrecht, 17, S. 1042-1047.

Martin, David / O'Neill, Jacki / Gupta, Neha / Hanrahan, Benjamin V. (2016): Turking in a Global Labour Market. In: Computer Supported Cooperative Work, 25(1), S. 39-77.

Martini, Mario (2017): Algorithmen als Herausforderung für die Rechtsordnung, In: Juristen Zeitung, 21, S. 1017-1025.

Miller, Michael / Schneider, Jan Ole (2016): „Keine Dumping-Angebote" (Interview), In: Personalmagazin, Heft 10/16, S. 24. Online: https://zeitschriften.haufe.de/ePaper/personalmagazin/2016/4A143D34/files/assets/basic-html/page24.html (Stand: 19.10.2018)

Morozov, Evgeny (2014): The rise of data and the death of politics. The Guardian. Online: https://www.theguardian.com/technology/2014/jul/20/rise-of-data-death-of-politics-evgeny- morozov-algorithmic-regulation

Prassl, Jeremias (2018): Humans as a Service. The Promise and Perils of Work in the Gig Economy. Oxford: Oxford University Press.

Prassl, Jeremias / Risak, Martin (2016): Uber, Taskrabbit & Co: Platforms as Employers? Rethinking the Legal Analysis of Crowdwork. In: Comparative Labor Law & Policy Journal, 37, 3, S. 619-651.

Prassl, Jeremias / Risak, Martin (2017): The Legal Protection of Crowdworkers: Four Avenues for Workers' Rights in the Virtual Realm, In: Policy Implications of Virtual Work.

Preis, Ulrich (2017): Heimarbeit, Home-Office, Global Office – das alte Heimarbeitsrecht als neuer Leitstern für die digitale Arbeitswelt? In: Soziales Recht, S. 173-182.

Research group on the Law of Digital Services (2016): Discussion Draft of a Directive on Online Intermediary Platforms, In: Journal for European Consumer and Market Law, S. 164-169.

Riedel, Christel / Welskop-Deffaa, Eva M. (2016): Heute die Rente von morgen sichern. In: Zeitschrift des Deutschen Juristinnenbundes, 2, S. 75-78.

Risak, Martin (2015): Crowdwork – Erste rechtliche Annäherungen an eine „neue" Arbeitsform. In: Zeitschrift für Arbeits- und Sozialrecht, 1, S. 11-19.

Ross, Joel / Irani, Lilly / Silberman, M. Six / Zaldivar, Andrew / Tomlinson, Bill (2010). Who are the Crowdworkers? Shifting Demographics in Mechanical Turk. Online: http://dl.acm.org/citation.cfm?doid=1753846.1753873

Schliemann, Harald (2014): Zum Schutz wirtschaftlich schwacher Solo-Dienst- und Werkvertragsunternehmer. Ein Zwischenruf. In: Martin Henssler / Jacob Joussen / Martin Maties / Ulrich Preis (Hg.). Moderne Arbeitswelt. Festschrift für Prof. Rolf Wank zum 70. Geburtstag. München: Verlag C.H. Beck, S. 531-544.

Schmidt, Florian A. (2016): Arbeitsmärkte in der Plattformökonomie – Zur Funktionsweise und den Herausforderungen von Crowdwork und Gigwork. Bonn: FES.

Schönefeld, Daniel / Schwarz, Anna (2017): Online-Crowdworking: Simple Jobs – viel Autonomie? In: Gerhard Banse / Ulrich Busch / Michael Thomas (Hrsg.). Digitalisierung und Transformation. Industrie 4.0 und digitalisierte Gesellschaft. Berlin: trafo Wissenschaftsverlag.

Schönefeld, Daniel / Hensel, Isabell / Koch, Jochen / Kocher, Eva / Schwarz, Anna (2017): Jobs für die Crowds. Werkstattbericht zu einem neuen Forschungsfeld. In: Jochen Koch / Eva Kocher / Klaus Weber (Hg.). Arbeit | Grenze | Fluss. Work-in-progress interdisziplinärer Arbeitsforschung. Frankfurt (Oder), Nr. 1, S. 3-21.

Schörpf, Philip / Flecker, Jörg / Schönauer, Annika / Eichmann, Hubert (2017): Triangular love-hate: management and control in creative crowdworking. In: New Technology, Work and Employment, 32(1), S. 43-58.

Stefano, Valerio de (2016): Crowdsourcing, the Gig-Economy and the Law (Introduction). In: Comparative Labor Law & Policy Journal, 37, 3, S. 1-10.

Vukovic, Maja (2009). Crowdsourcing for Enterprises. Online: http://sistemas-humano-computacionais.wdfiles.com/local--files/capitulo:redes-sociais/vukovic2009.pdf

Waas, Bernd (2017): Crowdwork in Germany. In: Bernd Waas / Wilma B. Liebman / Andrew Lyubarsky / Katsutoshi Kezuka (Hg.). Crowdwork. A Comparative Law Perspective. Frankfurt a. M.: Bund-Verlag, S. 142-186.

Waltermann, Raimund (2010): Welche arbeits- und sozialrechtlichen Regelungen empfehlen sich im Hinblick auf die Zunahme Kleiner Selbstständigkeit? In: Recht der Arbeit, S. 162-170.

Wank, Rolf (2017): Der Arbeitnehmer-Begriff im neuen § 611a BGB. In: Arbeit und Recht, S. 140-153.

Wank, Rolf (2018): Neues zum Arbeitnehmerbegriff des EuGH. In: Europäische Zeitschrift für Wirtschaftsrecht, S. 2128-2132.

World Bank Group (2015): The Global Opportunity in Online Outsourcing. Washington, DC: World Bank.

Ye, Teng / You, Sangseok / Robert, Lionel (2017): When Does More Money Work? Examining the Role of Perceived Fairness in Pay on the Performance Quality of Crowdworkers. In: Proceedings of the Eleventh International AAAI Conference on Web and Social Media. Online: https://www.researchgate.net/publication/314686283_When_Does_More_Money_Work_Examining_the_Role_of_Perceived_Fairness_in_Pay_on_the_Performance_Quality_of_Crowdworkers.

Zogaj, Shkodran / Blohm, Ivo / Bretschneider, Ulrich / Leimeister, Jan-Marco (2015): Towards Successful Crowdsourcing Projects: Evaluating the Implementation of Governanance Mechanisms. In: Thirty Sixth International Conference on Information Systems 2015, Fort Worth, USA. Online: https://www.researchgate.net/publication/285737816_Towards_Successful_Crowdsourcing_Projects_Evaluating_the_Implementation_of_Governance_Mechanisms

2. Empirie des Crowdworking: Kopplungsverhältnisse im Feld

Kontrollierte Autonomie. Einblick in die Praxis des Crowdworking

Daniel Schönefeld

1. Einleitung – Crowdworking als Autonomiegewinn?

Durch die Einführung neuer digitaler Technologien in unternehmerische Wertschöpfungsketten ändert sich auch die Art und Weise, wie Arbeitskräfte in den Produktionsprozess eingebunden werden (vgl. Pfeiffer 2015; Matuschek 2017; Staab/Nachtwey 2016). Das zeigt sich insbesondere am Beispiel des Crowdworking (vgl. Howe 2006; Hensel u.a. 2016), das im Zentrum dieses Bandes steht. In der Diskussion um diese neue Form der Koordination von Erwerbsarbeit wird immer häufiger die Frage gestellt, warum sich eine kontinuierlich wachsende Anzahl von Personen auf Crowdworking-Plattformen registriert und dort ihre Arbeitskraft anbietet und/oder Aufträge nachfragt. Eine Deutungsfigur, die in der Diskussion hierzu häufig auftaucht, ist die der autonomen Arbeitsgestaltung.

Sie wird vor allem von den Plattformen und ihren Verbänden genutzt bzw. aktiv verbreitet. So wirbt beispielsweise Amazon Mechanical Turk (2017) neue Plattformarbeiter*innen unter anderem mit diesem Slogan an: „Choose your own work hours". Die Betreiber*innen von Crowdguru (2017) notieren auf ihrer Website: „Als Guru arbeitest du selbstständig und somit vollkommen flexibel. Entscheide selbst, welchen Job du bearbeitest. Arbeite wann du willst, so viel du willst und wo du willst." Auch Clickworker (2017) wählt eine ähnliche Botschaft: „Bestimmen Sie selbst, wann und wie viel Sie online arbeiten – zeitlich flexibel, gegen Honorar & auf freiwilliger Basis." Bei der Plattform Jovoto (2017) heißt es unter anderem: „Gain freedom & flexibilty".

Auch in anderen Feldern wird rege auf die Autonomie-Figur Bezug genommen. Dies zeigt sich zum Beispiel in einigen Teilen der Medien (vgl. dazu auch Schönefeld/Schwarz 2017, S. 208). So titelte etwa die Frankfurter Allgemeine im Jahr 2015: „Crowdworking. Arbeiten, wie es uns gefällt" – und dies in Form einer Feststellung, also ohne Fragezeichen, und mit einschlägigem Foto. Ein Mann sitzt barfuß mit seinem Notebook an einem Fluss. Die Sonne scheint. Er arbeitet konzentriert und entspannt zugleich. Im Beitrag selbst argumentiert die Autorin, dass viele Teilnehmende an der Crowd diese Arbeit wertschätzen, weil sie nach Abwechslung und Selbstbestimmtheit im Berufsalltag strebten. Es handele sich also „keineswegs immer nur um ‚Tagelöhner', die sich von Indien und Aserbaidschan aus um ein paar zusätzliche Dollar Einkommen bemühen. Darunter sind auch jede Menge Kreative, denen es beim Gedanken schaudert, jeden Morgen in das immer gleiche Büro zu gehen und am betriebseigenen Kaffeeautomaten stehen zu müssen. Sie wollen flexibel arbeiten, mal von Münster, mal von den Malediven aus." (Frankfurter Allgemeine 2015) Obschon Crowdworking auch kritisch zu betrachten sei, böte diese moderne Form der Erwerbsarbeit eben diese Selbstbestimmung der Arbeitsbedigungen.

Diese Beispiele zeigen stellvertretend für viele weitere, dass die Teilnahme am Crowdworking von verschiedenen Akteursgruppen als eine interessante Alternative zu solchen Formen der Erwerbsarbeit präsentiert wird, die sich am Modell des Normalarbeitsverhältnisses orientieren. Es wird suggeriert: Crowdworking ist ein Autonomiegewinn! Es löst die engen Bindungen, denen man im betrieblichen Kontext unterliegt und bietet auch im Vergleich zur ‚klassischen Selbstständigkeit' zahlreiche Vorteile: Auftraggeber*innen aus aller Welt bieten abwechslungsreiche Aufgaben an, die man mit einigen Mausklicks einsehen und auswählen kann.

Tatsächlich dokumentiert sich die Deutungsfigur autonom gestaltbaren Arbeitens auch in standardisierten Umfragen unter Crowdworker*innen (vgl. auch Schwarz in diesem Band). Hier wird deutlich, dass sich viele von ihnen auf einer Plattform registrieren, um selbst über ihre Arbeit bestimmen zu können: zeitlich, inhaltlich und räumlich (vgl. z.B.: Bertschek u.a. 2016, S. 9; World Bank Group 2015, S. 36). Doch nun stellt sich die Frage, inwiefern sich das Autonomieversprechen der Plattformökonomie in der interaktiven digitalen Praxis des Crowdworking tatsächlich erfüllt. Zugespitzt formuliert: Können Crowdworker*innen tatsächlich selbst entscheiden, was, wann und wo sie arbeiten? Falls nicht: Wie wird Crowdworking gemacht? Wer nimmt an solchen Entscheidungsprozessen, wann und wie teil?

Der vorliegende Beitrag wählt diese Fragen als Ausgangspunkt. Im nachfolgenden Abschnitt wird zunächst erläutert, weshalb die Beschäftigung mit dieser Problemstellung von Relevanz ist und welche Einsichten bisher dazu vorliegen. Der dritte Abschnitt ist der Vorstellung des begrifflich-methodischen Rahmens gewidmet. Im Zentrum des Beitrags (Abschnitte 4 und 5) stehen die empirischen Ergebnisse: die Deutungsschemata von Crowdworker*innen hinsichtlich der Praxis des Arbeitens im Bereich des Microworking- und des Softwaretesting. Hiernach (Abschnitt 6) schließt sich eine fallübergreifende Zusammenfassung und Diskussion der Ergebnisse an, die schließlich in Form einer vorläufigen These präzisiert wird. Im letzten Abschnitt wird eine weiterführende These skizziert und daraus abgeleitete Fragen benannt, die weiterführende Untersuchungen in diesem Feld anregen sollen.

2. *Problemstellung – Crowdworking als selbstständige Unselbstständigkeit?*

Den zentralen Ausgangspunkt der vorliegenden Studie bildet die rechtliche Interpretation des Autonomieversprechens der Plattformökonomie und die damit verbundene Debatte um die im Crowdworking entstehenden Beschäftigungsverhältnisse sowie die sich daraus ergebenden sozialpolitischen und rechtlichen Herausforderungen (vgl. z.B.: Kocher/Hensel 2016; Hensel 2017; Klebe 2017; Fehmel 2017; Benner 2015; Brandl 2015). Im Fokus dieses Diskurses steht vor allem die Beziehung zwischen den Plattformen und den Crowdworker*innen.

Aus den Selbstbeschreibungen zahlreicher Plattformen, die dort registrierten Arbeitskräfte könnten (weitgehend) autonom über Zeit, Inhalt und Ort ihres Tätig-Seins entscheiden, wird die Schlussfolgerung abgeleitet, dass sie sich selbst lediglich als Anbieterinnen digitaler Kommunikationsstrukturen bzw. virtueller Arbeitsmärkte kategorisieren. Den bei ihnen registrierten Crowdworker*innen weisen sie den Status von Selbstständigen zu, die diese Infrastruktur mit dem Ziel nutzen, ihre Arbeitskraft den dort ebenfalls registrierten Crowdsourcer*innen anzubieten oder deren Arbeitsaufträge nachzufragen.

Die Beobachtung solcher Klassifikationen ist deshalb von Relevanz, weil sich daraus eine ganze Reihe praktischer Konsequenzen für die jeweiligen Akteure ergeben. Mit Blick auf die Crowdworker*innen: „Die jeweils bestehenden Schutzrechte hin bis zur Sozialversicherung richten sich nämlich nach dem zuvor etablierten Status“ (Klebe 2017, S. 1). Werden sie als Selbstständige eingeordnet, dann stehen sie „außerhalb des Geltungsbereichs betrieblichen Arbeitsrechts“ und müssen sich eigenständig gegen die Risiken von Arbeitslosigkeit und Krankheit sowie die Herausforderungen des Alters absichern (vgl. Stab/Nachtwey 2016, S. 30).

Seit einiger Zeit lässt sich allerdings beobachten, dass diese rechtlich bedeutsame Kategorisierungspraxis kritisch betrachtet wird (vgl. auch Kocher und Hensel in diesem Band). Thomas Klebe (2017) verdeutlicht dies exemplarisch am Fahrdienstvermittler Uber. Da die Plattform den bei ihr registrierten Crowdworker*innen (Fahrer*innen mit eigenem PKW) detaillierte Vorgaben, etwa „zur Pünktlichkeit des Fahrers oder der Fahrerin, zur Wartezeit, zur Musik im Auto, zu Preis und Bezahlung“ mache, spräche vieles dafür, hier nicht von einer selbstständigen Tätigkeit, sondern von einer „Beschäftigung als Arbeitnehmer_in“ auszugehen (Klebe 2017, S. 2). Eine von Eva Kocher und Isabell Hensel vorgelegte Analyse der AGBs verschiedener Plattformen im Bereich des Crowdworking (sowie haushaltsnaher Dienstleistungen) zeigt sich ebenfalls kritisch gegenüber der Vorstellung, Plattformen agierten als neutrale Mittlerinnen: „Die AGB-Durchsicht offenbart eine sehr unterschiedliche Regelungsdichte. Dennoch zeigt sich eine wichtige Schnittmenge: Die Plattformen beanspruchen, den Arbeitsprozess vom Zugang bis zum Abschluss in dominanter Weise zu bestimmen.“ (Kocher/Hensel 2016, S. 986)

Auch in der sozialwissenschaftlichen Beobachtung des Crowdworking findet sich ein analoger Diskurs, der zu ähnlich gelagerten Befunden und daraus entstehenden Forschungsbedarfen führt (vgl. z.B.: Al-Ani/Stumpp 2015; Schmidt 2016; Ellmer 2015; Schörpf u.a. 2017; Gupta u.a. 2014; Martin u.a. 2016; Gerber/Krzywdzinski 2017). Ausgangspunkt hier ist zunächst die Betrachtung des Geschäftsmodells der Plattformökonomie: Die Betreiber*innen von Plattformen generieren ihren Umsatz aus der Vermittlung von Arbeitsleistungen der Crowd an individuelle oder korporative Akteure. Amazon Mechanical Turk etwa „invoices 20 to 25 % of the compensation sum paid to the Turkers ‚employed' by an individual Requester.“ (Ellmer 2015, S. 176) Von besonderer Relevanz ist nun, dass die Plattformen „die Arbeitskraft der Auftragnehmer_innen in die eigene Wertschöpfungskette“ integrieren, wobei „diese ihren Computer und Internetanschluss als Produktionsmittel selbst finanzieren müssen“ (Schmidt 2016, S. 11). Hinzu kommen weitere Sachkosten, wie etwa die Miete für den Arbeitsraum. Florian A. Schmidt sieht darin den Grund dafür, warum einige dieser Firmen – insbesondere jene, die Unterkünfte oder Fahrdienste vermitteln – „astronomische [...] Bewertungen“ erreichen (Schmidt 2016, S. 11). Hier ‚greifen' die Plattformen nicht nur auf die Arbeitskraft der Crowdworker*innen zu, „sondern auch [auf] deren Kapital in Form von Wohnungen und Autos.“ (Schmidt 2016, S. 11)

Das Betreiben einer Crowdsourcing-Plattform ist offenbar ein einträgliches, zumindest ein Gewinn versprechendes Geschäftsmodell, weshalb die entsprechenden Firmen untereinander in einem harten Wettbewerb stehen. Dafür spricht vor allem die Beobachtung, dass die genaue Anzahl von Plattformen kaum exakt zu ermitteln ist (vgl. Leimeister u.a. 2016, S. 16; World Bank 2015, S. 18). Kontinuierlich treten neue Akteure auf den Markt, während andere ihren Dienst einstellen müssen oder von größeren aufgekauft werden (vgl. Schönefeld u.a. 2017, S. 7). Um am Markt (als eigenständiges Unternehmen) bestehen zu können, müssen die Betreiber*innen deshalb dafür sorgen, dass Crowdsourcer*innen einen Anreiz haben, immer wieder und immer mehr Aufgaben über die entsprechende Plattform crowdzusourcen. Um dies zu erreichen, bedarf es nicht nur einer großen Crowd, deren möglichst weltweite Verteilung eine kontinuierliche Verfügbarkeit signalisiert. Vor allem muss die Dienstleistung zur Zufriedenheit der Crowdsourcer*innen ausfallen. Aus diesem Grund haben Plattformen ein Interesse daran, den digitalen Arbeitsprozess zu überwachen und (automatisiert) zu steuern:

> „Ein Grundprinzip der Plattformökonomie ist, dass die Produktion nicht durch die Plattformbetreiber_innen selber, sondern durch die Nutzer_innen geschieht. Dies erfordert eine beachtliche Koordinationsleistung, insbesondere um die Flut der qualitativ sehr heterogenen Beiträge zu sortieren und die Handlungen der Nutzer_innen zu orchestrieren. Damit die grenzenlose, globale Skalierung funktionieren kann, ist es für die Plattformen unerlässlich, so viele Prozesse wie möglich zu automatisieren. [...] An dieser Stelle kommt das Zusammenspiel von ‚Big Data' und ‚algorithmischem Management' zum Tragen" (Schmidt 2016, S. 11).

Wie die rechtswissenschaftlichen Beobachter*innen gelangen also auch die Sozialwissenschaftler*innen zu der These, dass die Praxis des Crowdworking nicht allein der Logik des Marktes folgt, sondern auch Elemente der Organisation beobachtbar sein sollten. Tatsächlich stützen erste qualitativen Studien zur Plattformarbeit diese Vermutung (vgl. z.B. Schörpf u.a. 2017; Schönefeld/Schwarz 2017; Gupta u.a. 2014; Martin u.a. 2016). Die Untersuchungen zeigen beispielsweise, dass Plattformen den Zutritt zu ihren ‚Märkten' regulieren (Aufnahme/Ausschluss) und die Leistungen der Plattformarbeiter*innen evaluieren (lassen).

Die bisher vorliegenden Arbeiten haben vor allem explorativen Charakter. (1) Sie fokussieren meist die Prozesse auf einer Plattform bzw. eine spezifische Crowdworking-Praxis. Dadurch weisen die Ergebnisse eine relativ begrenzte Reichweite auf. (2) Die Beobachtung des Microworking überwiegt (insbesondere wird Amazon Mechanical Turk stark beforscht), während das komplexe(re) Crowdworking bisher vernachlässigt wurde (vgl. für eine Ausnahme Schörpf u.a. 2017). Es mangelt deshalb an komparativen Einsichten in unterschiedlich komplexe Crowdworkingpraxen. (3) Aufgrund der Neuheit des Phänomens und des Mangels an Forschung sind die gewählten Forschungsfragen offen und weit gefasst. Das Ziel besteht also zunächst darin, das Feld des Crowdworking zu kartographieren, indem basale Kategorien induktiv entwickelt werden. Obschon also die ersten Studien in diesem Feld zahlreiche Einsichten generiert haben, bilanzieren David

Durward und Ivo Blohm (2017, S. 1) dennoch: „Crowd work (...) is still a black box."

Es bedarf also weiterer Studien, die Crowdworking in seinen unterschiedlichen Spielarten (einfach/komplex), vergleichend und mit besonderem Fokus auf die oben skizzierte Problematik des Spannungsverhältnisses von Autonomie und Kontrolle untersuchen. An dieses Desiderat knüpft der sozialwissenschaftliche Forschungsstrang unseres Crowdworking-Projekts an. Er sucht einen Beitrag zur Schließung der benannten Forschungslücke zu liefern. Die forschungsleitenden Fragestellungen lauten: *Wie sind die Plattformarbeiter*innen zu den anderen Akteuren des Crowdworking positioniert? Was bedeutet dies für ihre Handlungs- und Entscheidungsfähigkeit? Wie kann das Verhältnis von Autonomie und Kontrolle im Crowdworking beschrieben werden?*

Um die Analysen an den rechts- und sozialwissenschaftlichen Diskurs anschlussfähig zu halten, bilden die Dimensionen Arbeitszeit, -inhalt und -ort die zentralen Analyse-Dimensionen, im Sinne deduktiv abgeleiteter Kategorien (vgl. Böhm 2000, S. 478; Strauss/Corbin 1996). Im vorliegenden Beitrag werde ich mich jedoch nur auf die ersten beiden Dimensionen (Zeit und Inhalt) konzentrieren, da hieran gegenwärtig die meisten Diskussionen anknüpfen (vgl. Schönefeld/Schwarz 2017, S. 219ff. für Ergebnisse zum Arbeitsort).

3. Methodischer Rahmen

Begrifflich nähere ich mich dem Phänomen Autonomie/Kontrolle im Crowdworking an, indem ich auf einige Überlegungen zu loser/enger Kopplung in sozialen Figurationen Bezug nehme (vgl. Weick 1995; Orton/Weick 1990; Keidel 1984; Wolff 2010). Ich nutze das Konzept hier im Sinne einer Metapher bzw. „as an analytical language" (Orton/Weick 1990, S. 207f.), um das Forschungsfeld in abstrakten Begriffen beschreiben und die empirischen Ergebnisse (Deutungsschemata von Plattformarbeiter*innen zu zwei Crowdworking-Praxen) einordnen und vergleichen zu können: Lose und enge Kopplung bilden dabei die äußeren Pole einer Skala, die das Spannungsfeld von Autonomie und Kontrolle signitiv – aus Sicht der Crowdworker*innen – repräsentieren.

Mit Bezug auf Weick lässt sich argumentieren, dass die Intensität der Kopplung zwischen den Elementen eines sozialen Settings – zum Beispiel Mitglieder von Teams oder Teams in Abteilungen (vgl. Orton/Weick 1990, S. 208) –, unterschiedliche Ausprägungen aufweisen kann: Sie variiert zwischen niedrig (lose Kopplung) und hoch (enge Kopplung). Um den Kopplungsgrad empirisch zu bestimmen, können unterschiedliche Parameter und deren jeweiligen Ausprägungen – einzeln oder in einer Art Gesamtschau – in den Blick genommen werden. Hierzu zählen etwa die *Interaktionshäufigkeit* zwischen den Elementen (selten bis oft) oder die *Geschwindigkeit des Informationsflusses* zwischen ihnen (schnell bis langsam) (vgl. Wolff 2010, S. 295). Robert W. Keidel (1984), der das Konzept der losen/engen Kopplung nutzt, um Interaktionen in Teamsportarten (als Quelle von Metaphern für Managementprozesse) zu bestimmen, verwendet beispielsweise auch die räumliche Nähe der Elemente zu einander (nah bis weit) oder die zentrale Spieleinheit (Individuum, Sub-Team oder Gesamtteam). Im vorliegenden Beitrag konzentriere ich mich auf den *Interaktionsmodus*. Darunter verstehe ich das Ordnungsprinzip, an dem sich die Elemente während ihrer jeweiligen Interaktionen orientieren bzw. das sie in und durch ihr sinnhaft aufeinander bezogenes Handeln immer wieder reproduzieren (vgl. Garfinkel 1967, Goffmann 1977).[1] Jeder Interaktionsmodus kann auf der Skala aus enger und loser Kopplung eingeordnet werden.

Ein Beispiel für enge Kopplung ist der Modus der hierarchischen Interaktion (vgl. Kühl 2011, S. 69ff.). In „totalen Institutionen", wie etwa Haftanstalten, lässt sich diese Ordnung häufig beobachten (Goffman 1973, S. 16). Die dort Handelnden reproduzieren ihr Zusammenleben dadurch, indem sie sich anzeigen, dass sie auf verschiedenen Ebenen stehen, womit sich auch ein Machtungleichgewicht verbindet. Angehörige der höher stehenden Gruppe haben gegenüber den unter ihnen befindlichen Akteuren eine Weisungsbefugnis. Ein Beispiel für lose Kopplung ist der Modus der „Kompetenzabgrenzung" (Wolff 2010, S. 289), den man etwa in bidisziplinären Forschungsteams findet. Die Vertreter*innen beider Fächer stellen diese Form der Zusammenarbeit her, indem sie sich zwar auf ein gemeinsames Thema beziehen, dieses aber nach jeweils eigenen Gesichtspunkten bearbeiten. Genauer: Die einzelnen Disziplinen unterwerfen sich auch hier bestimmten ‚Anordnungen', etwa den Standards einer bestimmten Forschungsmethodik. Aber diese Referenzpunkte wählen sie selbst; sie agieren autonom.

Autonomie bedeutet also die Möglichkeit, im Zustand der losen bzw. lockeren Kopplung an andere Elemente des Settings, das eigene Handeln

1 Dieser Parameter liegt zu den oben genannten gewissermaßen quer. Das heißt: Der Interaktionsmodus kann die zuvor genannten Kategorien (und weitere) enthalten, ohne dass man dies aber zuvor theoretisch festlegen muss. Er ist für eine qualitative Datenanalyse, die den Anspruch erhebt, zentrale Kategorien erst im Analyseprozess induktiv zu generieren, anstatt diese theoretisch abzuleiten und an den Text ‚von außen' heranzutragen, besonders geeignet (vgl. Strauss/Corbin 1996).

an selbst gewählten Referenzpunkten ausrichten zu können. Je weniger dies möglich ist, desto geringer ist die Autonomie bzw. desto stärker ist die Kontrolle eines Elements über das andere. Kontrolle bedeutet, dass ein Element einer Kopplungsrelation das Handeln eines anderen Elements maßgeblich bestimmen kann.[2]

Abb. 1: Kopplungsformen zwischen Elementen eines sozialen Settings

Quelle: eigene Darstellung

Dass Elemente eines Settings ihre Interaktionen in unterschiedlichen Situationen ausschließlich an einem Interaktionsmodus ausrichten – ihr Handeln also nur als eng oder nur als lose gekoppelt bewertet werden kann – ist äußerst selten. In den meisten Settings folgen Elemente, je nach *Situationstyp*, unterschiedlichen Interaktionsmodi. Lose und enge Kopplung wechseln sich also ab. Die oben stehende Abbildung kann deshalb auch als ein Verlaufsmodell gelesen werden, dass die Interaktiondsmodi bzw. Kopplungsformen zwischen denselben Elementen zu zwei unterschiedlichen Zeitpunkten dokumentiert (vgl. Wolff 2010, S. 297).

Diese begriffstheoretische Figur lässt auf die Praxis des Crowdworking übertragen. Auch die Plattformarbeit – verstanden als eine soziale Praxis – bildet eine Ordnung, die fortlaufend von Crowdworker*innen, Plattformen und Crowdsourcer*innen interaktiv reproduziert wird. Empirisch gilt es nun zu bestimmen, wie dieser Handlungszusammenhang strukturiert ist, welche Interaktionsmodi also – für verschiedene Situationstypen auf den Ebenen Arbeitszeit und -inhalt – charakteristisch sind. Die so gewonnenen Einsichten werden dann auf der Skala zwischen loser und enger Kopplung (viel/wenig Autonomie) eingeordnet.[3]

---

2 Wie sich die unterschiedlichen Formen von loser/enger Kopplung bzw. Autonomie/Kontrolle genau gestalten, welche Interaktionsmodi also im Crowdworking von Relevanz sind, ist in diesem Beitrag eine empirische Frage, die nicht vorab theoretisch entschieden werden soll.

3 Bei diesem evaluativen Prozess spielt die Positionierung der Crowdworker*innen zu den anderen Akteuren innerhalb der jeweiligen Interaktionsordnung die zentra-

Interaktionsmodi im Crowdworking bzw. die Positionierung der Crowdworker*innen zu den anderen Akteuren lassen sich auf Basis verschiedener Materialien rekonstruieren. Die Generierung sogenannter authentischer Daten (Aufzeichnung der digitalen Arbeitsprozesse mittels geeigner Verfahren, wie etwa Screen-Videos) erscheint dabei als der geeignetste Weg. Denn hier wird es möglich, die wechselseitig aneinander orientierten Handlungen der Teilnehmenden unmittelbar und ohne das Zutun der Forschenden zu beobachten (vgl. Schönefeld 2017, S. 84ff.). Dieser Zugang ließ sich allerdings aus verschiedenen Gründen nicht realisieren.[4] Aus diesem Grund haben wir uns für die Durchführung leitfadengestützter Interviews mit Crowdworker*innen entschieden. Im Unterschied zu authentischen Daten bieten Interviews keinen Einblick in die sich interaktiv vollziehende Praxis, sondern sind Beschreibungen solcher Prozesse, die im Rahmen eines – durch einen Forscher mittels Fragen strukturierten Gesprächs – generiert werden. Aus diesem Grund gilt es im Folgenden zu reflektieren, welche Arten von ‚Praxis-Einsichten' sich im Rahmen von Interviews entwickeln lassen und wie sich der entsprechende Analyseprozess gestaltet.

Analysiert wurden die Daten in Anlehnung ein von Carsten G. Ullrich (1999) entwickeltes Modell zur „Deutungsmusteranalyse" auf Basis von Interviews. Mit Bezug auf Rolf Arnold definiert er Deutungsmuster als „die mehr oder weniger zeitstabilen und in gewisser Weise stereotypen Sichtweisen und Interpretationen von Mitgliedern einer sozialen Gruppe [...], die diese zu ihren alltäglichen Handlungs- und Interaktionsbereichen lebensgeschichtlich entwickelt haben." (Arnold 1983, in Ullrich 1999, S. 1). In Interaktionen mit anderen Teilnehmenden an der Gesellschaft erfüllen sie zwei Funktionen. Sie „sagen dem Akteur nicht nur, was der Fall ist (Situationsdefinition), sondern auch was richtig und wünschenswert ist (Handlungsorientierungen)." (Ullrich 1999, S. 2) Das bedeutet: Mit Bezug auf Deutungsmuster können Ereignisse (a) als spezifische Situationen eingeordnet bzw. definiert werden und (b) zugleich bieten sie ein Verhaltensmodell, das Auskunft darüber gibt, wer man selbst hier und jetzt ist, wer die anderen Teilnehmenden an der Situation sind, in welcher Beziehung

le Rolle. Gefragt wurde also immer, in welchem Ausmaß die Crowdworker*innen selbstständig Entscheidungen über die zeitliche und inhaltliche Strukturierung des Arbeitsprozesses treffen können bzw. in welchem Umfang sie sich an anderen Akteuren orientieren müssen.

4 Ein zentraler Grund dafür ist, dass unsere Studienteilnehmer*innen Crowdworking überwiegend als einen Nebenverdienst betrachten und zu unterschiedlichen, nicht immer planbaren Zeiten arbeiten.

man zu ihnen steht und welche Regeln es einzuhalten gilt. Indem sich Akteure immer wieder auf dieses kollektive Wissen beziehen und sich diese Orientierung wechselseitig durch ihr Handeln anzeigen, werden spezifische Situationstypen fortwährend neu reproduziert und zugleich versichert man sich der Gültigkeit und Angemessenheit dieses Wissens (vgl. Höffling u.a. 2002, S. 4).

„Deutungsmuster sind – verglichen mit singulären Deutungen, Einstellungen, Meinungen – auf einer latenten, tiefenstrukturellen Ebene angesiedelt und mithin nur begrenzt reflexiv verfügbar." (Meuser/Sackmann 1992, S. 19) Es ist aber davon auszugehen, dass sie über eine Analyse von Erzählungen, Argumentationen und Rechtfertigungen aus dem Datenmaterial ‚freigelegt' bzw. rekonstruiert werden können. Denn die Interviewparter*innen rekurrieren bei der Produktion ihrer Redezüge (d.h.: bei der interpretativen Bezugnahme auf die Fragen und Bemerkungen des Interviewers) auf entsprechende Wissensbestände.

Aus diesen Annahmen ergibt sich auch ein spezifischer Blick auf die Interviewpartner*innen: „der einzelne Befragte ist primär als Verwender und Reproduzent sozialer Deutungsmuster von Interesse, die erst durch den Vergleich der Interviewprotokolle sichtbar werden." (Ullrich 1999, S. 11) Das Ziel der Analyse besteht also nicht darin zu fragen, warum Personen aufgrund ihrer Zugehörigkeit zu bestimmten Kategorien (Alter, Herkunft, Berufserfahrung etc.) spezifische Wissensvorräte zum Crowdworking entwickelt haben. Stattdessen gilt es das Spektrum an Deutungen zu bestimmten Handlungsproblemen bzw. Situationstypen aus einer Füllen von Interviews zu rekonstruieren: „Eine wissenssoziologische Analyse von Handlungsorientierungen und Handlungsentscheidungen wird daher [...] die Rekonstruktion handlungsleitender Deutungsmuster selbst in den Mittelpunkt des Forschungsinteresses stellen. Entsprechend wird bei der Erklärung von Handlungsorientierungen auch nicht auf sozialstrukturelle oder Persönlichkeitsmerkmale rekurriert." (Ullrich 1999, S. 4)

Die Analyse umfasste vier Schritte: (1) Zuerst wurden die Interviews auf die Frage hin analysiert, auf welche Situationstypen die Sprecher*innen Bezug nehmen. Ullrich (1999, S. 22) spricht hier von „objektiven Situation[en]". Mit Blick auf die Dimension Arbeitszeit zeigt sich zum Beispiel, dass die Befragten zwischen verschiedenen Etappen – etwa der Akquise und dem Anfangen mit der Arbeit – unterscheiden. (2) Zu jedem Situationstyp wurde dann eine Kollektion von Fällen angelegt. Darunter verstehe ich Interviewsequenzen, in denen das entsprechende Phänomen präsentiert wird. (3) Diese Interviewauszüge wurden dann jeweils einzeln einer Feinanalyse unterzogen. Dabei orientierte ich mich an den Prinzipien des offenen Codierens (vgl. Strauss/Corbin 1996, S. 43ff). Zentral waren die beiden folgenden Analysefragen: Wie beschreiben die Interviewpartner*innen die Akteurskonstellation in dem jeweiligen Situationstyp? Wie präsentieren die Befragten ihre Positionierung zu diesen Playern bzw. wie wird der Modus der Interaktion beschrieben? (4) Der letzte Schritt besteht darin, die so entwickelten Analyseergbnisse miteinander zu vergleichen: „Ein Deutungsmuster wird also rekonstruiert, indem alle Stellungnahmen zu einer definierten ‚objektiven Situation' systemisch hinsichtlich der Gemeinsamkeiten und Unterschiede miteinander verglichen werden. Sobald dabei typische, d.h. mehrfach vorzufindende und konsistente (sinnhafte) Begründungen und Situationsdefinitionen erkennbar sind, kann von einem sozialen Deutungsmuster ausgegangen werden." (Ullrich 1999, S. 22f.)

Abschließend sollen noch einige Informationen zu den Teilnehmenden an unserer Studie gegeben werden. Insgesamt haben wir mit zehn, in Deutschland lebenden Personen Interviews geführt. Sie nehmen regelmäßig an mindestens einer von zwei Spielarten des Crowdworking teil: dem *Microworking* und dem *Softwaretesting*.[5] Beide Arbeitsformen unterscheiden sich in mehreren Dimensionen. Wie die Darstellung zeigt, wird mit dieser Fallauswahl ein Vergleich zwischen unterschiedlichen Formen des Crowdworking möglich.

Tab. 1: Einbezogene Formen des Crowdworking

	Formen des Crowdworking	
	Microworking	**Softwaretesting**
Fachliche Anforderungen	niedrig/mittel	mittel/hoch
Arbeitsmodus	Konkurrenz	Konkurrenz
Bezahlung	niedrig	mittel/hoch
Dauer der Bearbeitung	kurz	mittel bis lang
Typische Tätigkeiten	Adressrecherche, Erstellung kleinerer Texte (z.B. Produktbeschreibungen)	Software prüfen (Fehler finden, Veränderungen anregen, Erfahrungsberichte verfassen)

Quelle: eigene Darstellung

Einige unserer Interviewpartner*innen arbeiten lediglich einige Stunden pro Woche als Crowdworker*in, andere sind an mehreren Tagen und teil-

5 Manche Personen nehmen auch noch an anderen Formen des Crowdworking teil. Der Analysefokus richtete sich aber nur auf die beiden oben genannten Spielarten.

weise über längere Zeiträume auf einer bzw. mehreren Plattformen aktiv. Dementsprechend schwanken die durch das Crowdworking generierten monatlichen Einnahmen sowie deren Relevanz für das Gesamteinkommen des jeweiligen Haushalts.

4. Arbeitszeit

Die Interviewteilnehmer*innen beschreiben Microworking und Softwaretesting als Praxen, die aus mehreren aufeinander folgenden Etappen aufgebaut sind. Fasst man diese grob zusammen, lassen sich vier, in zeitlicher Abfolge stehende Situationstypen von einander unterscheiden: Akquise, Anfangen, Bearbeiten und Beenden. Da die rekonstruierten Interaktionsmodi – bzw. die Teilnehmerkonstellationen und die hierfür typische Interaktionsordnung – teilweise sehr ähnlich sind, werden ich im Folgenden nur auf die ersten beiden Situationstypen eingehen.

Phase 1: Aufträge akquirieren

Die erste Phase ist die Auftragsakquise. Eine Betrachtung aller Sequenzen innerhalb dieser Kollektion lässt eine klare Differenz im Datenmaterial deutlich werden: Je nachdem, auf welche Praxisform des Crowdworking die Interviewpartner*innen Bezug nehmen, variieren die Präsentationen, wie sich der jeweilige Prozess gestaltet.

Wie die Teilnehmenden an unserer Studie das Akquirieren von Aufträgen im Feld des Softwaretesting beschreiben, lässt sich exemplarisch an folgendem Auszug verdeutlichen. Zunächst einige Informationen zum Gesprächskontext: Die Interviewpartnerin hatte am Anfang des Gesprächs davon berichtet, dass sie auf mehreren Plattformen registriert ist. Der Forscher kommt darauf im Verlauf des Interviews zurück und fragt, was denn der erste Schritt ist, nachdem sie sich dazu entschlossen hat, auf einer dieser Plattformen aktiv zu werden. Die Befragte antwortet, dass man sich das nicht so einfach vorstellen könne und fügt hinzu:

 # 1 – CW 10

01	CW:	Ähm, also bei den Testingplattformen ist es zumindest so,
02		dass man erstmal eine Einladung erhält.
03	I:	Mhm.
04	CW:	Ähm, da steht dann meistens drinne
…		((Sie beschreibt den Inhalt einer Einladung.))
14	CW:	Das steht dann halt alles drinne und dann kann man sich
15		entscheiden, ob man den annimmt oder oder halt ablehnt.

Wie die anderen Teilnehmenden an unserer Studie präsentiert die Befragte die Auftragsakquise als eine Situation des Eingeladen-Werdens. Sie rekurriert damit auf einen Interaktionsmodus, der aus zwei Akteuren besteht: dem Gastgeber (vermutlich die Plattform) und dem Gast (die Crowdworkerin). Zwischen beiden besteht ein Machtgefälle mit Blick auf die zeitliche Strukturierung des Einladungsversandts. Der Gastgeber entscheidet, wann diese Handlung ausgeführt wird. Der Gast muss sich gedulden. Er muss warten (ob und) wann er eingeladen wird. Dieses Deutungsschema wird auch im folgenden Auszug deutlich:

 # 2 – CW 7

01	CW:	Ähm also bei ((Name der Testplattform)) gibt's eigentlich,
02		wenn man sich einmal auf der Plattform registriert hat,
03		gibt's so, sozusagen so ein Pushverfahren. Man bekommt, äh,
04		man bekommt eine Nachricht: ‚Hier! Es gibt jetzt den neuen
05		Test! Willst Du daran teilnehmen?'
06	I:	Mhm.
07	CW:	Ähm, und unabhängig davon würde ich mich jetzt auch nicht
08		bei ((Name der Testplattform)) einloggen.

Auch dieser Gesprächspartner nimmt wieder auf das Gastgeber-Gast-Motiv Bezug („Willst Du daran teilnehmen?" # 2:5). Besonders deutlich wird hier die dieser Akteurskonstellation innewohnende Machtstruktur hinsichtlich der sequentiellen Anordnung kategoriengebundener Aktivitäten. Der Interviewpartner setzt den zeitlichen Ablauf der Auftragsakquise im Softwaretesting mit der temporalen Strukturierung einer News-App gleich: Wie digitale Nachrichtenagenturen, die ihren Abonnent*innen – je nach Ereignislage – Eilmeldungen auf das Smartphone senden, meldet sich auch die Testplattform – je nach Auftragslage („Hier! Es gibt jetzt den neuen Test!" # 2:4f.) – mit der Einladung zur Angebotsprüfung. Wie die an Neuigkeiten interessierten Handynutzer*innen sind auch die Softwaretester*innen zum Warten gezwungen, (ob und) wann eine Neuigkeit auf dem Display erscheint. Hinsichtlich der Bestimmung des Zeitpunkts der Auftragsakquise sind Crowdworker*innen also von den Aktivitäten der Plattform stark abhängig: Allein sie entscheidet, wann diese Handlung durchgeführt werden kann (enge Kopplung).

Die folgenden beiden Auszüge zeigen exemplarisch, wie die Teilnehmenden an unserer Studie die zeitliche Strukturierung der Auftragsakquise im Microworking präsentieren. Bevor die beiden Sequenzen einsetzen, hatte der Interviewer jeweils darum geben, den Arbeitsprozess zu beschreiben.

 # 3 – CW 2

CW: Ja also es funktioniert einfach so, dass man sich quasi auf der Plattform anmeldet.
I: Mhm.
CW: Und jetzt zum Beispiel ((Name der Microwork-Plattform))
I: Mhm.
CW: man zum Beispiel sich einfach äh die Jobs ansieht, die gerade verfügbar sind,
I: Mhm.
CW: und die dann nach Lust und Laune einfach ähm ja bearbeitet.

 # 4 – CW 10

((CW 10 hat zuvor die Akquise im Softwaretesting beschrieben. Danach geht sie auf das Microworking ein.))
CW: Na da kriegt man in dem Sinne keine Einladungen.
I: Mhm.
CW: Äh, meldet man sich an, äh kriegt dann einen Zugriff oder kann dann alle verfügbaren Jobs einsehen,
I: Mhm.
CW: äh für die man freigeschalten ist und kann sich davon einen aussuchen und fängt dann quasi das Arbeiten an.

Vergleicht man diese Sequenzen mit den beiden zuerst gezeigten Auszügen lässt sich zunächst eine Gemeinsamkeit feststellen: Auch hier beschreiben die Interviewpartnerinnen die Plattform als zentrale Mitspielerin während der Auftragsakquise.[6] Mit Blick auf den Interaktionsmodus wird aber ein deutlicher Unterschied erkennbar. Die Plattform wird nicht als Gastgeberin beschrieben – das zeigt sich explizit am Beginn der vierten Sequenz –, die sich zu einem von ihr festgesetzten Zeitpunkt mit einer Einladung an die Crowdworker*innen wendet. Stattdessen erscheint sie als eine Art digitales Lagerhaus für Microjobs, in dem verschiedene Tätigkeiten zur Bearbeitung vorgehalten werden. Das Bild der Crowdworkerin entspricht deshalb auch nicht dem des Gastes, sondern einer ‚freien Mitarbeiterin', die sich zu einem von ihr selbst festlegbaren Zeitpunkt in dieses virtuelle Storehouse einloggen, die dort lagernden Jobs prüfen, eine Auswahl treffen und mit der Bearbeitung des gewählten Auftrags unmittelbar beginnen kann. Mit Blick auf die Festlegung des Zeitpunkts der Auftragsakquise besteht also aus Sicht der Crowdworker*innen eine lockere Kopplung mit der Plattform: Die Arbeitskraft entscheidet, wann sie sich Arbeit sucht.

Phase 2: Anfangen

Die zweite Phase im Crowdworkingprozess bildet das *Anfangen-mit-der-Aufgabenbearbeitung*. Die Analyse der in dieser Kollektion enthaltenen Fälle zeigt, dass unsere Interviewpartner*innen diesen Situationstyp als ein Ereignis präsentieren, bei dem sie sich an mehreren Akteuren gleichzeitig und auf je unterschiedliche Weise orientieren müssen.

Zuerst sei auch hier wieder auf die Beschreibungen der Praxis des Softwaretesting verwiesen. Die beiden unten stehenden Auszüge lassen sich so interpretieren, dass die Interaktionsordnung des Arbeitsbeginns eine eigentümliche Ambivalenz aufweist:

 # 5 - CW 3

CW: Also bei ((Name der Test-Plattform)) ist es auch so,
man hat feste Testzeiträume.
I: Ja.
CW: Das läuft einen Tag, zwei Tage.

6 Einige Passagen in den Auszügen # 3 und # 4 lassen sich zugleich als Bezugnahmen auf Crowdsourcer*innen und die Crowd lesen. Die Formulierung, man sieht nach dem Einloggen Jobs „die gerade verfügbar sind" (# 3:6f.) etwa rekurriert auf die Idee eines schwankenden Angebots, womit zwei Handlungen und dazu passende Kategorien evoziert werden: zum einen die Aktivität des Anlieferns-von-Aufträgen (Crowdsourcer*innen), zum anderen die Handlung des ‚Abarbeitens-von-vorhanden-Aufträgen' (Crowd). Diese Deutungen werden in den nachfolgenden Passagen vorgestellt.

 # 6 – CW 8

CW: Also man muss dann praktisch bei der Einladung auf diese Seite gehen
I: Mhm.
CW: und gucken: ‚Ist das überhaupt was? Habe ich da Zeit?' Weil meistens hat man nur ein bestimmtes Zeitfenster, um dieses Projekt zu bearbeiten.

Einerseits nehmen die beiden Befragten auch hier wieder auf die Figur einer asymmetrischen Akteurskonstellation Bezug (Gastgeber-Gast-Motiv). Denn indem sie formulieren, bei den jeweiligen Testplattformen habe man „Testzeiträume" (# 5:2) bzw. ein „Zeitfenster, um dieses Projekt zu bearbeiten" (# 6:5f.) skizzieren sie das Bild eines zeitlichen Territoriums, dessen Anfang (und Ende) von einem Dritten (vermutlich der Plattform) festgesetzt wurde. Indem sie diese beiden Nomen zusätzlich mit einem spezifischen Adjektiv versehen – es sind *„feste* Testzeiträume" (# 5:2) und ein *„bestimmtes* Zeitfenster" (# 6:5) – beschreiben sie diese temporale Grenzziehung darüber hinaus als besonders starr. Gearbeitet wird innerhalb der zeitlichen Absperrung, nicht davor (und nicht dahinter).

Andererseits tragen die gewählten Metaphern zur Beschreibung des (Beginns des) Arbeitszeitraums auch die Idee eines bestimmten Freiraums in sich. Obschon es festgesetzte Grenzen gibt, besteht offenbar die Möglichkeit, sich innerhalb des definierten Gebiets frei bewegen zu dürfen; also selbst über den Arbeitsbeginn entscheiden zu können. Besonders deutlich wird das im folgenden Auszug:

 # 7 – CW 11

CW: Also es gibt einen Startzeitraum und einen Endzeitraum, ne?
I: Mhm.
CW: In dem Zeitrahmen kann man dann halt testen, bei ((Name der Test-Plattform)).
I: Mhm.

Die in den Sequenzen erkennbare Annahme der Interviewteilnehmer*innen lässt sich pointiert also so zusammenfassen: ‚Während uns die Plattform den Beginn und das Ende eines Tests vorgibt (enge Kopplung), kann man zumindest innerhalb dieser Zeitspanne selbstständig den Arbeitsbeginn terminieren (lockere Kopplung).'

In der ,Anfangen-Kollektion' finden sich jedoch auch einige Sequenzen, in denen die Interviewparnter*innen auf einen zweiten Akteur verweisen, der hinsichtlich der Frage, wie frei der bzw. die Einzelne bei der Wahl des Arbeitsbeginns ist, offenbar berücksichtigt werden muss. Es handelt sich um die Crowd. Welche Deutungen die Softwaretester*innen mit Blick auf diesen Player haben, lässt sich besonders eindringlich an folgendem Auszug nachvollziehen:

 # 8 – CW 3

01	CW:	Das ist dann da auch zeitlich, finde ich, hm, problematisch,
02	I:	Mhm.
03	CW:	weil man tatsächlich, wenn der Startschuss kommt,
04		im Prinzip sofort loslegen muss.
05	I:	Mhm.
06	CW:	Also wenn man sich mal ein bisschen später hinsetzt,
07		ein paar Stunden,
08	I:	Mhm.
09	CW:	dann sind die groben Schnitzer sozusagen schon weg.
10	I:	Mhm.
11	CW:	Und die Fehler werden auch nach Schweregrad bezahlt. Also
12	I:	Mhm.
13	CW:	wenn ich einen kritischen Fehler finde, dann kriege
14		ich durchaus mal fünf oder auch sieben Euro.

Der Interviewte präsentiert das Testen von Software in zwei Dimensionen. Zum einen weist er es als eine Tätigkeit aus, die einen klaren Zweck hat: Es müssen Fehler gefunden werden. Diese werden als different beschrieben hinsichtlich ihres Schweregrads und der daran geknüpften Bezahlung. Je schwerer der Fehler, desto höher das Entgelt. Zum anderen wird die Tätigkeit in ihrer zeitlichen Struktur, nämlich als ein getakteter Prozess, beschrieben. Der Sprecher greift dabei auf ein Bild aus dem Sport zurück: Das Testen von Software wird als Wettrennen kenntlich gemacht, wobei er diese Metapher zugleich modifiziert. Im Unterschied zum physischen Wettlauf darf man bei seiner digitalen Version auch dann noch Mitlaufen, „wenn der Startschuss" (# 8:3) bereits ertönt ist. Zugleich wird diese Option, also die Möglichkeit eines zumindest in Grenzen eigenständig wählbaren Arbeitsbeginns, als keine ,echte Freiheit' präsentiert. Indem der Interviewpartner nämlich darauf verweist, einige Stunden nach dem offiziellen Beginn fände man kaum noch „die groben Schnitzer" (# 8:9) führt er implizit einen zweiten Akteur ein: die Crowd. Diese erscheint hier als eine Masse einander unbekannter Individuen, die ebenfalls zum Wettkampf eingeladen wurden und alle dasselbe Ziel verfolgen: Jede Arbeiterin möchte als erste jene „kritischen Fehler“ (# 8:13) finden, die besonders hoch vergütet werden. Absprachen und Kooperation mit ‚Kolleg*innen‘ gibt es nicht. Und genau das wird als Grund dafür präsentiert, warum man eben doch eng an die Startvorgaben der Plattform gebunden ist, warum man also „wenn der Startschuss kommt, im Prinzip sofort loslegen muss“ (# 8:3f.). Die von der Plattform hergestellte Konkurrenzsituation unter den Crowdworker*innen (enge Kopplung innerhalb der Crowd mit Blick auf Festlegung des Arbeitsbeginns) führt dazu, dass die oben rekonstruierte vergleichsweise lockere Kopplung zwischen ihr und dem bzw. der Einzelnen (bedingt frei wählbarer Arbeitsbeginn) aufgehoben bzw. neutralisiert wird.

Auch in jenen Fällen, in denen die Teilnehmenden das Anfangen-mit-der-Aufgabenbearbeitung im Microworking thematisieren, finden sich mehrere, auf einander verweisende Deutungsschemata:

Am Beispiel der oben gezeigten Sequenzen # 3 und # 4 wurde herausgearbeitet, dass die Interviewpartner*innen Microworking-Plattformen als digitale Lagerhäuser für Kleinstaufträge beschreiben, in die sie zu einem selbst wählbaren Zeitpunkt hineingehen und Akquise betreiben können. In diesen Sequenzen fanden sich auch bereits Ausführungen zur Situation des Arbeitsbeginns:

 # 3‘ – CW 2

CW: Ja also es funktioniert einfach so, dass man sich quasi auf der Plattform anmeldet.
I: Mhm.
CW: Und jetzt zum Beispiel ((Name der Microwork-Plattform))
I: Mhm.
CW: man zum Beispiel sich einfach äh die Jobs ansieht, die gerade verfügbar sind,
I: Mhm.
CW: und die dann nach Lust und Laune einfach ähm ja bearbeitet.

 # 4' – CW 10

((CW 10 hat zuvor die Akquise im Softwaretesting beschrieben. Danach geht sie auf das Microworking ein.))
CW: Na da kriegt man in dem Sinne keine Einladungen.
I: Mhm.
CW: Äh, meldet man sich an, äh kriegt dann einen Zugriff oder kann dann alle verfügbaren Jobs einsehen,
I: Mhm.
CW: äh für die man freigeschalten ist und kann sich davon einen aussuchen und fängt dann quasi das Arbeiten an.

Wie die Entscheidung über den Zeitpunkt der Akquise, präsentieren die Teilnehmenden auch die Wahl des Arbeitsbeginns als eine Situation, die sie mit *Blick auf die Plattform* in Eigenregie bzw. autonom gestalten können. Auch hier bleibt die Plattform ein passiver Akteur, der sich nicht in die zeitliche Strukturierung des Arbeitsbeginns der Arbeitskräfte einmischt.[7]

In den Daten finden sich aber auch einige Sequenzen, in denen deutlich wird, dass die Interviewpartner*innen auch die beiden anderen Akteure – die Crowdsourcer*innen und die Crowd – als Player betrachten, an denen sie sich mit Blick auf den Arbeitsbeginn orientieren müssen bzw. die die Entscheidung, wann man mit der Arbeit beginnt, mitbestimmen (können). Zum einen findet sich in einigen Interviews die Figur, dass man nach dem Betreten des digitalen Lagerhauses lediglich ‚leere Regale' vorfindet. Dies zeigt sich im folgenden Auszug, in dessen Vorfeld der Forscher seinen Gesprächspartner gerade gefragt hatte, wie er für eine Trennung von Berufs- und Privatleben sorgen würde. Er antwortet:

7 Wie im folgenden Abschnitt gezeigt wird, finden sich hierzu aber auch einige konträre Deutungen. Um das Ergebnis vorwegzunehmen: Die Interviewten rekurrieren hier auf die Vorstellung, dass sie keineswegs jeden Auftrag sofort bearbeiten können, der im digitalen Lagerhaus abgelegt wurde. Vielmehr müssen sie für einige Tätigkeiten zunächst eine Qualifikation durchlaufen, die *die Plattform* koordiniert und überwacht. Obschon die Befragten diesen Prozess vor allem mit Blick auf die *inhaltliche Gestaltung des Arbeitens* (Auswahl von Aufträgen) präsentieren, wird das Phänomen der Qualifizierung für einen Auftrag in einigen wenigen Passagen auch mit Blick auf die zeitliche Struktur des Arbeitens thematisiert.

 # 9 – CW 3

01	CW:	Wenn es jetzt so ist, wie jetzt, dass relativ wenig da ist,
02	I:	Mhm.
03	CW:	fällt das nicht schwer,
04	I:	Mhm.
05	CW:	weil dann ist man überwiegend privat, weil einfach auch
06		nichts da ist.

Eine andere Interviewpartnerin bilanziert:

 # 10 – CW 2

01	CW:	Es kommt natürlich vor, dass gerade mal nichts da ist.

In beiden Passagen werden die Plattformen wieder implizit als Räume beschrieben, in denen Aufträge lagern bzw. von Anderen dort abgelegt wurden. Die Menge des Angebots wird als schwankend präsentiert. Manchmal findet man etwas, manchmal ist „nichts da" (# 9:6 und # 10:1). Diese Formulierung erinnert an Alltagssituationen, in denen man sich zu einem verschlossenen Raum bewegt, in dessen Inneren *andere* etwas abgelegt haben, zum Beispiel einen Briefkasten. Manchmal ist etwas drin, manchmal nicht. Dies lässt sich als eine indirekte Bezugnahme auf die Crowdsourcer*innen deuten. Je nach deren Entscheidung, Aufträge crowdzusourcen bzw. abzulegen, definieren sie implizit auch die zeitliche Struktur des Arbeitsbeginns mit. Mit der Arbeit kann man nur beginnen, wenn sie für Arbeit sorgen.

Zum anderen finden sich in den Daten Fälle, in denen die Interviewpartner*innen die Crowd als relevanten Player beschreiben, an dem sie sich mit Blick auf die Bestimmung des Arbeitsbeginns ausrichten müssen. Besonders deutlich wird das im folgenden Auszug, in dessen Vorfeld der Sprecher gerade darauf eingegangen war, dass man beim Microworking zwischen Rechercheaufgaben und Textaufgaben unterscheiden müsse. Beide würde in unterschiedlichem Umfang von den übrigen Crowdworker*innen nachgefragt. Vor allem Rechercheaufgaben seien besonders beliebt:

 # 11 – CW 3

01	CW:	Aber bei diesen Recherchegeschichten, wo dann zum
02		Beispiel Aufgaben gemacht werden, wo jede Einheit
03		vielleicht zwanzig Sekunden dauert,
04	I:	Mhm.
05	CW:	ein klassisches Beispiel ist da Flugpreise recherchieren
06	I:	Mhm.
07	CW:	oder diese Modeeinkategorisierung.
08	I:	Mhm.
09	CW:	Das ist schon ein Kampf.
...		((Auslassung))
38	CW:	muss dann wirklich das ratzfatz wegarbeiten, dass man davon
39		was bekommt, weil die schmelzen immer sehr schnell ab.

Wie in den Softwaretesting-Fällen erscheint die Crowd auch hier als eine Masse von Personen, die alle dasselbe Ziel verfolgen (Aufträge bearbeiten), sich wechselseitig jedoch nicht abstimmen; insbesondere nicht über den Arbeitsbeginn. Die Formulierung, man müsse „das ratzfatz wegarbeiten, dass man davon was bekommt" (# 11:38f.) rekurriert auf das Bild archaischen Verhaltens – etwa ein Sich-Reißen um die Beute – und verdeutlicht, dass das Individuum eine regelrecht feste Kopplung an die Anderen erfährt, sobald ein neuer Auftrag im digitalen Lagerhaus angeliefert wird. Wer bestimmte Microjobs bearbeiten will, muss sich mit Blick auf die Wahl des Arbeitsbeginns zwingend an der Crowd orientieren.

Interessanterweise finden sich in der Kollektion jedoch nur wenige Sequenzen, in denen auf dieses Bild Bezug genommen wird. Zugleich gibt es auch eine Interviewpassage, in der sich das Gegenteil zeigt: Eine Interviewpartnerin rekurrieren nämlich auf die Vorstellung, dass das Angebot auf der Plattform zwar aufgrund der Aktivitäten der anderen Crowd-Mitglieder schwankt, da aber immer wieder neue Jobs angeliefert würden, könne man deren Handeln mit Gelassenheit betrachten. Jobs mögen wie Eis in der Sonne „schmelzen" (# 11:39), aber es mangelt nicht an Nachschub:

 # 12 – CW 2

01	CW:	Ja, natürlich kommt's vor, dass gerade mal nichts frei ist.
02		Aber das ändert sich dann halt auch oft.

5. Arbeitsinhalt

In diesem Abschnitt wird gezeigt, wie die Interviewpartner*innen den Arbeitsprozess mit Blick auf Entscheidungen über ihre Arbeitsinhalte präsentieren. Auch hier lassen sich zahlreiche kollektiv geteilte Deutungen rekonstruieren, die sich mehreren Situationstypen (verstanden als wiederkehrende Probleme, die sich allen Teilnehmenden stellen) zuordnen lassen. Die drei wichtigsten werden im Folgenden vorgestellt.

Modus der Auftragsakquise

Zahlreiche narrative und argumentative Sequenzen drehen sich um die Frage, wie man im Crowdworking an Aufträge gelangt, welche Modi der Auftragsakquise also zur Verfügung stehen. Wie man insbesondere an den ersten vier Sequenzen (# 1 bis # 4) erkennen kann, zeigt sich hier eine dominante Präsentationsform. Unsere Gesprächspartner*innen beschreiben sich konsequent als *passive Arbeitskraftanbieter*innen*.

Als Softwaretester*in erhält man Einladungen zu Testläufen. Die einzige Option, den Arbeitsinhalt (Art des Tests) bestimmen zu können, begrenzt sich darauf, die Einladung anzunehmen oder abzulehnen:

 # 1‘ – CW 10

01	CW:	Ähm, also bei den Testingplattformen ist es zumindest so,
02		dass man erstmal eine Einladung erhält.
03	I:	Mhm.
04	CW:	Ähm, da steht dann meistens drinne
...		((Sie beschreibt den Inhalt einer Einladung.))
14	CW:	Das steht dann halt alles drinne und dann kann man sich
15		entscheiden, ob man den annimmt oder oder halt ablehnt.

Dieses Bild reproduziert sich auch in den Präsentationen der Auftragsakquise im Microworking-Bereich. Indem die Interviewten auf das Motiv rekurrieren, sie könnten aus mehreren Aufträgen, die sich im digitalen Lagerhaus befinden, einen aussuchen, präsentieren sie ihr Auswahl-Handeln ebenfalls binär codiert; als Bejahen oder Verneinen pro Angebot:

 # 4‘ – CW 10

01		((CW 10 hat zuvor die Akquise im Softwaretesting
02		beschrieben. Danach geht sie auf das Microworking ein.))
03	CW:	Na da kriegt man in dem Sinne keine Einladungen.

I: Mhm.
CW: Äh, meldet man sich an, äh kriegt dann einen Zugriff oder
kann dann alle verfügbaren Jobs einsehen,
I: Mhm.
CW: äh für die man freigeschalten ist und kann sich davon
einen aussuchen und fängt dann quasi das Arbeiten an.

Anders als man aufgrund der in vielen Diskursen transportierten Beschreibung, Crowdsourcing-Plattformen seien Arbeitsmärkte, erwarten würde, lässt sich in den Daten also nicht erkennen, dass die Interviewten auf sich als aktive Player Bezug nehmen, die auf Crowdsourcer*innen eigenständig zugehen und durch das Anbieten ihrer Fähigkeiten den Inhalt der Tätigkeit (zumindest teilweise) mitbestimmen können. In einem Interview findet sich die Beschreibung der nicht vorhandenen Möglichkeit, selbst den ersten Zug machen zu können, auch direkt. Mit Blick auf beide Crowdworking-Praxen erklärt ein Gesprächspartner:

 # 13 – CW 3

CW: Negativ ist, dass man auf, auf Gedeih und Verderb der
Auftragslage ausgeliefert ist.
I: Mhm.
CW: Kommen keine Texte, verdien ich keinen Cent.
Kommen keine Einladungen, verdien ich auch keinen Cent.

Hier zeigt sich besonders anschaulich das Bild einer Arbeitskraft, die auf die Rolle eines Reagierenden im Verlauf einer Akquisesituation festgelegt ist.

Sichtbarkeit/Bearbeitbarkeit von Aufträgen

Ein zweites strukturelles Problem, das auf das oben stehende aufbaut, ist um die Frage der Sichtbarkeit und der Bearbeitbarkeit von Aufträgen auf der Plattform zentriert. Die erste Kategorie lässt sich überwiegend aus den Beschreibungen des Softwaretesting rekonstruieren, die zweite Kategorie aus den Präsentationen des Microworking.

Sichtbarkeit (Softwaretesting): Im Vorfeld der unten stehenden Sequenz hat der Interviewer seine Gesprächspartnerin zu einem Gedankenexperiment aufgefordert. Er bittet sie um eine Prognose ihrer Situation als Crowdworkerin in einem Jahr. In ihrer Antwort führt die Befragte aus, dass sich vermutlich im Lauf dieser zwölf Monate ihr Einkommen erhöht hätte. Der Interviewer fragt daraufhin nach dem Grund, und sie antwortet:

 # 14 – CW 10

01	CW:	Vermutlich, dass ähm, die eine Richtung, dass ich mir ein
02		neues Gerät zugelegt hätte.
03	I:	Aha. Mhm.
04	CW:	Ich hab momentan ein Desktop-PC und ein Smartphone.
05		Und äh, wie gesagt, Tablet wäre interessant.
06	I:	Ja.
07	CW:	Ähm, je mehr Geräte man hat, desto mehr Einladungen
08		kriegt man.

Die Prognose einer Einkommenssteigerung begründet sie mit der Anschaffung eines weiteren Geräts („Tablet wäre interessant" # 14:5). Damit beschreibt sie das Verfügen über eine größere Variabilität an technischen Artefakten als Ursache für einen Anstieg von Einladungen zu Testläufen, womit sich auch ihre Verdienstoptionen optimieren. Diese Äußerung lässt sich dahingehend interpretieren, dass die Interviewpartnerin von der Annahme ausgeht, die Plattform hätte über die Tester*innen Informationen zu Art und Umfang ihrer technischen Ausrüstung gesammelt, die sie – oder das auftraggebende Unternehmen – vor dem Versandt von Einladungen als Grundlage eines Filterprozesses nutzt. Hat man das gewünschte Gerät, wird man zur Angebotsprüfung eingeladen. Hat man es nicht, geht man leer aus. Die Joboption bleibt unsichtbar.

Dieses Deutungsschema – das Filtern von Personen aufgrund zuvor erhobener Daten im Vorfeld einer Einladung – findet sich in zahlreichen Interviews. Die Sprecher*innen rekurrieren dabei auf die Annahme, dass neben den technischen Geräten auch weitere Faktoren eine Rolle für die Auswahl spielen; so etwa soziodemographische Daten und die bisherigen Leistungen während zurückliegender Testläufe. Die beiden folgenden Auszüge illustrieren das exemplarisch. Im Vorfeld hatte der Interviewer solche Filterprozesse indirekt thematisiert. Beide Gesprächspartner nehmen diese Idee auf und treiben sie weiter voran:

 # 15 – CW 9

01	CW:	Die Auswahl treffen halt die Personen, die die Plattform
02		betreiben.
03	I:	Mhm.
04	CW:	Und die gucken sich die Profile natürlich an, nach bestimmten
05		Stichpunkten. Zum Beispiel was ich, was man gelernt hat,
06	I:	Mhm.
07	CW:	was man gerade macht

I: Mhm.
CW: oder so.
I: Mhm.
CW: Und äh ich sag mal, mmmmh, ja,
I: Mhm.
CW: Beispiel: Ein Physiker äh der ein Modegeschäft halt beurteilen soll, ist, ist vielleicht nicht gerade so, oder eine Modeplattform beurteilen sollen, ist vielleicht nicht gerade so geeignet halt. Da ist vielleicht eine Studentin eher geeignet dafür.

16 – CW 7

CW: Ich denke, es spielen verschiedene Kriterien eine Rolle. Man erhält ja pro, ähm, pro, äh, erledigter Aufgabe immer solche Erfahrungspunkte.
I: Mhm.
CW: Ähm, ich denke mal, das ist ein Kriterium, wann man für einen Job ausgewählt wird, äh, oder nicht. Also je höher der Erfahrungsschatz, desto wahrscheinlicher ist es dann auch, dass man so eine Einladung erhält.

Bearbeitbarkeit (Microworking): Typisch für die Fälle innerhalb der Microworking-Kollektion ist, dass die Beschreibungen der Proband*innen weniger um die Dichotomie der Sichtbarkeit/Unsichtbarkeit von Aufträgen zentriert sind. Stattdessen spielt hier das Problem der Bearbeitbarkeit/Nicht-Bearbeitbarkeit von (grundsätzlich) sichtbaren Aufgaben eine zentrale Rolle. Zwei Deutungsschemata lassen sich unter diese theoretische Kategorie subsummieren. Das erste soll anhand der folgenden beiden Sequenzen näher betrachtet werden:

17 – CW 2

CW: Ja, also wie gesagt, man ruft einfach die Jobs auf, schaut sich an, was gerade so da ist, wie viele Units auch noch frei sind.

 # 18 – CW 3

CW: Dann rufe ich diese Jobübersicht auf. Das ist, pff, eigentlich bloß eine Art Tabelle, wo die Titel der Aufträge drin stehen, wie sie vergütet werden und wie viele Einheiten dieser Aufträge noch übrig sind.

Die Interviewpartner*innen beschreiben hier den Prozess der Angebots-Durchsicht. Beide verweisen dabei auf bestimmte Aspekte, die sie dabei in den Blick nehmen. Identisch ist, dass sie pro Auftrag stets auch die Menge der noch verfügbaren Teil-Aufträge in Augenschein nehmen („wie viele Units auch noch frei sind" # 17:2 und „wie viele Einheiten dieser Aufträge noch übrig sind" # 18:3f.). Die Menge wird also als variabel beschrieben. Analog zu dem oben rekonstruierten Bild, wird hier auch wieder auf die Crowd verwiesen, als eine Gruppe von Individuen, mit denen man in Konkurrenz steht. In den beiden oben stehenden Sequenzen # 17 und # 18 betrifft dies die inhaltliche Gestaltbarkeit der eigenen Arbeit. Die Deutung der beiden Teilnehmenden lässt sich pointiert so beschreiben: ‚Ich kann nur solche Aufträge annehmen, die andere bisher abgelehnt haben.' Diese Figur einer unvermeidlichen Konkurrenz innerhalb der Crowd mit Blick auf die inhaltliche Gestaltung der Arbeit (Auswahl) kann als enge Kopplung klassifiziert werden: Die Auswahl von Aufgaben wird durch das nicht planbare Handeln der anderen Crowdworker*innen stark vor- und mitstrukturiert.

Das zweite Deutungsschema innerhalb der Kategorie Bearbeitbarkeit/Nicht-Bearbeitbarkeit (beim Microworking) fokussiert die Plattform als wichtigen Player. Ein Beispiel:

 # 19 – CW 1

CW: Und, wie gesagt, man muss Qualifizierungen durchaus vorher durchlaufen. Wenn das so Jobs sind, die seit hundert Jahren laufen,
I: Mhm.
CW: ist ähm da ist, na, ist es natürlich so, dass man nicht für jedes, für jedes Mal neue die Quali durchlaufen muss.
I: Mhm.
CW: Aber neue Jobs werden halt ähm über eine Quali gemacht.

An der oben stehenden Sequenz sind zwei Elemente interessant. (1) Zunächst fällt die von der Befragten vorgenommene Kategorisierung der Aufträge auf. Diese beschreibt sie als Projekte mit unterschiedlichen Laufzeiten (kurz/lang) bzw. Startzeitpunkten (alt/neu). (2) Besonders informativ ist der von ihr präsentierte Algorithmus, den offenbar jede Arbeitskraft durchlaufen muss, um neu hinzugekommene Aufträge auch tatsächlich bearbeiten zu dürfen. Dieser, der eigentlichen Arbeit vorgelagerte, Prozess wird als eine Wenn-Dann-Programmierung präsentiert: Wenn es sich um einen neuen Job handelt, dann wird er, „über eine Quali gemacht" (# 19:8). Die Aufträge sind zwar sichtbar, aber (zunächst noch) nicht bearbeitbar.

Im Zuge der Analyse dieser Sequenz entwickelte sich das Bild, Plattformen glichen großen Werkhallen, die über unterschiedliche Räume verfügen, in denen wiederum verschiedene Aufträge bearbeitet werden können. Obschon alle Räume einsehbar sind, ist der Zutritt nicht zu allen gestattet. Vor jenen Bereichen, in denen neue Produkte hergestellt werden, ist ein Gatekeeper positioniert. Um an ihm vorbeizukommen bzw. um in den entsprechenden Raum zu gelangen, muss man zunächst eine Weiterbildung absolvieren („man muss Qualifizierungen durchaus vorher durchlaufen" # 19:1f.), an deren Ende eine Prüfung gesetzt ist. Hat man diese bestanden, erhält man Zutritt zum Werkraum.

Das Akquirieren von Aufgaben im Feld des Microworking erscheint damit als ein gut orchestrierter, nach festen Strukturen verlaufender Prozess, der von der Plattform organisiert und reguliert wird. Mit Blick auf neue Aufträge sind Crowdworker*innen nicht frei in der Wahl, sondern von Mitarbeitenden der Plattformen abhängig, die in ihrer Funktion als Gatekeeper*innen die Aufgabe und Möglichkeit haben, zunächst das Können des/der Einzelnen zu prüfen, bevor sie ihm/ihr schließlich das Bearbeiten von Aufträgen ermöglichen.

Entscheiden

Im Zuge des Analyseprozesses entwickelte sich schließlich die Frage, wie unsere Interviewpartner*innen den Moment des Entscheidens für oder gegen einen Softwaretest bzw. einen Microjob beschreiben. Aus Sicht des Individuums: ‚Kann ich tatsächlich selbst entscheiden, ob ich diesen Auftrag annehme oder muss ich mich an anderen Akteuren orientieren?' Betrachtet man die Kollektion von Fällen zu diesem strukturellen Problem lässt sich ein Bündel konträr zu einander positionierter Präsentationen erkennen.

Einerseits findet sich eine Fülle von Sequenzen, in denen die Interviewten die Entscheidungsphase als eine Situation präsentieren, in der sie sich ausschließlich an eigenen Präferenzen orientieren (können):

20 – CW 11

01	I:	Hatten Sie auch mal Probleme mit der Vergütung?
02	CW:	Mit der was?
03	I:	Mit der Vergütung?
04	CW:	Ähm, nee. Weil, wenn ich Einladungen sehe, sehe ich auch die
05		Konditionen. Und wenn mir das nicht passt, dann lass ich es.

21 – CW 7

01	CW:	Also bei, bei ((Name der Testplattform)), ähm, ist, ähm, wird
02		ja immer beschrieben, um was für eine Plattform oder was
03		für ein Produkt es sich handelt.
04	I:	Mhm.
05	CW:	Ähm, wenn das für mich ein interessantes Produkt ist,
06		was ich gern mal testen würde, dann mach ich da mit.

22 – CW 4

01	CW:	(...) nachprüfen, ob diese noch aktuell sind, ob die Adressen
02		stimmen
03	I:	Mhm, mhm.
04	CW:	und solche Sachen. Das mache ich gar nicht. Das interessiert
05		mich nicht. Ist eben auch, naja, relativ schlecht bezahlt einfach.

23 – CW 3

01	I:	Und nach welchen Kriterien wählen sie diese Aufgaben aus?
02	CW:	Pff, also generell schreib ich, also das betrifft jetzt wirklich
03		bloß Texte bei ((Name der Microworking-Plattform)),
04		eigentlich.
05	I:	Mhm.
06	CW:	Generell schreib ich lieber längere, als kürzere Texte.
07	I:	Mhm.
...		((Auslassung))
19	CW:	und dafür gibt's dann eben mal ein bißchen mehr Geld.

In den Sequenzen dokumentiert sich stets dasselbe Deutungsschema, das für eine lockere Kopplung zwischen Crowdworker*innen und Plattformen bzw. crowdsourcenden Unternehmen spricht: ‚Ich nehme den mir angebotenen Auftrag nur dann an, wenn er meinen Vorstellungen entspricht (Bedingungen, Interesse, Bezahlung)'.

Andererseits zeichnet sich in den Daten auch eine dazu im Kontrast stehende Figur ab. So argumentieren zwei Interviewpartnerinnen während ihrer Präsentationen des Microworking, dass ihre Arbeiten bewerten werden, was wiederum Konsequenzen dafür hat, ob sie weitere Einheiten eines Auftrags bearbeiten dürfen oder nicht:

 # 24 – CW 4

I: Und kann denn jeder alles bearbeiten? Also
CW: Ähm
I: wie, wie sehen Sie das, was da angeboten ist?
CW: Also wenn man den – nein, nein! Also man wird auch von
der Liste gestrichen, wenn man Texte schlecht bearbeitet

 # 25 – CW 2

I: Woran merken Sie denn, dass Sie eine Aufgabe abgeschlossen
haben, so eine Unit?
CW: Ähm ja man klickt einfach auf fertig und dann wird das
Ganze abgesendet. Wenn man jetzt zum Beispiel einen
Textjob macht,
I: Ja.
CW: den man zum allersten Mal macht,
I: Mhm.
CW: dann kann man ähm vorrübergehend nur einen machen,
weil dieser dann halt ähm überprüft wird, ob man auch den
richtigen Stil getroffen hat.
I: Mhm.
CW: Und wenn man wirklich ganz daneben lag, kann's halt
passieren, dass man diesen Job nicht mehr machen kann.
I: Mhm.
CW: Wenn's relativ sehr gut war, kommt man auf die sogenannte

White-List. Da ist man dann eben als sehr gut eingestuft worden und bekommt auch dementsprechend mehr Texte, die man auch schreiben kann.

Auch in den Präsentationen zur Praxis des Software-Testing finden sich Passagen, in denen die Befragten auf evaluierende Maßnahmen der Plattformen eingehen, deren Resultate sich auf den Umfang ihrer zukünftigen Aufträge auswirken:

 # 26 – CW 7

CW: Ich denke, es spielen verschiedene Kriterien eine Rolle. Man erhält ja pro, ähm, pro, äh, erledigter Aufgabe immer solche Erfahrungspunkte.
I: Mhm.
CW: Ähm, ich denke mal, das ist ein Kriterium, wann man für einen Job ausgewählt wird, äh, oder nicht. Also je höher der Erfahrungsschatz, desto wahrscheinlicher ist es dann auch, dass man so eine Einladung erhält.

 # 27 – CW 8

CW: Je mehr man gemacht hat, je mehr Erfahrung man da gesammelt hat, desto mehr bekommt man auch angeboten.

Die Teilnehmenden argumentieren, dass die Höhe der Testeinladungen von der Anzahl der bisher absolvierten Tests bzw. der dabei gesammelten Arbeitserfahrungen abhängt. Die Menge der Arbeit wird also bewertet und als Grundlage für die Zuweisung weiterer Aufträge genutzt. Mit wachsendem Umfang absolvierter Tests, steigt auch die Menge des Angebots weiterer Einladungen zu Aufträgen. Ein Interviewpartner berichtet davon, dass bereits die Entscheidung für oder gegen einen Test mit einer entsprechend variierenden Punkthöhe bewertet wird:

 # 28 – CW 11

CW: Also für Testeinladungen, äh für angenommene, bekommt man äh schon äh paar Credits, sag ich jetzt mal.
I: Mhm.
CW: Äh für äh wenn man Testabläufe ablehnt, bekommt man auch einen Creditpunkt, zum Beispiel. Wenn man die gar nicht beantwortet, bekommt man Minuspunkte.

Die den Auszügen (# 24 bis # 28) unterliegende Logik der Steuerung des Auftragsumfangs (Zuteilung weiterer Einheiten eines Microjobs bzw. Zustellung von Einladungen zu Testläufen) lässt sich mit Blick auf die dadurch evozierten Kalküle bei den teilnehmenden Arbeitskräften zur Annahme oder Ablehnung von Aufträgen so weiterdenken: Wer viele Aufträge bearbeiten will, muss (a) im Microworking Arbeiten abliefern, die als gut bewertet werden. Aufgaben, bei denen Unsicherheit darüber besteht, ob man hier Ergebnisse erreichen kann, die als befriedigend evaluiert werden – was etwa bei bisher neuen Tätigkeiten bzw. noch unbekannten Themen der Fall sein dürfte –, sollte man nicht auswählen. (b) Im Softwaretesting empfielt es sich, möglichst viele Tests anzunehmen; möglicherweise auch solche, für die man sich wenig interessiert oder die in solchen Zeiträumen liegen, die man zuvor nicht für das Crowdworking reserviert hatte.

Dieser hypothetisch entwickelten Lesart zufolge sind Crowdworker*innen im Moment der Entscheidung für oder gegen einen Auftrag keineswegs frei darin, sich nur an selbst gewählten Referenzpunkten zu orientieren, sondern müssen sich zugleich an den Handlungen und Erwartungen eines Mitspielers, nämlich der Plattform, ausrichten: Die Qualitätsprüfung im Microworking und der Rankingalgorithmus im Softwaretesting erscheinen damit als eine Ursache dafür, dass der Entscheidungsspielraum der Crowdworker*innen letztlich reduziert wird.

In den Interviewauszügen deutet sich damit die Präsentation einer Art Gleichzeitigkeit von loser und enger Kopplung zwischen Crowdworker*in und Plattform an. Die Arbeitskräfte haben die Möglichkeit, Aufträge nach selbst gewählten Kriterien anzunehmen oder abzulehnen (z.B.: Höhe des Verdiensts, eigene Interessen). Zugleich kommen sie nicht umhin, die Erwartungen und Handlungen der Plattformen in ihre Entscheidungen einzubeziehen.

6. *Fazit – Crowdworking als kontrollierte Autonomie*

Plattformen werden überwiegend als virtuelle Räume autonom gestaltbarer Arbeit beschrieben bzw. beschreiben sich häufig selbst auf diese Weise. Obschon zu diesen Beschreibungen auch die Vorstellung gehört, dass Plattformarbeiter*innen beim Crowdworking mit anderen Akteuren in Verbindung stehen, sich also an deren Handlungen orientieren müssen, wird als dominante Lesart nahegelegt, dass diese Kopplungen überwiegend lose sind. *Viel kann, wenig muss.* Betrachtet man die rekonstruierten Deutungsschemata unserer Interviewpartner*innen zu ihrer Praxis digitalen Arbeitens, muss man jedoch zu einem anderen Eindruck gelangen. Sie beschreiben Crowdworking als eine Form der Erwerbsarbeit, die überwiegend durch enge Bindungen an andere Teilnehmende – insbesondere die Plattformen – gekennzeichnet ist. Diese werden an zahlreichen Stellen als mächtige Mitspieler*innen beschrieben, die den Arbeitsprozess vorstrukturieren und mitgestalten. *Viel muss, wenig kann.*

Aus dieser Perspektive betrachtet, spiegelt sich das Autonomieversprechen der Plattformökonomie in den Präsentationen der Crowdworker*innen also nur in geringem Umfang wider. Vielmehr lässt sich hier eine andere dominante Lesart rekonstruieren: Unsere Interviewpartner*innen beschreiben sich überwiegend als Akteure, die zwischen den Logiken von Markt und Organisation ‚eingeklemmt' sind. Einerseits gelten sie formal als Selbstständige, als Personen, die (weitestgehend) selbst über die zeitliche und inhaltliche Strukturierung ihres Arbeitens entscheiden können. Tatsächlich finden sich einige Sequenzen, in denen die Befragten auf diese Figur Bezug nehmen, wenn sie über ihre Praxis sprechen. Das zeigt sich zum Beispiel in den Präsentationen zur Entscheidung über die zeitliche Struktur der Auftragsakquise im Microworking (vgl. Sequenzen # 3 und # 4) oder der Beschreibung zur selbstgesteuerten Auswahl oder Ablehnung von Aufträgen (vgl. Sequenzen # 20 bis # 23). Andererseits erinnern die Präsentationen des Crowdworking in sehr vielen Passagen aber auch an Bilder, die mit unselbstständiger Arbeit bzw. mit der Logik der Organisation verknüpft sind (vgl. z.B.: Ahrne/Brunsson 2011, S. 86ff.; Kühl 2011):

- *Mitgliedschaft*: Um seine Arbeitskraft als Crowdworker*in anbieten zu können, muss man sich zunächst um einen Mitgliedsstatus auf der Plattform bewerben. Die Plattform entscheidet darüber im Rahmen eines strukturierten Prozesses (z.B. Probeaufgaben).
- *Regeln und Überwachung*: Crowdworker*innen sind an Regeln gebunden. Dies gilt insbesondere für die Bearbeitung von Aufträgen. Nicht nur die Einhaltung dieser Vorschriften, sondern auch die Qualität der

Arbeit und die Leistungsbereitschaft der Mitglieder werden überwachtet, bewertet, gespeichert und zur Grundlage für spätere Entscheidungen genutzt.

- *Sanktionen*: Eine Reihe von Handlungen werden positiv oder negativ sanktioniert. Negative Sanktionierungen äußern sich etwa in Form des Entzugs von Punkten oder des Ausschlusses von Aufgaben(sorten). Sanktionen, gleich welcher Art, dienen der Einübung einer spezifischen Arbeitshaltung, die die Plattform von ihren Mitgliedern einfordert.
- *Hierarchie*: Die Teilnehmenden am Crowdworking begegnen sich nicht auf Augenhöhe, sondern als Angehörige verschiedener Ebenen. Das betrifft nicht nur das Verhältnis Plattform-Crowd, sondern auch das Verhältnis der Arbeitskräfte untereinander (produziert durch Rankings).

Dieses Ergebnis lässt sich an eine Debatte in der Arbeits- und Industriesoziologie rückbinden, die um das Konstrukt der Grenzverwischung in der Koordination von Erwerbsarbeit zentriert ist (grundlegend: Voß 1998; Pongratz/Voß 1997). Ausgangspunkt dieses Diskurses war die Beobachtung, dass man in den 1990er Jahren in Betrieben eine zunehmende Abkehr vom Prinzip der tayloristischen Organisation von Arbeit beobachten konnte (vgl. dazu Reichwald/Piller 2009, S. 16ff.). „Wo bisher Zuständigkeiten und Abläufe durch hierarchische Positionen und Abteilungsgrenzen, sozusagen vermittels ‚Dienstweg', festgelegt waren, werden nun neue Flexibilitätspotentiale gesucht“ (Pongratz/Voß 1997, S. 31). Dies dokumentierte sich beispielsweise in der vermehrten Einführung von Teamarbeit und der projektförmigen Organisation der Auftragsbearbeitung. Die Grundidee dieser Konzepte bildet das Prinzip der Selbstorganisation. Arbeitskräfte sollen „selbst die Verantwortung für die Mobilisierung ihrer (letzten?) Leistungsreserven übernehmen – im Gegenzug für Freiräume in der Arbeitsausführung.“ (Pongratz/Voß 1997, S. 39)

Hans Pongratz und Günther Voß argumentieren, dass diese Reorganisationsmaßnahmen zwar mit einem Autonomieversprechen verbunden, im Kern aber schlichtweg neue Machttechniken waren, die zwei Ziele verfolgten: die „Aufrechterhaltung bzw. Ausweitung betrieblicher Herrschaft“ (Pongratz/Voß 1997, S. 37) und die Nutzbarmachung von „weitere[n] Leistungspotentiale[n] der Arbeitnehmer“ (Pongratz/Voß 1997, S. 38), mit dem Ziel der Profitsteigerung. Sie begründen diese Argumentation zum einem damit, dass diese neue Form der Organisation von Arbeit ‚von oben' diktiert wurde: Selbstorganisation tritt den Angestellten „als äußerer Anspruch, oft ohne Alternative [...] entgegen.“ (Pongratz/Voß 1997, S. 35) Zum anderen habe die Selbstorganisation stets klare Grenzen: „Die Freiheit der Selbstbestimmung ist eine von vornherein beschränkte: Die von der Unternehmensleitung erwarteten (und mehr oder weniger explizit geäußerten) Zielvorgaben stehen (neben anderen betrieblichen Bedingungen) nicht zur Disposition" (Pongratz/Voß 1997, S. 35). Die beiden Soziologen sprechen deshalb von einer „fremdorganisierte[n] Selbstorganisation" (Pongratz/Voß 1997, S. 35). Das Management verspricht und verordnet Autonomie, behält die Fäden aber in der Hand.

Die oben vorgestellten Deutungsschemata zur Praxis des Crowdworking fügen sich in diese Diskussion ein. (1) Crowdworking stellt eine neue Form der Grenzverwischung im Bereich der Koordination von Erwerbsarbeit dar; hier jedoch unter ‚umgekehrten Vorzeichen'. Während Voß und Pongratz mit Grenzverwischung vor allem die Einführung von Elementen der ‚Selbstständigkeit in die Unselbstständigkeit' verbinden, lässt sich beim Crowdworking das Gegenteil beobachten. Momente der Koordination unselbstständiger Arbeit werden in die formal als selbstständig deklarierte Praxis eingefügt. Markus Ellmer (2015, S. 178) bezeichnet die Praxis des Microworking dann auch als „Reinvented Taylorism". (2) Und dies wiederum kann als Ausdruck bzw. als eine neue Erscheinungsform von Herrschaft gelesen werden: Plattformen und Crowdsourcer*innen verfügen über eine Reihe von Instrumenten, mit denen sie die Arbeit der Crowdworker*innen so gestalten und kontrollieren, damit ihre eigenen Interessen möglichst effektiv durchgesetzt werden.

Als vorläufige These lässt sich festhalten: Crowdworking ist eine Praxis eigener Art. Sie folgt nicht der Logik des Marktes oder der Organisation, sondern weist beide Elemente auf, wobei letztere als die dominanteren erscheinen. Plattformen sind demnach weniger Märkte, die Elemente von Organisationen aufweisen, sondern vielmehr organisierte Märkte. Darauf aufbauend lässt sich festhalten, dass in diesen digital geschaffenen Räumen nicht nur Autonomie oder nur Kontrolle als dominante Interaktionsform herrscht, sondern ein spezifischer Mix aus beidem: Crowdworking folgt der Logik der *kontrollierten Autonomie*.

7. *Weiterführende These – Autonomie durch Kontrolle?*

Betrachtet man die Ergebnisse der vorliegenden Studie sowie jene, ähnlich gelagerter Arbeiten (vgl. z.B. Gupta u.a. 2014; Schörpf u.a. 2017), verdichten sich die Hinweise darauf, dass die Praxis des Crowdworking oftmals als eine Form der Erwerbsarbeit beschrieben wird, die der Logik unselbstständiger Selbstständigkeit bzw. kontrollierter Autonomie folgt. Damit ist aber noch nichts darüber gesagt, wie die Crowdworker*innen diese Situation mit Blick auf die sich daraus ergebenden Konsequenzen deuten: Beschreiben sie jede enge Kopplung zugleich auch als eine Beengung bzw. unerwünschte Einengung, die möglichst aufgelöst werden sollte? Methodisch refomuliert gilt es also zu fragen: Wie präsentieren Crowdworker*innen enge Kopplungen an andere Akteure des Crowdworking – insbesondere die Plattformen – hinsichtlich der sich daraus für sie selbst ergebenden Folgen?

Eine erste Durchsicht unserer Interviews zu dieser Frage hinterlässt einen ambivalenten Eindruck. Zum einen wird deutlich, dass die Folgen manch enger Kopplung tatsächlich als eine Beengung, als eine Reduktion von Freiheit, beschrieben werden. Das zeigt sich etwa mit Blick auf die Präsentation der Effekte der starren zeitlich Vorgaben im Softwaretesting (Vorgabe von Testräumen) im folgenden Interviewauszug:

 # 29 – CW 7

CW: Dieser Beginn des Tests und der Ende, äh, des Testzeitraums,
die sind meiner Meinung nach häufig immer viel zu, viel zu
knapp. Also,
I: Mhm.
CW: ähm, da muss, ja da muss man halt ganz oft überlegen, äh weil
das kann man dann ja auch schlecht planen, ne?
I: Mhm.
CW: Wenn äh, wenn, wenn man heute irgendwie eine Einladung
erhält für einen Test, der morgen beginnt und dann Samstag
schon ähm enden soll, dann ähm kann man das meistens
natürlich immer schwer mit, äh, dann noch kurzfristig
vereinbaren.

Zum anderen finden sich aber auch Sequenzen, in denen die Beschreibungen der Konsequenzen einer engen Kopplung nicht so eindeutig ausfallen. Das zeigt sich beispielsweise bei CW 3 und seinen evaluativen Bezügen zur Deutungsfigur des passiven Arbeitskraftanbieters. Wie oben herausgearbeitet, steht dahinter die Vorstellung, dass Crowdworker*innen nicht aktiv auf Crowdsourcer*innen zugehen können und durch das Anbieten ihrer Fähigkeiten Aufträge aktiv einwerben bzw. deren Inhalte mitbestimmen können, sondern lediglich aus den von der Plattform vorstrukturierten und ihnen (selektiv) zugänglich gemachten Aufträgen mittels einer binären Handlungsoption (annehmen/ablehnen) wählen können. Während er diesen ‚erzwungenen' Modus der Auftragsakquise an einer Stelle des Interviews als problematische Reduktion der eigenständigen Gestaltung seiner Verdienstmöglichkeiten präsentiert –

 # 13' – CW 3

04	CW:	Kommen keine Texte, verdien ich keinen Cent.
05		Kommen keine Einladungen, verdien ich auch keinen Cent.

– nimmt er in einer anderen Passage in gegenteiliger Weise darauf Bezug. Bevor diese Sequenz einsetzt, wurde er durch den Interviewer gefragt, wie er denn die Rolle der Plattform im Crowdworking-Prozess beschreiben würde. Er antwortet:

 # 30 – CW 3

01	CW:	Und für mich ist es auch immer ein Vermittler, dass ich
02		möglichst wenig oder im Idealfall überhaupt nichts direkt
03		mit dem Kunden zu tun hab.
04	I:	Hmm. Mhm.
	CW:	((Er beschreibt seine Erfahrungen der direkten Zusammen-
…		arbeit mit Crowdsourcer*innen auf zwei Plattformen, bei
		denen dieser direkte Kontakt möglich bzw. zwingend ist.))
11	CW:	wo man auch direkt für Kunden arbeitet. Da ist man dann
12		wirklich auf Biegen und Brechen den, den Launen und
13		miserablen Auftragsbeschreibungen des, des Kunden
14		ausgeliefert.
15	I:	Mhm.
16	CW:	Und da ist, sind für mich diese Portale gut. Weil sie all das
17		wegenehmen
18	I:	Hm.
19	CW:	und die Arbeit so strukturieren und einteilen, dass sie
20		sozusagen verständlich und gut ausführbar ist, für die
21		Leute, die's bearbeiten.
22	I:	Mhm. Hm.
23	CW:	Also so, so, so eine Filterfunktion. Man hat einfach
24		sozusagen einen verlässlichen Partner.

Er beschreibt hier zwei Crowdworking-Modelle, in denen sich die Rolle der Plattform stark unterscheidet. Im ersten Modell wird diese lediglich als kommunikative Infrastruktur präsentiert, die Crowdworker*innen und Crowdsourcer*innen als Grundlage für die Anbahnung und Abwicklung des Auftrags nutzen. Die Plattformarbeiter*innen erscheinen in dieser

Konstellation als strukturell Unterlegene. Die Formulierung, man sei dort, wo man „direkt für Kunden arbeitet [...] auf Biegen und Brechen den, den Launen und miserablen Auftragsbeschreibungen des, des Kunden ausgeliefert" (# 30:11ff.), rekurriert auf das Bild von Machtlosigkeit gegenüber den Auftraggeber*innen (enge Kopplung zwischen Crowdworker*innen und Crowdsourcer*innen). Diese werden als Akteure präsentiert, die unberechenbar sind und auf die Bedürfnisse der Arbeitskräfte, etwa nach einem klar formulierten Arbeitsauftrag, kaum eingehen. Im zweiten Modell findet sich eine andere Präsentation der Plattformen („diese Portale" # 30:16). Hier erscheinen sie als aktive Mitspielerinnen; als Schützerinnen und Unterstützerinnen der Crowd (enge Kopplung zwischen den Crowdworker*innen und der Plattform). Die Plattform wird als eine Art ‚Agentin' der Crowd präsentiert. Sie übernimmt die schwierige Kommunikation mit den Auftraggeber*innen, portioniert die von ihr akquirierten Aufträge in kleine Arbeitspakete und bietet sie dann der Crowd – gewissermaßen ‚stellvertretend' (aber eben auch zu ihren Bedingungen) – an.

In der Präsentation des zweiten Modells findet sich wieder die Figur des passiven Arbeitskraftanbieters, hier aber in einem völlig anderen evaluativen Bezug als in Sequenz # 13'. Die Konsequenz der engen Kopplung der Crowdworker*innen an die Plattform (bzw. an den von ihr vorgeschriebenen Modus der Auftragsakquise) wird nicht als Beengung, sondern als eine ‚Befreiung' präsentiert. Indem die Plattform den Kommunikationsprozess mit den auftraggebenden Unternehmen für die Plattformarbeiter*innen übernimmt und ihnen damit eine Last abnimmt, schafft sie für diese gute Arbeitsbedingungen (Berechenbarkeit, Verständlichkeit, Komplexitätsreduktion). Damit sehen wir eine interessante Paradoxie: Der Crowdworker erfährt einen Zugewinn an Autonomie durch eine Form von Kontrolle der Plattform (Übernahme und Steuerung der Auftragsakquise im Namen der Crowd).

Zusammenfassend lässt sich festhalten, dass eine pauschale Gleichsetzung von enger Kopplung mit Beengung empirisch nicht plausibel ist. Vielmehr haben wir es an manchen Stellen mit dem Gegegenteil zu tun. Um hier einen differenzierten Einblick zu erhalten, bedarf es weiterer, systematischer Untersuchungen. Dabei erscheint es sinnvoll, das Analyseraster – verstanden als eine Heuristik, die die Entwicklung von Analysefragen anleiten kann – weiter zu fassen. Interessant ist also nicht nur die Frage, wie die Konsequenzen enger Kopplungen präsentiert werden, sondern auch, welche Deutungen zu den Folgen loser Kopplungen auffindbar sind.

Literatur

Ahrne, Göran / Brunsson, Nils (2011): Organization outside organizations: the significance of partial organization. In: Organization, 18 (1), S. 83-104.

Al-Ani, Ayad / Stumpp, Stefan (2015): Arbeiten in der Crowd. Generelle Entwicklungen und gewerkschaftliche Strategien. Berlin. Online: https://www.hiig.de/publication/arbeit-der-crowd-generelle-entwicklungen-und-gewerkschaftliche-strategien (Stand: 13.11.2015)

Amazon Mechanical Turk (2017): Website der Plattform. Online: https://www.mturk.com/mturk/welcome (Stand: 6.10.2017)

Benner, Christiane (2015): Wer schützt die Clickworker? In: Frank Schirrmacher (Hg.). Technologischer Totalitarismus. Berlin: Suhrkamp, S. 90-95.

Bertschek, Irene / Ohnemus, Jörg / Viete, Steffen (2016): Befragung zum sozioökonomischen Hintergrund und zu den Motiven von Crowdworkern. Mannheim: Zentrum für Europäische Wirtschaftsforschung. Online: http://www.bmas.de/SharedDocs/Downloads/DE/PDF-Publikationen/Forschungsberichte/fb-462-endbericht-crowdworker.pdf;jsessionid=499498A72412DC538F4E4243795534C6?__blob=publicationFile&v=4 (Stand: 20.1.2017)

Böhm, Andreas (2000): Theoretisches Codieren: Textanalyse in der Grounded Theory. In: Uwe Flick / Ernst von Kardorff / Ines Steinke (Hg.). Qualitative Forschung. Ein Handbuch. Reinbek bei Hamburg: Rowohlt Taschenbuch Verlag, S. 475-485.

Brandl, Karl-Heinz (2015): Gefordert: Faire Mindeststandards. In: Arbeitsrecht im Betrieb, Sondernausgabe 2015, S. 40-42.

Clickworker (2017): Website der Plattform. Online: www.clickworker.de (Stand: 6.10.2017)

Crowdguru (2017): Website der Plattform. Online: https://www.crowdguru.de/guru-werden/ (Stand: 6.10.2017)

Durward, David / Blohm, Ivo (2017): The Rise of Crowd Aggregators – How Individual Workers Restructure Their Own Crowd. In: Jan Marco Leimeister / W. Brenner (Hg.). Proceedings der 13. Internationalen Tagung Wirtschaftsinformatik. St. Gallen, S. 395-409.

Ellmer, Markus (2015): The Digital Division of Labor: Socially Constructed Design Patterns of Amazon Mechanical Turk and the Governing of Human Computation Labor. In: momentum QUARTERLY. Zeitschrift für Sozialen Fortschritt, 4(3), S. 174-186.

Fehmel, Tilo (2017): Crowdworking und soziale Sicherheit. In: Soziale Sicherheit, 2017(1), S. 32-38.

Frankfurter Allgemeine (2015): Crowdworking. Arbeiten, wie es uns gefällt. Online: http://www.faz.net/aktuell/beruf-chance/arbeitswelt/crowdworking-arbeiten-wie-es-uns-gefaellt-13925209.html (Stand: 4.1.2017)

Garfinkel, Harold (1967): Studies in Ethnomethodology. Cambridge: Polity Press.

Gerber, Christine / Krzywdzinski, Martin (2017): Schöne neue Arbeitswelt? Durch Crowdworking werden Aufgaben global verteilt. In: WZB Mitteilungen, 155, 6-9.

Goffman, Erving (1973): Asyle. Über die soziale Situation psychiatrischer Patienten und anderer Insassen. Frankfurt a.M.: Suhrkamp.

Goffman, Erving (1977): Rahmen-Analyse. Ein Versuch über die Organisation von Alltagserfahrungen. Frankfurt a.M.: Suhrkamp.

Gupta, Neha / Martin, David / O'Neill, Jacki (2014): Turk-Life in India. In: Group '14 (Hg.). Proceedings of the 18th ACM International Conference on Supporting Group Work. Florida, S. 1-11.

Hensel, Isabell (2017): Soziale Sicherheit für Crowdworker_innen? Zu Regulierungsproblemen am Beispiel der Alterssicherung für Selbstständige. In: Sozialer Fortschritt, 66, S. 897-918.

Hensel, Isabell / Koch, Jochen / Kocher, Eva / Schwarz, Anna (2016): Crowdworking als Phänomen der Koordination digitaler Erwerbsarbeit. Eine interdisziplinäre Perspektive. In: Industrielle Beziehungen, 23(2), S. 162-186.

Höffling, Christian / Plaß, Christine / Schetsche, Michael (2002): Deutungsmusteranalyse in der kriminologischen Forschung. In: Forum Qualtitative Sozialforschung, 3(1).

Howe, Jeff (2006): The Rise of Crowdsourcing. In: Wired Magazine, 14.

Jovoto (2017): Website der Plattform. Online: https://www.jovoto.com/creatives/ (Stand: 7.10.2017)

Keidel, Robert W. (1984): Baseball, Football, and Basketball: Models for Business. In: Organizational Dynamics, 12(3), S. 5-18.

Klebe, Thomas (2017): Arbeitsrecht 4.0 – Faire Bedingungen für Plattformarbeit. In: WISO DIREKT, 22/2017, S. 1-4.

Kocher, Eva / Hensel, Isabell (2016): Herausforderungen des Arbeitsrechts durch digitale Plattformen – ein neuer Koordinationsmodus von Erwerbsarbeit. In: Neue Zeitschrift für Arbeitsrecht, 33(16), S. 984-990.

Kühl, Stefan (2011): Organisationen. Eine sehr kurze Einführung. Wiesbaden: Verlag für Sozialwissenschaften.

Leimeister, Jan Marco / Zogaj, Shkodran / Durward, David / Blohm, Ivo (2016): Systematisierung und Analyse von Crowd-Sourcing-Anbietern und Crowd-Work-Projekten. Düsseldorf: Hans-Böckler-Stiftung.

Martin, David / O'Neill, Jacki / Gupta, Neha / Hanrahan, Benjamin V. (2016): Turking in a Global Labour Market. In: Computer Supported Cooperative Work, 25(1), S. 39-77.

Matuschek, Ingo (2017): Industrie 4.0 – Transformation der Arbeitsgesellschaft? In: Gerhard Banse / Ulrich Busch / Michael Thomas (Hrsg.). Digitalisierung und Transformation. Industrie 4.0 und digitalisierte Gesellschaft. Berlin: trafo Wissenschaftsverlag.

Meuser, Michael / Sackmann, Reinhold (1992): Zur Einführung: Deutungsmusteransatz und empirische Wissenssoziologie. In: Dies. (Hg.). Analyse sozialer Deutungsmuster. Beiträge zur empirischen Wissenssoziologie. Pfaffenweiler: Centaurus-Verlagsgesellschaft, S. 9-37.

Orton, J. Douglas / Weick, Karl E. (1990): Loosely Coupled Systems: A Reconceptualization. In: Academy of Management Review, 15(2), S. 203-223.

Pfeiffer, Sabine (2015): Industrie 4.0 und die Digitalisierung der Produktion – Hype oder Megatrend? In: APuZ 2015, 31-32, S. 6-12.

Pongratz, Hans J. / Voß, Günter G. (1997): Fremdorganisierte Selbstorganisation. Eine soziologische Diskussion aktueller Managementkonzepte. In: Zeitschrift für Personalforschung, 11(1), S. 30-53.

Reichwald, Ralf/Piller, Frank (2009): Interaktive Wertschöpfung. Open Innovation, Individualisierung und neue Formen der Arbeitsverteilung. Wiesbaden: Gabler.

Schmidt, Florian A. (2016): Arbeitsmärkte in der Plattformökonomie – Zur Funktionsweise und den Herausforderungen von Crowdwork und Gigwork. Bonn: FES.

Schönefeld, Daniel (2017): Arbeiten und Unterscheiden. Zur Praxis des Diversity-Managements. Weihnheim/Basel: Beltz/Juventa.

Schönefeld, Daniel / Schwarz, Anna (2017): Online-Crowdworking: Simple Jobs – viel Autonomie? In: Gerhard Banse / Ulrich Busch / Michael Thomas (Hrsg.). Digitalisierung und Transformation. Industrie 4.0 und digitalisierte Gesellschaft. Berlin: trafo Wissenschaftsverlag.

Schönefeld, Daniel / Hensel, Isabell / Koch, Jochen / Kocher, Eva / Schwarz, Anna (2017): Jobs für die Crowds. Werkstattbericht zu einem neuen Forschungsfeld. In: Jochen Koch / Eva Kocher / Klaus Weber (Hg.). Arbeit | Grenze | Fluss. Work-in-progress interdisziplinärer Arbeitsforschung. Frankfurt (Oder), Nr. 1, S. 3-21.

Schörpf, Philip / Flecker, Jörg / Schönauer, Annika / Eichmann, Hubert (2017): Triangular love-hate: management and control in creative crowdworking. In: New Technology, Work and Employment, 32(1), S. 43-58.

Staab, Philipp / Nachtwey, Oliver (2016): Die Digitalisierung der Dienstleistungsarbeit. In: Aus Politik und Zeitgeschichte, 66(18-19), S. 24-31.

Strauss, Anselm / Corbin, Juliet (1996): Grounded Theory: Grundlagen qualitativer Sozialforschung. Weinheim: Psychologische Verlagsunion (Beltz).

Ullrich, Carsten G. (1999): Deutungsmusteranalyse und diskursives Interview. Leitfadenkonstruktion, Interviewführung und Typenbildung. In: Arbeitspapiere des Mannheimer Zentrums für Europäische Sozialforschung.

Voß, Günther (1998): Die Entgrenzung von Arbeit und Arbeitskraft. Eine subjektorientierte Interpretation des Wandels der Arbeit. In: Mitteilungen aus der Arbeitsmarkt- und Berufsforschung (Sonderdruck), 3/98, S. 473-487.

Weick, Karl E. (1995): Der Prozess des Organisierens. Frankfurt a. M.: Suhrkamp.

Wolff, Stephan (2010): Soziale personenbezogene Dienstleistungsorganisationen als lose gekoppelte Systeme und organisierte Anarchien. In: Thomas Klatetzki (Hg.). Soziale personenbezogene Dienstleistungsorganisationen. Wiesbaden: Springer, S. 285-335.

World Bank Group (2015): The Global Opportunity in Online Outsourcing. Washington, DC: World Bank.

Crowdwork: Digitale Tagelöhnerei oder Arbeit der Zukunft?

Sebastian Strube

Handtaschen, ständig Handtaschen: Es gibt sie in allen Formen, Farben und Größen, mit gesteppter, glatter, genoppter, imprägnierter oder applizierter Oberfläche. Ich habe den Eindruck, ich kenne sie mittlerweile alle. Seit Stunden schreibe ich Texte über dieses Modeaccessoire, der wichtigste Satz dabei: „Die drei Innentaschen, von denen eine mit einem Reißverschluss verschließbar ist, sorgen für Ordnung in der Handtasche." Kein besonders schöner Satz, aber ein Satz, der auf fast alle Handtaschen zutrifft. Also kann ich ihn einfach in jeden Artikel neu kopieren. Das spart eine Menge Zeit. Und das ist wichtig, denn für die Texte, die auf der Website eines großen Online-Kaufhauses als Produktbeschreibungen stehen werden, bekommen ich nur 2,10 Euro pro Text, und das für 150 Worte – immerhin eine Viertel-Seite. Will ich also den gesetzlichen Mindestlohn mit meiner Schreibarbeit verdienen, dann darf ich auf keinen Fall länger als 15 Minuten für einen Text brauchen. Nicht einfach, wenn man keinerlei Ahnung von Handtaschen hat und nur ein Bild sowie eine zweizeilige Kurzbeschreibung als Grundlage vorliegt. Auf der anderen Seite musste ich mich für diesen Job bei niemandem bewerben und sitze gerade mit Schlabberjogginghose zu Hause vor meinem eigenen Computer.

So war Crowdworking 2014[1] und so ist Crowdworking, zumindest auf den großen "Clickworking"-Plattformen, immer noch – und das, obwohl sich die Crowdworking-Welt auch für Clickworker*innen in den letzten drei bis vier Jahren stark verändert hat. Unverändert ist das essentielle Wesen von Clickworking als Akkordarbeit. Das bedeutet nach wie vor einen enorm hohen Druck für die digitalen Arbeiter*innen – wollen sie einigermaßen Geld verdienen, müssen sie ranklotzen. Es geht nicht um Kreativität, und schon gar nicht geht es um persönliche Erfüllung in der Arbeit, es geht um Stückzahlen. So bleiben die Clickworker*innen zuallererst digita-

---

1 Nachdem ich als junger Journalist auf Textportalen gearbeitet hatte um dort massenhaft Kontent zu erstellen und so ein wenig Geld zu verdienen, arbeitete ich ab 2014 zu Recherchezwecken auf verschiedenen Clickworking Portalen. https://www.br.de/radio/bayern2/programmkalender/sendung748736.html https://motherboard.vice.com/de/article/aekpag/Billige-Clickarbeit-und-das-digitale-Lumpenproletariat-919

le Tagelöhner*innen, die jeden Tag aufs Neue auf dem digitalen Marktplatz der Crowdworking-Plattformen versuchen, ihr Auskommen zu finden.

Doch dieses Auskommen ist tatsächlich besser geworden: Für 150 bis 200 Wörter bekommt man heute etwa einen Euro mehr als vor vier Jahren – immerhin eine Steigerung um fast 33 Prozent, allerdings ausgehend von einem sehr niedrigen Niveau. Zudem haben die meisten Plattformen ihre Interfaces und ihre Arbeitsanweisungen enorm verbessert. Als Clickworker*in kann man daher sehr viel besser erkennen, was der Kunde eigentlich will, und bekommt von den Anbietern eine Arbeitsumgebung zur Verfügung gestellt, in der man seine Jobs oft schneller und effizienter abarbeiten kann, als noch vor wenigen Jahren. Auch dies trägt zu einer Steigerung des Einkommens bei, da jede Minute, die man damit verschwendet, eine unverständliche Arbeitsanweisung zu enträtseln oder sich mit einem umständlichen Interface herumzuärgern, den Akkordlohn drückt. Die Effizienzsteigerung, kommt also sowohl den Plattformen, die mehr Jobs abgearbeitet bekommen, als auch den Clickworker*innen, die ein höheres Einkommen erzielen können, zugute.

Was wird gearbeitet?

Die Arbeit, die auf den Clickworking-Portalen erledigt wird, hat sich in den letzten Jahren kaum verändert. Im Angebot sind simpelste Aufgaben, wie das Recherchieren von Internetadressen oder die Kategorisierung von Produkten in Online-Shops. Dann gibt es die Jobs, die zwar sehr einfach sind, aber nur von Menschen übernommen werden können. Hierzu zählen Marketingumfragen oder die emotionale Einordnung von Bildern sowie Musik, nach Kategorien wie etwa "fröhlich", "traurig", "ulkig" etc. noch immer werden diese Jobs meist sehr schlecht bezahlt. Es ist kaum möglich, in dieser Kategorie mehr als Taschengeld von zwei bis vier Euro in der Stunde zu verdienen. Gelegentliche Ausnahmen, beispielsweise wenn sich auftraggebende Firmen aus Imagegründen offensichtlich nicht dem Vorwurf der digitalen Ausbeutung aussetzen wollen, bestätigen hier die Regel.[2]

Ein immer größeres Ausmaß haben in den letzten Jahren die "höherwertigen" Schreibjobs angenommen. Die Expansion des Internets hat zu

---

2 Da alle Clickworking-Plattformen es verbieten, Auftraggeber öffentlich zu machen, können hier leider keine Firmennamen genannt werden. In der Praxis wird aber klar: Die Auftraggeber kommen aber aus allen Branchen, von der Industrie bis zu bekannten Medienunternehmen.

einer ungeheuren Nachfrage nach einfachem Content geführt. Dieser wird mittlerweile zu großen Teilen von Crowdworkern auf einer Vielzahl von unterschiedlichen Plattformen geliefert. Hier ein kleiner Auszug aus dem Angebotskatalog nur einer Plattform: Ein Werbetext für ein Planungsbüro, 46 Produkttexte über Gartenartikel, 403 Produkttexte für ein Möbelhaus, einen Blogartikel, 245 Texte über Medizinprodukte etc. Je nach Länge werden die Texte mit 1,05 Euro bis 7,36 Euro vergütet. Es scheint, als wären gerade Online-Kaufhäuser gar nicht mehr in der Lage, ihre hunderttausende suchmaschinenoptimierten Produkttexte, über die Käufer auf die Portale gelockt werden sollen, ohne Netzarbeiter*innen zu erstellen.

Gemeinsam haben alle diese Jobs, dass sie ungelernte Arbeit sind. Wobei zu betonen ist, dass "ungelernt" in den seltensten Fällen simpel oder unkompliziert heißt. Im Gegensatz zum analogen Tagelöhnertum, das vor allem auf körperliche Arbeit abzielt, setzt die digitale Tagelöhnerarbeit oft ein relativ hohes Maß an formaler Bildung voraus. Diese Ausbildung erfolgte entweder in Schule und Universität oder in einem anderen regulär gelernten Beruf. Selbst für die einfachsten Adress-Recherche-Aufgaben muss man in der Lage sein, sich effizient durch Webseiten zu navigieren und sehr schnell relevante Informationen zu erkennen. Wer Englisch spricht, hat – gerade wenn es um Marketingumfragen oder einfache Einordnungsaufgaben geht – eine weitaus größere Anzahl von Jobs zur Auswahl als Clickworker, die nur eine Sprache sprechen.

Noch wichtiger ist eine gute Ausbildung für die Schreibjobs. Diese ermöglichen zwar einen Verdienst, der um einiges über dem Mindestlohn liegen kann, sind aber durchaus anspruchsvoll. Die Anforderungen an Rechtschreibung und Grammatik sind hoch, und auch sprachlich wird ein überdurchschnittliches Niveau erwartet. Auch als langjähriger Journalist kann es einem als Clickworker*in passieren, dass Texte mit der etwas kryptischen Begründung "viele lexikalische und inhaltliche Wiederholungen" einfach abgelehnt werden, was den Verlust des gesamten Arbeitsentgelts bedeutet. Die Grundlage für eine Produktbeschreibung von 150 Wörtern besteht oft nur in ein oder zwei Fotos sowie dem Produktname und vielleicht zwei oder drei Stichpunkten. Also kommt zur reinen Schreibarbeit in aller Regel noch eine Recherche hinzu, um genügend Informationen zu finden, aus denen man überhaupt 150 Worte zusammenschustern kann.[3] Je weniger Inhalt diese Recherche ergibt, um so generischer und floskelhafter wird der Text. Dieses Problem lässt sich natürlich gegenüber dem Auf-

3 Das entspricht etwa der Länge dieses Absatzes.

traggeber im Einzelfall schwer kommunizieren, was im nächsten Schritt zur Ablehnung führt.

Wer arbeitet als Crowdworker?

Weil eine gute Ausbildung also einen enormen Vorteil für Crowdworker*innen darstellt, ist es nicht verwunderlich, dass sich unter den digitalen Arbeitern eine große Anzahl an Akademiker*innen, Student*innen und Menschen mit Ausbildungshintergrund aus etwa dem kaufmännischen Bereich findet. Beispiele auf einer deutschen Plattform: Hier arbeiten unter vielen anderen eine ehemalige Rechtsanwaltsgehilfin, eine Pädagogik-Studentin, eine Verlagskauffrau, viele Sekretärinnen, ein rumänischer Rechtsanwalt, ein Elektroingenieur aus Spanien, eine Stewardess aus Spanien, ein Doktorand in "Information Systems Management", ein finnischer Journalist, eine niederländische Studentin der Kommunikationswissenschaften....[4]

Betrachtet man diese Crowdworker*innen ist der eingangs verwendete Begriff des "digitalen Tagelöhners" durchaus ein wenig irreführend, denn er beschreibt zwar das Arbeitsverhältnis, in dem sich die meisten Clickworker*innen befinden, durchaus richtig, nicht aber deren formale Ausbildung oder soziale Situation. Häufig hat man es (zumindest in den Fällen, in denen Crowdworking über einen längeren Zeitraum betrieben wird) nicht mit Menschen zu tun, die am Rande der Gesellschaft stehen und sich durch eine niedrige oder kaum vorhandene Qualifikation auszeichnen. Oft kommen Crowdworker gerade im Clickworking Bereich aus der Mitte der Gesellschaft, und in den allermeisten Fällen stammen sie aus Europa oder Nordamerika. Zwar findet sich in Indien eine große Anzahl an Crowdworkern, die vor allem auf US-amerikanischen Plattformen wie Amazon Mechanical Turk arbeiten, doch dort werden nach wie vor meist sehr einfache Mikrotasks angeboten, die im Cent-Bereich bezahlt werden. Zudem verfügen die meisten indischen Crowdworker über eine sehr gute Ausbildung. Afrikanische Crowdworker hingegen stellen die absolute Ausnahme dar (bis auf einige wenige besonders aus Südafrika und Nigeria). Ein guter Zugang zu digitaler Infrastruktur und eine gute Ausbildung, bieten angesichts der Tatsache, dass das gesamte Arbeitssystem der großen Clickworking-Plattformen auf Konkurrenz ausgelegt ist, weitere entscheidende Vorteile. Die meiste Arbeit und den höchsten Verdienst bekommt der- oder

4 Diese Hintergrundinformationen stammen zu großen Teilen aus Foren von Crowdworking-Plattformen; aus datenschutzrechtlichen Gründen, können hier leider keine weiteren Angaben gemacht werden.

diejenige, die am schnellsten die beste Arbeit abliefert. In reiner Marktlogik gedacht ist dies natürlich nichts anderes als gerecht. Das bedeutet aber auch: Wird etwa ein Auftrag gepostet, der insgesamt 200 halbwegs gut bezahlte Jobs beinhaltet, setzt ein regelrechter Run auf diese Einzelaufträge ein. Jeder Crowdworker*in versucht so schnell es geht, möglichst viele dieser Jobs abzuarbeiten, um sein Einkommen nach oben zu schrauben. Solidarität unter digitalen Arbeiter*innen kann in dieser permanenten Konkurrenzsituation nur schwer entstehen. Hinzu kommt, dass auch die Orte (analog wie digital) fehlen, an denen sich diese Solidarität im gegenseitigen Austausch überhaupt bilden kann. Wenigstens auf digitaler Ebene schaffen sich Crowdworker diese digitalen Orte selbst (etwa bei Amazon Mechanical Turk mit Foren wie *Turkernation*). In letzter Zeit sind zudem Subforen etwa bei *reddit* ein wichtiger Treffpunkt geworden. Trotzdem gilt erst einmal: Als Crowdworker*in hat man Konkurrent*innen, keine Kolleg*innen.

*Warum arbeitet man als Crowdworker*in?*

Unter diesen schlechten Voraussetzungen stellt sich die Frage, warum Menschen mit guter Ausbildung sich diesen Jobkampf überhaupt antun. Die klassische Einstiegssituation ins Clickworking ist eine berufliche Umbruchssituation. Diese kann das Ende des Studiums darstellen, meist ist es aber der Verlust der bisherigen Arbeit, besonders, wenn man nicht sofort einen Anschlussjob bekommt. Die niedrigen Einstiegshürden, die Tatsache, dass auch ein niedriges Einkommen besser ist als gar kein Einkommen, und die Möglichkeit, wenigstens in irgendeiner Form tätig zu sein, machen Clickworking-Seiten in solchen Umbruchssituationen attraktiv.

So schilderte es beispielsweise Claudia G.[5] Nachdem die Kanzlei, in der sie als Anwaltshelferin gearbeitet hatte, geschlossen wurde, meldete sie sich bei verschiedenen Crowdworking-Anbietern an. Zur Notwendigkeit, einfach ein wenig Geld zu verdienen, kam bei Claudia der Wunsch hinzu, irgendwann einmal "mit Schreiben Geld verdienen zu können". Eine Motivation, die sich bei Crowdworker*innen tatsächlich regelmäßig findet. Auch in dieser Vorstellung spiegelt sich ein bürgerliches, wenn nicht sogar bildungsbürgerliches Selbstverständnis wieder, das dem Beruf des Autors ein hohes Prestige zuschreibt. Und tatsächlich war das Clickworking für Claudia der Einstieg in einen erfolgreichen "Career-Change". Sie ist heute

5 Mit Claudia G. habe ich im Rahmen einer Reportage für die Süddeutsche Zeitung ein langes Interview geführt. http://www.sueddeutsche.de/wirtschaft/digitale-tagelo ehner-wie-das-netz-die-arbeit-veraendert-1.2375232.

die Hauptverdienerin einer vierköpfigen Familie und stolz darauf, sich nach der zuarbeitenden Rolle in der Anwaltskanzlei aus eigener Kraft eine Existenz im Netz aufgebaut zu haben. Doch auf dem Weg zu dieser selbstständigen Existenz waren die großen Crowdworking-Plattformen nur der Einstieg – und noch dazu ein verdammt harter: "Nach etwa anderthalb Jahren gefühlter Sklavenarbeit mit Minimalverdienst und nahe am Burnout hatte ich genügend Referenzen und einen sehr guten Ruf als Texter. Inzwischen nutze ich die Billigbörsen nur noch als "Lückenfüller", beschreibt sie ihren Einstieg in die Selbstständigkeit.

Damit steht Claudia G. stellvertretend für eine beachtliche Zahl der höher qualifizierten Crowdworker*innen. Für diese sind die großen Clickworking-Börsen immer nur eine Übergangslösung, bis sie entweder im regulären Arbeitsmarkt wieder eine Stellung gefunden oder wie Claudia ausreichend Kontakte und Kenntnisse gewonnen haben, um auch jenseits der Plattformen genügend und vor allem besser bezahlte Aufträge zu bekommen.

Parallel gibt es aber auch Menschen, für die Clickworking nicht nur eine Übergangslösung ist, sondern ein essentieller und dauerhafter Bestandteil ihres Arbeitslebens und Einkommens – gerade in Ländern, die zwar über ein recht gutes Ausbildungssystem verfügen, aber über eine schlechte soziale Grundsicherung. Besonders auffällig wird dies, wenn man US-amerikanische Seiten wie etwa Amazon-Mechanical Turk beobachtet. So schreibt etwa Christina auf der Seite weardynamo:

> "Mturking has been incredible for my family. I have been able to help pay towards medical bills, and our rising electric bills that we are finally able to not feel incredibly stressed every month when we open that dreaded letter. My husband and I both work really hard to provide for our children but at some points it feels like we are being defeated. I find myself spending 8-10 hours a day (whenever I have a spare minute between doing household chores, and taking care of children) to sometimes earn \$10.00 a day. Which I am incredibly thankful for, I can't stop. I have to keep going is all I can think because I never know what the next months bills will bring, or when my children might get sick and need to go to the doctors.
> Some days I have earned \$20-\$27 which made me feel so proud and excited. Getting the occasional hit that is more than \$1.00 is always such an amazing moment for me. I work very hard to answer all questions honestly and accurately and I do the best work I can possibly do. However the other day I completed a hit and received a rejection [...] the next thing I know I received an e-mail from Amazon threatening to

freeze my account if I receive any more blocks in the next few months. I was in shock, devastated. I couldn't understand how this could have happened. I became panicked and afraid because I need this money. I need to work. I can't go back to being afraid of all of our bills because we only have my husbands paycheck. [...]I am so beyond thankful for the opportunity to work with and for this organization even if it is only for pennies or lucky dollars. I am just so incredibly grateful."[6]

Selten wird die existentielle Abhängigkeit von einem Clickworking-Job so deutlich wie in diesem Post. Außerdem zeigt der Text von Christina, dass die Höhe des Verdienstes auf Crowdworking-Plattformen nicht zwangsläufig etwas darüber aussagt, welche Bedeutung die digitale Arbeit für den Einzelnen hat. Auch kleine und kleinste Beträge können im Zweifelsfall von elementarer Bedeutung sein. Sicher stellen Arbeiterinnen wie Christina mit ihrer überaus starken Abhängigkeit nicht die Mehrheit der digitalen Click-Arbeiter dar, doch wer annimmt, auf den Plattformen würde ausschließlich übergangsweise oder für extra "Spielgeld" gearbeitet, der verkennt die Lebenswirklichkeit eines wichtigen Teils der Crowdworker. Auch in Deutschland finden sich unter den Crowdworkern viele Mütter, die ihre reguläre Berufstätigkeit für die Erziehung aufgegeben hatten und nun einen Teil der Familieneinkommens erwirtschaften. Soweit aus den Foren ersichtlich, findet dies hierzulande kaum unter so dramatischen Bedingungen wie oben geschildert statt – stets ist jedoch die finanzielle Komponente eine wichtige Motivation für die digitale Lohnarbeit.

Noch interessanter ist die finanzielle Komponente für jene digitalen Arbeiter, die nicht in den westlichen Industrienationen leben. Sie können dank des niedrigeren Lohnniveaus einen wesentlich höheren Anteil oder sogar ihr ganzes Einkommen über Crowdworking erzielen. Zudem ist diese Art Arbeit nicht stigmatisiert, ganz im Gegenteil: Jemand, der am Computer arbeitet und das noch dazu für eine – auch in Indien – so bekannte Firma wie Amazon, der genießt durchaus ein gewisses soziales Prestige. So schreibt zumindest Chandrashekhar:

> "At the very beginning of this letter, I want to say thanks a lot for creating such great platform that changed our life and I really appreciate it.

6 http://www.wearedynamo.org/dearjeffbezos Auf dieser Seite wurden 2015 die Erfahrungsberichte von Crowdworkern bei Amazon Mechanical Turk in Form von Briefen an Jeff Bezos gesammelt, um diesen auf die Lebens- und Arbeitsbedingungen in seiner "Crowd" aufmerksam zu machen. Das Medienecho war beachtlich, das Echo von Bezos eher nicht. Trotzdem ist die Seite eine der lesenswertesten Sammlungen von Clickworker-Erfahungberichten, die es im Moment gibt.

> I've started with Amazon Mechanical Turk in 2009, since I started I have spent most of my time enjoying by working on Mturk. When it comes to Amazon Mechanical Turk it means a lot to me, it gave me different way to live life, it gave me freedom, it gave me a feeling that we're connected to an eCommerce giant Amazon.com company, and it gave me a sense that we're connected with you. [...] Mturk must have to care for loyal and honest workers they have. We're running our house hold using Mturk, paying mortgage, paying for food, supporting family and you know needs are endless and in this if we lost our accounts, that we spent almost half decade to made it and burned our blood by working all day night long. So please take worker protection seriously. Give us some safer feeling when we work at mturk."

Eine Mischung aus Dankbarkeit und Angst scheint für beide hier zitierten Crowdworker*innen die Grundstimmung zu sein, die sie mit ihrer Arbeit verbinden. Nun stellt eine gewisse Unsicherheit den Preis dar, den jeder Freiberufler für seine Berufswahl zahlen muss. Doch scheint sie bei Crowdworker*innen generell besonders hoch, ist sie bei Amazon Mechanical Turk noch höher und bei Turker*innen, die ihr ganzes oder einen großen Teil ihres Einkommens bei Mechanical Turk erwirtschaften, wahrscheinlich am höchsten.

Die Unsicherheit bei Mechanical Turk speist sich vor allem aus nicht vorhandener Kommunikation. Die deutschen Crowdworking-Plattformen etwa haben Rückkanäle eingebaut, über die sich Crowdworker*innen über abgelehnte Aufträge oder Herabstufungen, die sie von bestimmten lukrativeren Arbeiten ausschließen, beschweren und so auch gelegentlich eine Rücknahme der Entscheidungen erreichen können – oder zumindest eine Erklärung für ihre Verdienstausfälle bekommen. Nicht immer funktionieren diese Rückkanäle, meist Mail-Adressen oder Foren, zeitnah oder inhaltlich befriedigend. Im Vergleich zu Amazon Mechanical Turk hingegen, wo es alle diese Möglichkeiten nicht gibt, sind sie jedoch ein beachtlicher Forstschritt. Bei Amazon hängt das Damoklesschwert der Ablehnung oder gar der Verbannung von der Plattform stets über den Arbeitern, und sollte es fallen, gibt es keine Möglichkeit dagegen etwas zu tun. Diese Praxis wird von Turker*innen als reine Willkür empfunden und ist für Menschen, deren gesamte Existenz von Amazon Mechanical Turk abhängt, eine permanente Bedrohung.

Diese Willkürpraxis funktioniert in letzter Zeit allerdings auch in die andere Richtung. Nachdem Amazon zwischen ca. 2013 und 2016 keine neuen Arbeiter aus Ländern außerhalb Nordamerikas mehr aufgenommen hat – warum weiß man für das Unternehmen typischerweise nicht so genau, möglicherweise aus steuerrechtlichen Bedenken – werden seit etwa einem Jahr Anträge, die teilweise Jahre zurückliegen, auf Zulassung zur Plattform wieder bewilligt. Möglicherweise ein Hinweis darauf, dass Amazon Mechanical Turk aufgrund der guten Beschäftigungslage in den USA einerseits und der steigenden Konkurrenz durch andere Crowdworking-Plattformen andererseits sowie der schlechten Arbeitsbedingungen bei Mechanical Turk langsam die Crowdworker*innen ausgehen.

Es gibt allerdings Gruppen, die auch bei bester Wirtschaftslage Crowdwork weiterhin als echte Chance sehen: Menschen mit körperlichen Einschränkungen beispielsweise oder Menschen, die etwa aufgrund psychischer Probleme oder – was vor allem in den USA vorkommt – weil sie unter Hausarrest stehen, das Haus nicht verlassen können. So schreibt Rodney Wiedemer:

> "I am a 31 year old man with physical impairments and have to have some way to make some money just to help pay the bills. Sure, I don't work as quick as some other people on your fine site, but the little bits that I bring in still help in some way or another. Anyway, I just wanted to let you know that I do love being a Turker but it is my opinion that there is room for improvements. I just wish that we (as your mobile and flexible work force) had a little bit more respect [...]."

In solchen Fällen kommen die Vorteile der Crowdwork voll zum Tragen: die flexiblen Arbeitszeiten, die sehr niedrige Zugangsschwelle, die Möglichkeit, von zu Hause zu arbeiten. So erhalten all jene Menschen die Möglichkeit, selbstbestimmt tätig zu sein, die ansonsten weitgehend vom Arbeitsmarkt abgeschnitten wären. Crowdwork-Kritiker*innen sehen darin allerdings den Versuch, selbst Menschen in prekärsten Lebenssituation als billige Arbeitskräfte zu nutzen.

Crowdwork: Arbeit der Zukunft?

Kann Crowdwork mehr werden als ein Geschäftsmodell für die Plattformen, auf denen sie betrieben wird? Kann sie den Crowdworker*innen ein Arbeiten anbieten, das diesen sowohl auf finanzieller als auch geistiger Ebene ein gutes Leben ermöglicht? Tatsächlich können Crowdworker*innen, sollten sie lange genug bei diesem Jobmodell bleiben, sogar selbst eine gewisse Entwicklung in diese Richtung erreichen. Das zeigt sich bei Mechancial Turk etwa schlicht darin, dass das miserableInterface besser bedienbar gestaltet wurde. Einige der seit langem gestellten Forderungen der Crowdworker wurden umgesetzt. So findet man mittlerweile schneller lukrative Aufträge und lernt, welche Auftraggeber ihre HITs, diese Abkürzung steht für Human Intelligince Tasks, so nennt Amazon die Aufträge, die den Turker*innen bei Mechanical Turk angeboten werden, zuverlässig bezahlen sowie vernünftige Instruktionen für Arbeitsaufträge haben.

Gerade als Schreiber geht man bei Letzterem allerdings durch eine harte Schule. Kaum irgendwo sonst wird man bewusster auf die effektive Produktion vor allem von suchmaschinenoptimierten Netztexten getrimmt. Wenn jedes fehlende Komma oder Keyword bestraft wird, und daraufhin potentieller Einkommensverlust droht, ist die Lernkurve natürlich ziemlich steil. Für diesen Druck sind aber nicht zwangsläufig die Korrektor*innen verantwortlich zu machen, die die Aufgabe von Vorarbeitern übernehmen und neue Crowdworker quasi einlernen. In der Regel sind sie selbst Clickworker*innen und durch genau die gleiche harte Schule gegangen. Problematisch ist, dass sie ebenfalls der Akkord-Logik unterliegen und möglichst schnell möglichst viele Texte korrigieren müssen, um ein vernünftiges Einkommen zu erzielen. Dementsprechend nehmen sie sich nicht besonders viel Zeit für Höflichkeiten und vermitteln dem Schreiber recht prägnant, wo ein Problem liegt. Atmosphärisch ist das nicht schön und verlangt vom Texter eine Menge Frustrationstoleranz. Noch heute kann sich etwa der Autor dieser Zeilen richtig aufregen, wenn er teilweise mehrere Jahre alte Korrekturen seiner Crowdworking-Texte liest. Und an diesen Texten hing keine Existenz. Wer aber bereit ist, sich wie Claudia G. sagt "anderthalb Jahre gefühlter Sklavenarbeit" auszusetzen, der hat danach tatsächlich etwas gelernt.

Die Crowdworker*innen werden nämlich in der Lage sein, sehr schnell google-optimierte Texte, zu schreiben, sie werden lukrative Jobs als solche erkennen und zügig abarbeiten können. Durch ihr hohes Ranking werden sie zudem besser bezahlte Jobs bekommen. Vermutlich werden die Korrektoren, wenn sie nicht selbst schon welche sind, ihn kennen und großzügiger behandeln. Möglicherweise kennen ihn sogar schon festangestellte Mitarbeiter der Crowdworking-Plattform, für die er tätig ist, und reagieren auf seine Beschwerden und Anmerkungen schneller als bei einem neuen Plattformmitgliedern. Denn geübte Netz-Arbeiter sind das Rückgrat der Plattform-Industrie. So werden etwa auf Amazon Mechanical Turk etwa 80 Prozent der Arbeit von nur 20 Prozent der ArbeiterInnen erledigt.[7] Ohne diese zahlenmäßig kleine, aber hochqualifizierte Gruppe der Crowdworker würden viele Plattformen ihre Jobs schlicht nicht mehr abgearbeitet bekommen oder zumindest nicht in der Qualität, die notwendig ist, um weiter Kunden anzuziehen. Schon 2015 stellte die Sprecherin von *Clickworker*

7 Vgl. Fort, Karen (2011): Amazon Mechanical Turk: Gold Mine or Coal Mine? In: Computational Linguistics 37(2), S. 413-420.

Ines Maione fest: "Teilweise ist ein richtiger Wettbewerb um gute Clickworker entstanden"[8] – ein Wettbewerb, der sich angesichts der guten Wirtschaftslage wohl eher noch verschärft haben dürfte. Diese Netz-Arbeiter sind in der Lage, einen substantiellen Anteil ihres Einkommens auf den Plattformen zu erwirtschaften und tun dies in der Regel auch. Zudem kommen sie sowohl vonseiten der Plattformbetreiber als auch durch andere Crowdworker*innen in den Genuss einer gewissen beruflichen Anerkennung.

Was in aller Regel allerdings noch nicht funktioniert ist die Durchbrechung der fundamentalen Grenze, die zwischen den Mitarbeiter*innen besteht – nämlich denjenigen einerseits, die die Crowdworking-Plattformen programmieren und managen, und denjenigen andererseits, die auf der Plattform arbeiten. Selbst aufgeschlossen Plattform-Betreiber meinen, wenn Sie von ihren "Mitarbeitern" sprechen, eben nicht die Crowdworker*innen, sondern nur jene Mitarbeiter*innen, die im Büro die Interfaces programmieren, Arbeitsprozesse austüfteln und die Crowd managen, obwohl die Netz-Arbeiter*innen mindestens ebenso wichtig für den Erfolg der Plattform sind wie die Angestellten. Die digitale Zweiklassengesellschaft, die so entsteht, scheidet sich also ganz wesentlich an der Frage, an welcher Position man sich im Bezug auf die Apps und Interfaces befindet, mit denen die Arbeit in der Gig-Economy verteilt, bewertet, bezahlt und organisiert wird. Besser gesagt: Ob man bildlich gesprochen oberhalb oder unterhalb des Interfaces und der Algorithmen arbeitet, die das Leben der Crowdworker*innen bestimmen.

Dies gilt im Übrigen für alle Bereiche des Plattform-Kapitalismus – ob es sich um einen Fahrdienst wie Uber, um einen Essensauslieferdienst wie Deliveroo oder um Crowdworking-Plattformen wie Clickworker, Textbroker oder Amazon Mechanical Turk handelt. Die Plattformen selbst haben wenig Gründe, daran etwas zu ändern, denn erstens ist ein trainierter Crowdworker für die Plattformen wesentlich wertvoller und effizienter eingesetzt, wenn er auf der Plattform verbleibt, und zweitens stellt gerade die Undurchlässigkeit des Systems sicher, dass die Herrschaftsverhältnisse auf den Plattformen nicht infrage gestellt werden. Denn wer in der Plattform-Ökonomie die Entscheidungen trifft, welche Arbeit zu welchem Preis angeboten wird, welche Arbeitsbedingungen vorherrschen und welchen rechtlichen Status die Crowdworker*innen haben, ist ziemlich klar:

---

8 http://www.sueddeutsche.de/wirtschaft/digitale-tageloehner-wie-das-netz-die-arbeit-veraendert-1.2375232.

Es sind keine regulierenden Behörden, auch nicht die Politik und schon gar nicht die Crowdworker*innen – es sind die Plattformbetreiber.

In diesem Sinn ist auch der größte Bonus der Crowdworker*innen, nämlich die Freiheit zu entscheiden wo man wann und wie arbeitet, deutlich eingeschränkt. Zudem zwingt die knallharte On-Demand-Logik, nach der Arbeit angeboten wird, die meisten professionellen Crowdworker*innen, sich auf mehreren Plattformen zugleich anzumelden, da sie nur so sicherstellen können, immer über genug Arbeit zu verfügen. Der hohe Qualifizierungsdruck und die Notwendigkeit, sich anfangs über einen längeren Zeitraum auf einer Plattform einzuarbeiten, führt dazu, dass gerade das Arbeiten auf mehreren Plattformen mit einem enorm hohen Zeit- und Arbeitsdruck verbunden ist. Den man aber hinnehmen muss, will man angesichts der niedrigen Entlohnung ein halbwegs vernünftiges Entgelt erwirtschaften.

Dies alles sind Probleme, von denen Crowdworker*innen ein beredtes Zeugnis ablegen können und die den Plattformbetreibern durchaus bewusst sind. Reagiert aber haben sie darauf bisher im besten Falle mit marginalen Verbesserungen. Und so wird die Frage der Zukunft der Arbeit für Crowdworker genau wie bei der analogen Arbeit ganz wesentlich eine Frage der Mitbestimmung sein. Erst wenn Crowdworker*innen von den Plattformbetreiber in einem umfassenden Sinn als Mitarbeiter*innen verstanden werden, für die sie ganz genau so Verantwortung zu übernehmen haben wie für die Menschen, denen sie jeden Tag im Büro begegnen, und nicht als on-demand zur Verfügung stehende, entpersonalisierte, anonyme Arbeitskraft, wird sich etwas ändern. Und das wird nur geschehen, wenn Crowdworker die Möglichkeit bekommen, diese Verantwortung einzufordern und durchzusetzen, wenn ihr nicht genüge getan wird. Dadurch werden sich die vielfältigen Probleme, die es im Crowdworking-Bereich immer noch gibt, gemeinsam lösen lassen.

Crowdworking als neuer Modus selbstständiger Erwerbsarbeit? Eine Einordnung aus soziologischer Perspektive

Anna Schwarz

Zusammenfassung

In der jüngeren Geschichte haben Soziolog*innen unterschiedliche Konzepte jeweils „neuer" Selbstständigkeit erarbeitet: von den „neuen Selbständigen" mit neuartigen Motiven seit den 1980er Jahren, bis zur aktuellen „hybriden Selbstständigkeit" (vgl. Bögenhold/Klinglmair 2016), ausgehend von spezifischen Kombinationen selbstständiger und abhängiger Beschäftigungsformen. Diese diversen Konzepte werden zunächst diskutiert, auch unter Bezugnahme auf ausgewählte sozialstatistische Daten zum Wandel von Beschäftigungsstrukturen. Um das Crowdworking als spezifischen Modus selbstständiger Erwerbsarbeit hier einzuordnen, erfolgt sodann eine Auswertung von deutschen und internationalen Studien zu Motiven von Crowdworker*innen. Darin zeigen sich neuartige Motivausprägungen, wie der Wunsch nach Flexibilität und Selbstoptimierung, je nach Typ bzw. Granulierungsgrad des Crowdworking. Diese neuen Motive lassen sich aus Veränderungen in den Organisationsformen digitalisierter Erwerbsarbeit ebenso wie aus neuen Ansprüchen an die Erwerbstätigen zur Herausbildung umfassender unternehmerischer Selbstkonstruktionen heraus verstehen, wozu einschlägige Theorieansätze skizziert werden.

Einführung

Gerade die immer wieder als `neu` wahrgenommenen Formen selbstständiger Erwerbstätigkeit widerspiegeln die innovativen erwerbsbiografischen Umgangsstrategien der Menschen mit veränderten Kontexten im Erwerbssystem und dem Wandel von Arbeit insgesamt. Dies zeigt sich mindestens von den 1980er Jahren bis heute und gilt auch für das Crowdworking. Die Debatten um neue Formen von Selbstständigkeit haben sich dabei häufig an bisher untypischen Motiven für diese Form von Erwerbstätigkeit, im Unterschied zum klassischen Wachstums-fokussierten Unternehmertum festgemacht. Motive ermittelt man in den Sozialwissenschaften oftmals über die Vorstellungen der Menschen dazu, was jeweils als wünschenswert für das eigene Leben und Arbeiten angesehen wird. Neue Motive bilden sich heraus vor dem Hintergrund veränderter externer Arbeitsmarktstrukturen und Beschäftigungsmöglichkeiten, sowie auch durch die Wahrnehmung und Verinnerlichung modifizierter gesellschaftlicher Verhaltenserwartungen an die Selbstpositionierung der Menschen in Arbeit und Leben. Genau dieser Zusammenhang von strukturellen Wandlungen und veränderten subjektiven Orientierungen bildet meist den Ausgangspunkt für die sozialwissenschaftliche Konzipierung jeweils neuer Erscheinungsformen „neuer Selbstständigkeit" gerade hierzulande seit den 1980er Jahren bis heute. Diesem Ansatz folgt auch dieser Beitrag, worin es vor allem um die Frage gehen soll, inwiefern das Crowdworking seinerseits in diesem (nicht streng arbeitsrechtlichen) Sinne als neuartige Form von selbstständiger Erwerbstätigkeit im Internetzeitalter gelten kann und welche – evtl. teils neuartigen – Motive hierfür auffindbar sind. Dazu dient die folgende Gliederung:

Im ersten Abschnitt werden wichtige historische Etappen in der Konzipierung „neuer Selbstständigkeit" seit den 1980er Jahren bis heute nachgezeichnet. Dies erfolgt unter Bezugnahme auf veränderte Arbeitsmarktstrukturen in der Bundesrepublik, so wie sie sich anhand von ausgewählten makro-statistischen Daten zeigen lassen. Darin sind vom wesentlichen, bisher statistisch erfassten Erwerbstypus her Allein-Selbstständige fokussiert, und genau als solche gelten ja auch die Crowdworker*innen rein formal. Aktuelle Konzepte sprechen nun von „hybrider Selbstständigkeit", ausgehend von der Beobachtung zunehmender Kombinationen von abhängiger und unabhängiger Erwerbsarbeit. Hierzu werden ebenfalls einige sozialstatistische Daten herangezogen, sowie auch spezifische Studien zu Erwerbskombinationen bei Crowdworker*innen. Das spezifisch Neue des Crowdworking lässt sich aber möglicherweise noch deutlicher an neuartigen Motivausprägungen für diese Form von digitaler Erwerbsarbeit zeigen.

Um solche evtl. neuartigen Motive zu erkennen, werden im zweiten Abschnitt zunächst hier relevante Theorieansätze, insbesondere zu Veränderungen in den Organisationsstrukturen von Arbeit im digitalen Zeitalter, sowie auch zu neuen Ansprüchen an die Subjektpositionierung skizziert. Vor diesem Hintergrund erfolgt eine vergleichende Betrachtung deutscher und internationaler Studien zu Crowdworking-Motiven. Hieran wird sichtbar, wie sich diese Motive nach der Art, insbesondere nach dem Granulierungsgrad der Aufgaben, zwischen einfachem und komplexerem Crowdworking unterscheiden. Spezifische Ausprägungsformen neuartiger Motive, etwa in Richtung Flexibilisierung von Arbeit und Einkommen sind v.a. im einfachen und in Richtung Selbstoptimierung eher im komplexeren Crowdworking erkennbar. Welche Risiken -wie verschärfte Selbstausbeutung und Entfremdung- hiermit verbunden sein können, können nur weitere Studien genauer zeigen.

Ein Ausblick im Fazit auf Desiderata und künftige Chancen zur modifizierten, auch sozialstatistischen Fassung dieses neuen Phänomens des Crowdworking als besondere, neue Erwerbsform sui generis schließt diesen Beitrag ab. Ebenso erfolgt eine kurze Bezugnahme auf die in diesem Band versammelten Positionen von Akteur*innen im Feld des Crowdworking, wie auch auf die soziologischen, rechts- und organisationswissenschaftlichen Beiträge.

1. Neu-Fokussierungen auf den Erwerbstyp Allein-Selbstständiger

Der Übergang von der Industrie- zur Dienstleistungsgesellschaft prägte in den vergangenen Jahrzehnten die veränderte Beschäftigungsstruktur auch in der Bundesrepublik. Verbunden mit diesem sektoralen Wandel durchlebte die Entwicklung selbstständiger Beschäftigung verschiedene Phasen. Insbesondere vor dem Hintergrund einer anhaltenden Reduzierung der „mithelfenden Familienangehörigen“ v.a. in der Landwirtschaft sank auch von 1970 bis ca. 1990 die Quote aller Selbstständigen an allen Erwerbstätigen von über 16 auf unter 10 Prozent. Danach bis ca. 2006 wuchs sie wieder an (auf 11,3 Prozent) und sinkt seitdem kontinuierlich etwas ab (auf rund 10 Prozent in 2016; vgl. Destatis 2017, S. 352).[1] Hinter diesen wechselnden Phasen steht eine Reihe makroökonomischer, demographischer, politischer und Einstellungs-Veränderungen, die hier gar nicht angemessen betrachtet werden können. Für einen groben Einblick in diese jüngeren Verschiebungen der Erwerbsstruktur seien ausgewählte Eckwerte in Tabelle 1 aufgezeigt:

1 Im europäischen Vergleich rangiert Deutschland bei der Selbstständigen- und der Solo-Selbstständigenquote allerdings eher auf einem unterdurchschnittlichen Niveau, vgl. Brenke 2013, S. 4.

Tabelle 1: Entwicklung des Anteils der Selbstständigen an allen Erwerbstätigen und im Dienstleistungsbereich, 1991 – 2016 (in Tausend Personen und Prozent)

	1991	2000	2010	2016
Erwerbstätige insgesamt	38.790	39.917	41.020	43.595
Davon Selbstständige In Prozent	3.569 9,2	3.992 10,0	4.471 10,9	4.316 9,9
Erwerbslose	2.172	3.114	2.821	1.771
Erwerbstätige im Dienstleistungsbereich	23.760	27.801	30.323	32.418
Anteil (im Dienstleistungsbereich) an allen Erwerbstätigen in Prozent	61,3	69.7	73,9	74,5
Davon Arbeitnehmer*innen	21.454	24.942	26.965	29.133
Davon Selbstständige In Prozent	2.306 9,7	2.859 10,3	3.358 11,1	3.285 10,1

Quelle: Destatis 2017, eigene Berechnungen.

1.1 Konzepte „Neuer Selbstständiger" seit den 1980er Jahren

Für die genauere Betrachtung der Teilpopulationen innerhalb der Selbstständigen erwies sich eine soziologische These von Dieter Bögenhold schon Mitte der 1980er Jahre als sehr einflussreich. Darin identifizierte er eine Kategorie „Neuer Selbstständiger"(Bögenhold 1985). Darunter versteht er Allein-Selbstständige ohne Mitarbeiter*innen und ohne größere Wachstumsziele, insofern offenbar auch mit neuartigen Gründungsmotiven. Der Fokus auf neuartige Gründungsmotive als zentrales Erklärungsmoment der Herausbildung neuer selbstständiger Erwerbsformen bestimmt seitdem zunehmend die internationalen Debatten (vgl. z.B. Pink 2001; Zhao u.a. 2011; Kalleberg/Marsden 2013) und soll daher auch in diesem Beitrag zentral verfolgt werden. Diese neuen Motive würden laut Bögenhold damals vor allem zwischen dem Pol der „Gründungen aus Not", etwa aus Sorge vor Arbeitslosigkeit, und dem Pol der „Gründungen zur Selbstverwirklichung" schwanken (vgl. Bögenhold 1985). Tatsächlich wuchsen die Arbeitslosenzahlen zwischen 1981 und 1985 von 0,79 auf 1,9 Millionen Personen (vgl. Destatis 2017, S. 352). Den Hintergrund hierfür bildeten v.a. die Automatisierungs- und Rationalisierungsschübe in der Industrie in den 1980er Jahren. Also wagten Einige den Sprung in die Mikroselbständigkeit, der allerdings auch mit anderen Faktoren zusammenhing. So machte sich bereits der Anstieg der Studierendenzahlen bemerkbar, von denen durchaus auch etliche den Weg in die Solo-Selbstständigkeit wählten, wie das heute vergleichsweise hohe Bildungsniveau gerade der deutschen Solo-Selbstständigen indirekt nahelegt (vgl. Brenke 2013, S. 9). Gerade unter diesen jüngeren, akademisch Gebildeten dürften zudem in besonderem Masse die allgemein steigenden postmaterialistischen Werte (vgl. Inglehart 1977) in Richtung Selbstentfaltung (vgl. Beck 1983) verbreitet sein. Dieser Blick auf die Heterogenität von Gründungsmotiven Alleinselbstständiger bleibt bis heute einflussreich (so z.B. Bögenhold/Klinglmair 2016, S. 138)[2]. Gerade anknüpfend an die Verbreitung postmaterialistischer Wertvorstellungen und die fortschreitende Individualisierung von Lebensstilen brachte 1990 Gerd Vonderach hierzulande den neuen Terminus der „alternativen Selbstständigen“ in die Debatte ein. Für die USA beobachtete in ähnlichem Sinne Daniel Pink die Ausbreitung von „free agents“, auch mit dem Motiv der Abwendung von klassischen Hierarchien (Pink 2001).

Eine neue Wendung bekamen Beobachtungen der Selbstständigkeit eher ab Beginn der 2000er Jahre, zumeist als „Solo-Selbstständigkeit“ porträtiert. Diese Kategorie wurde nun auch in volkswirtschaftlichen Studien mit einer genaueren empirischen Datengrundlage erfasst, worin Daten des SOEP und des Mikrozensus zusammengeführt sind (vgl. Brenke 2011 und Brenke/Beznoska 2016)[3]. Seitdem bis heute übersteigen die absoluten und relativen Werte der Solo-Selbstständigen sogar die Werte der Unternehmer mit Beschäftigten, wie Abbildung[4] 1 demonstriert.

Zur Deutung dieser neuen Tendenz zur Solo-Selbstständigkeit ab der Jahrtausendwende ist wiederum ein Bündel unterschiedlicher Einflussfaktoren zu beachten. In diesem Zeitraum boomten kreative Start-ups, Solo-Gründungen in der (allerdings sehr diffusen) „Kultur-und Kreativwirtschaft“ (Ertl 2006), wiederum angetrieben durch die weiter wachsende

---

2 Auch aktuelle Studien zum generellen Gründungsgeschehen in den USA und Deutschland haben jüngst ein Modell zur Unterscheidung und Messung der zwei zentralen Gründungsmotive „Opportunity“ oder „Necessity“ in unterschiedlichen Phasen wirtschaftlicher Prosperität vorgelegt (Fairle/Fossen 2018).

3 Insofern können sich leichte Abweichungen zu den Angaben in Tabelle 1 ergeben, die nur auf Daten des Mikrozensus beruht.

4 Ich danke Lilia Richter für die Unterstützung bei der Erstellung der Abbildungen in diesem Beitrag.

Zahl der Hoch- und Fachschulschulabsolvent*innen bzw. Studierenden. Letztere stieg von 1,3 Millionen in 1983, auf 1,93 Millionen in 1993, über 2,6 Millionen in 2013 bis auf knapp 2,85 Millionen in 2017 (jeweils im Wintersemester, vgl. Bundeszentrale bpb 2014 und Destatis 2018). Gleichzeitig verengten sich für sie jedoch die Chancen auf eine Anstellung z.B. im Öffentlichen Dienst: Hier gingen die Beschäftigtenzahlen von 4,90 Millionen in 2000 auf 4,64 Millionen in 2015 zurück, mit zuletzt davon nur 3,15 Millionen Vollzeitbeschäftigten (vgl. Destatis 2017, S. 365). Zudem wuchs gerade im Öffentlichen Dienst der Anteil befristeter Arbeitsverträge weiter an und liegt höher als in der Privatwirtschaft: von 8,7 Prozent in 2004 auf 10,4 Prozent in 2014 (im öffentlichen Dienst einschließlich der Wissenschaft), in der Privatwirtschaft im selben Zeitraum von 4,8 auf 6,7 Prozent aller dort Beschäftigten (vgl. Hohendanner u.a. 2016, S. 2).

Abbildung 1: Entwicklung der Solo-Selbstständigkeit (Zahl und Quote, 1995 bis 2015): Zahl der Solo-Selbstständigen in Millionen, und Anteil der Solo-Selbstständigen an allen Selbstständigen in Prozent

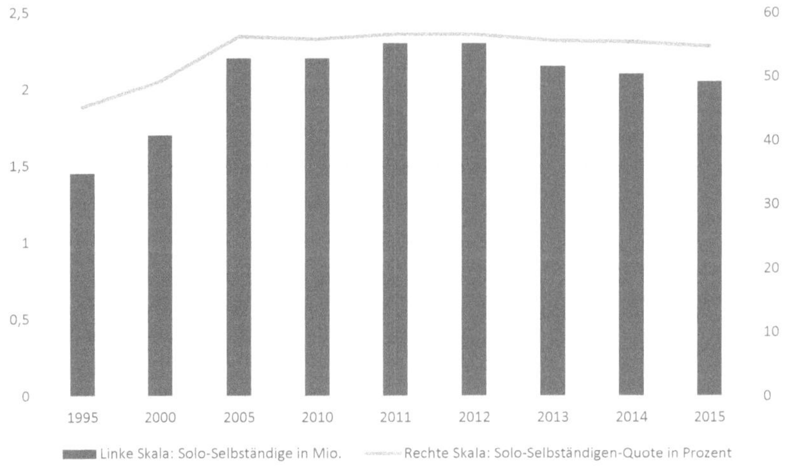

Quelle: Dietrich/Patzina (2017, S. 2), eigene Darstellung.

Auch die Arbeitslosigkeit hatte gerade in den 1990er Jahren zugenommen (vgl. Tabelle 1). Nun jedoch setzten staatliche Maßnahmen und die grundlegenden Reformen des Arbeitsmarktes im Kontext der „Agenda 2010" und damit auch spezifische Förderinstrumente für Gründungen aus der Arbeitslosigkeit ein. Als Folge der Förderung von Ich-AGs stiegen tatsächlich die Zahlen der Solo-Selbständigen zwischen 2002 und 2005 an und verweilten danach bis 2012 auf dem hohen Niveau von ca. 2,45 Millionen Personen, um seitdem nur leicht abzusinken (vgl. Brenke/Beznoska 2016, S. 18). Hier handelte es sich zumeist um Gründungen aus Not und Gelegenheit, die aber in der Soziologie nicht zu neuen Begriffsbestimmungen veranlassten. Im Rahmen einer deutlichen Flexibilisierung des Arbeitsmarktes konnten diese Maßnahmen zwar zur Reduzierung der Arbeitslosenzahlen beitragen – aber sie veränderten die Sicherheit und Qualität der Erwerbsarbeit gravierend (vgl. Schmid 2017, S. 12; Walwei 2017, S. 30), forcierten die Destandardisierung der Erwerbsverläufe und damit längerfristig auch das Risiko von Altersarmut. So erhöhten sich bis 2014 die Anteile von Frauen an den Solo-Selbständigen langsam bis auf 48,4 Prozent, während die Anteile aller Rentner*innen über 65 Jahre von 5,3 Prozent in 1991 auf 9,6 Prozent in 2014 deutlicher stiegen (vgl. Brenke/Beznoska 2016, S. 20f.). Uwe Fachinger prägte für letztere Altersgruppe den speziellen Terminus der „Post-Entrepreneurs" (Fachinger 2016, S. 187).

1.2 Aktuelle Konzepte „hybrider Selbstständigkeit"

Zugleich ist diese oben genannte umfassende Flexibilisierung von Arbeit mit einem weiteren Trend verbunden: Die heutigen Erwerbsbiographien weisen auf eine zunehmende Kombination unterschiedlicher Erwerbsformen hin, auf tendenziell häufigere Parallelbeschäftigungen in verschiedenen Haupt- und Nebenjobs. Dies betrifft allerdings nicht nur Arbeitnehmer*innen, sondern auch Selbstständige aller Art, wie die folgende Abbildung 2 zumindest für die Anteile von Personen mit Zweitbeschäftigung andeutet.

Abbildung 2: Prozentanteil von Erwerbstätigen mit zweiter bezahlter Beschäftigung (1991 – 2014)

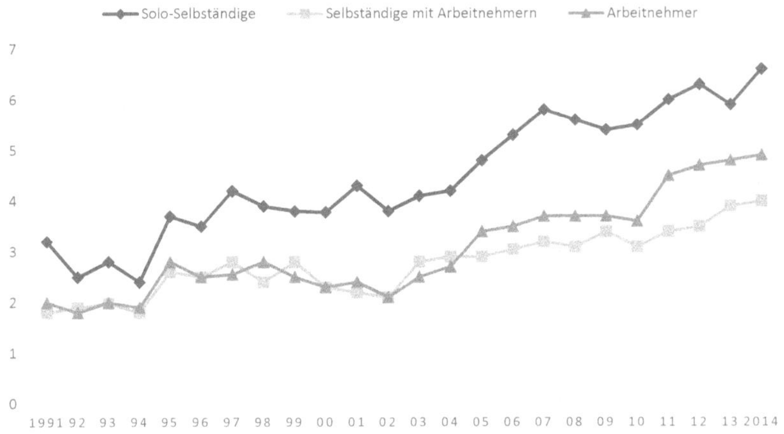

Quelle: Brenke/Beznoska (2016, S. 35), eigene Darstellung.

Derartige multiple Job-Kombinationen finden sich gerade im angelsächsischen Raum schon seit längerem (Panos u.a. 2014), angesichts der dort breiter flexibilisierten Erwerbsverhältnisse. Die entsprechenden Anteile von Mehrfach-Beschäftigten hierzulande erscheinen auch im internationalen Vergleich noch nicht sehr hoch[5], aber sie können gerade das Crowdworking betreffen, wie gleich zu zeigen ist. Erklärbar sind sie vermutlich einerseits mit der unzureichenden Bedarfsabsicherung aus nur einem Job und andererseits mit dem tendenziellen Auseinanderfallen sinnerfüllter oder bedarfssichernder Beschäftigung.

Zunächst sei an dieser Stelle auf einen neuen Begriff hierfür verwiesen, den wiederum u.a. auch Dieter Bögenhold in der internationalen Debatte vertritt. Er spricht nun vom „hybrid self-employment", um genau diese zeitweilige bzw. in der Berufsbiografie auffindbare Kombinatorik unterschiedlicher Erwerbsformen gerade bei Selbstständigen adäquat zu bezeichnen (vgl. Bögenhold/Klinglmair 2016, S. 127ff.). Insofern plädiert er für eine stärkere Beachtung des Prozesscharakters in den Erwerbsverläufen und damit verbunden für einen genaueren Blick auf neue Formen sozialer Mobilität. Ebenso wendet er sich hier gegen die bisher übliche dichotomi-

5 Damit liegt Deutschland EU-weit im unteren Mittelfeld der Verbreitung solcher Zweitjobs. (vgl. Brenke 2009, S. 599).

sche Zuordnung von Beschäftigten in der Arbeitsmarktsystematik in entweder abhängig oder unabhängig Beschäftigte (vgl. Bögenhold/Klinglmais 2016, S. 136, vgl. auch das Fazit hier).

In ganz ähnlicher Weise sprechen nun auch Pongratz/Bormann von einer „hybriden Selbstständigkeit" (Pongratz/Bormann 2017, S. 174f.), und Alexandra Manske von einer neuen „Patchwork-Selbstständigkeit" (Manske 2015). Ausgehend von qualitativen Studien zu Kultur- und Kreativarbeiter*innen[6] macht sie noch differenzierter drei verschiedene Dimensionen einer neuen „Patchwork-Selbstständigkeit" aus: Zum ersten würden diese Personen zwischen verschiedenen Teilmärkten (öffentlich versus privat) pendeln, zum zweiten könne man dynamische Statuswechsel, gerade zwischen abhängigen und selbstständigen Erwerbpositionen beobachten, und zum dritten zeige sich darin eine „zeitgeschichtliche Variante der künstlertypischen Standbein-Spielbein-Strategie" (Manske 2015, S. 244). Manske geht zudem auf die Prekarisierungs-Risiken derartiger instabiler Erwerbsverläufe ein und bezieht sich dabei unter anderem auf die vergleichsweise geringen Einnahmen von Freiberufler*innen (Manske 2015, S. 244). Dabei sollte m.E. jedoch nicht übersehen werden, dass dahinter bei Selbstständigen generell mitunter eine bewusste Strategie stehen könnte, um mit einem Job nicht über jene kritische Grenze hinauszukommen, von der an Umsatzsteuer anfallen würde, was die eigenen Leistungen massiv verteuern und weniger konkurrenzfähig machen würde. Also ist man möglicherweise in verschiedenen Jobs mit verschiedenem Status aktiv, um sich im Dschungel der steuerlichen und versicherungstechnischen Bestimmungen nicht schlechter zu stellen. Manske verweist hier jedoch auf das Problem, dass die günstige Künstlersozialkasse wiederum bei einem mehrfachen Statuswechsel von selbstständiger und abhängiger Beschäftigung gar nicht mehr genutzt werden kann (Manske 2015, S. 245). Kurzum: Was als instabile, hochdynamische Erwerbsbiografie erscheint, muss m.E. nicht allein auf ungewollte Prekarisierung verweisen. Vielleicht zeigen sich hierin eben auch flexible Umgangsstrategien der Selbstständigen mit institutionellen Gefügen, die (bisher) weit weniger dynamisch auf die Flexibilisierung von Arbeit reagieren als die davon betroffenen Menschen.

Inwiefern sich derartige Kombinationen aus abhängigen und unabhängigen Beschäftigungsformen auch bei Crowdoworker*innen finden, zeigen Pongratz/Bormann in ihrer aktuellen Studie (Pongratz/Bormann 2017) an-

---

6 Zu diesem Personenkreis gehören auch Berufsgruppen wie Designer*innen, Werbefachleute, Publizist*innen, Dolmetscher*innen (vgl. Manske 2015, S. 242), unter denen mittlerweile potentiell auch Crowdworker*innen zu finden sind.

hand der primären beruflichen Situation der Crowdworker*innen, wie Tabelle 2 deutlich macht:

*Tabelle 2: Berufliche Situation der Crowdworker*innen auf verschiedenen Plattform-Clustern*

Kategorie	Alle PL	Micro-task	Markt-platz	Design	Testing
Arbeitssuchende/-r	6	3	8	3	2
Angestellte (Teilzeit)	8	8	9	9	9
Angestellte (Vollzeit)	20	22	18	k.A.	33
Freiberufler/-in	22	3	27	34	14
Selbständige/-r	16	6	20	19	7
Schüler/-in	4	8	2	3	7
Student/-in	19	44	12	28	12
Auszubildende/-r	1	6	1	k.A.	k.A.
Hausfrau/-mann	2	k.A.	2	k.A.	7
Rentner/-in	2	k.A.	1	3	9
Insgesamt	100	100	100	100	100

Quelle: Leimeister et al. (2016), S. 40ff., eigene Darstellung.

(Angaben in Prozent der Befragten, N=248; Selbstbeschreibung der Crowdworker*innen)

Insgesamt kann Crowdworking also mit nahezu allen anderen Erwerbsformen kombiniert werden.[7] Besonders häufig der Fall ist dies bei jüngeren Personen, eben hier sichtbar bei Schüler*innen, Auszubildenden und Studierenden insgesamt. Letztere sind v.a. bei Microtasks aktiv. Gerade Voll-

7 Anders als bei allen Soloselbständigen finden sich allerdings wenige Rentner*innen beim Crowdworking. Dies dürfte mit der höheren Affinität der mehrheitlich jungen (unter 30-jährigen) Crowdworker*innen zu digitalen Formen von Kommunikation und Arbeit generell zusammenhängen. Gerade manche Microtasks lassen sich auch über das Handy erledigen, das eben für die junge Generation der „digital natives" zum ständig aktiven Alltagsgegenstand gehört.

zeitangestellte sowie Freiberufler*innen nutzen hingegen eher inhaltlich anspruchsvollere, komplexere Aufgaben, was sicher auch mit ihren qualifikatorischen Voraussetzungen zusammenhängt.

Ganz ähnliche Schwerpunkte der Hauptberufe zeigt ebenso eine andere Studie für zwei deutsche Micro-Work-Plattformen (Bertschek u.a. 2015, S. 22ff.) sowie eine weitere Studie für zwei Plattformen mit anspruchsvolleren Jobs (Al-Ani/Stumpp 2015, S. 19).

Die Höhe der mit Crowdworking erzielten Einkünfte zeigt allerdings starke Differenzierungen je nach Art des Crowdworking und nationalem Kontext, wie verschiedene Studien signalisieren. Eine ILO-Studie zur globalen Nutzung der Plattform Amazon Mechanical Turk (kurz: AMT) – mit dominant kleinteiligen und gering entlohnten Aufträgen – ergab, dass 49 Prozent der AMT-Nutzer*innen in Indien dies als ihr Haupteinkommen nennen, gegenüber 38 Prozent der AMT-Arbeiter*innen in den USA (Berg 2016, S. 9). Viele der sogenannten Turker, gerade in Schwellenländern, betrachten das so erzielbare Einkommen als vergleichsweise attraktiv, während dies für die USA kaum gilt (Berg 2016, S. 9) Wie schon der Weltbank-Bericht betont hatte (World Bank 2015), eröffnet Crowdworking gerade in Schwellenländern Personen einen Zugang zu – aus ihrer Perspektive – sehr attraktiven Erwerbsquellen; dies gilt auch für Personen mit physischen Problemen oder familiären Verpflichtungen (so auch Berg 2016, S. 9) In Deutschland kann Crowdworking als erwerbssichernd nur für ein deutlich kleineres Segment gelten, was zentral mit den jeweils leistbaren Arbeitsstunden, dem Typ der erbrachten Leistungen sowie deren Entlohnung zusammenhängt. Leimeister zeigt anhand der Durchschnittseinkommen für verschiedene Plattformtypen, dass für einfache Microtasks im Schnitt pro Monat 144 Euro erzielt werden können, auf anspruchsvolleren Marktplatz- oder Design-Plattformen hingegen 1.500 Euro und mehr, hier allerdings bei Arbeitszeiten zwischen 14 und 17 Stunden pro Woche (vgl. Leimeister 2016, S. 44 und 51). Insofern schätzen Pongratz/Bormann hierzulande das Segment der hauptberuflichen Crowdworker*innen höchstens auf zwischen 1.000 und 5.000 Personen (vgl. Pongratz/Bormann, S. 167), andere Studien leicht darüber (vgl. Al-Ani/Stumpp 2015). Dennoch sollte diese noch kleine Zahl nicht über das Potenzial des Crowdworking hinwegtäuschen, was es auch für etliche andere Personengruppen als neuer, oftmals als interessant wahrgenommener, eben zusätzlicher Arbeitsmodus hat. Bisher bleibt festzuhalten, dass die große Mehrheit der deutschen Crowdworker*innen diesen Erwerbstyp offenbar als neuen Zuverdienst oder/und zeitweilige Brückentätigkeit nutzt. Man kombiniert also häufig eine andere Haupterwerbsquelle mit dem Crowdworking als Nebenjob und wird damit auch zu jenem „hybriden Selbstständigen“, nach Bögenhold, Pongratz, Manske.

1.3 Zwischenfazit

Sicherlich kann man unter „Hybridisierung“ jedwede Art von Grenzverwischung verstehen. Insofern erscheint das Konzept eines neuen Typus „hybrider Selbstständigkeit“ mit dem Blick auf diverse Kombinationen verschiedener Erwerbsformen durchaus plausibel. Sowohl Bögenhold als auch Manske verweisen hierbei zu Recht auf die deutlich gestiegene Dynamisierung von Erwerbsbiografien Selbstständiger, die kaum noch in die bisherigen Schemata eines Entweder-Oder passen, sondern vielfältige Übergänge und neue Gleichzeitigkeiten diverser Erwerbsformen aufweisen. Dies gilt allerdings im Umkehrschluss auch für andere Personengruppen, wie die Tabelle 2 und Abbildung 2 indirekt nahelegen. Zugleich scheint dieser Ansatz der Hybridisierung wechselnde Episoden oder längere Phasen innerhalb der Erwerbsbiografien der Personen im Blick zu haben, worin unterschiedliche Module/Formen von Erwerbstätigkeit darin an sich erst einmal unterscheidbar sein müssen. Und genau darin liegt unser Interesse hier: die Spezifik des Crowdworking als neues Modul, als neue Erwerbsform sui generis, auch innerhalb von Erwerbskombinationen herauszuarbeiten. Hierfür scheint es aus soziologischer Perspektive wert, den bereits eingangs dargestellten Fokus auf jeweils neuartige Motive für neue Modi von Selbstständigkeit nun für das Crowdworking genauer zu verfolgen.

2. Motive für das Crowdworking – Einblicke in Theorie und Empirie

Angesichts der durchaus verschiedenen Operationalisierungen und Fragestimuli nach Motiven im Crowdworking in bisher vorliegenden deutschen und internationalen Studien scheint es schwierig, hieraus bereits Metamodelle neuer Motivausprägungen zu entwickeln. Daher wird hier ein anderer Weg beschritten: Die Suche nach evtl. neuen Motiven in den Daten der diversen Studien soll hier ausgehen von einer Skizzierung einschlägiger theoretischer Konzepte (nicht nur aus der Arbeitssoziologie im engeren Sinne), die insbesondere den Wandel in den Tiefenstrukturen der Organisation von Arbeit und den veränderten Anforderungen an Subjektpositionierungen fokussieren. Von einem so geschärften Blick auf die möglichen Auswirkungen von Flexibilisierung, Digitalisierung und zunehmender Granulierung von Erwerbsarbeitsleistungen soll im Abschnitt 2.2. die vergleichende Betrachtung empirischer Studien zu Motiven im Crowdworking geleitet sein.

2.1 Theorieansätze zur Reorganisation von Arbeit

Mittlerweile gilt die Digitalisierung weithin übereinstimmend als ein Megatrend im heutigen Wandel von Wirtschaft und Gesellschaft. Häufig vergleicht man sie in ihren komplexen Auswirkungen mit früheren industriellen Revolutionen (wenn auch in unterschiedlicher Zählart). Die Digitalisierung verändert in den Tiefenstrukturen sämtliche Arten der Kommunikation, der Gewinnung, Verarbeitung, Speicherung und Verbreitung von Informationen und Wissen. Galten früher Boden, Stahl oder Öl als zentral umkämpfte Rohstoffe, so sind dies im beginnenden 21. Jahrhundert offenbar v.a. Daten geworden. Die wesentlichen Kernelemente der Digitalisierung sind laut Brynjolfsson/McAffee „Hardware, Software und Netzwerke" (Brynjolfsson/McAffee 2014, S. 51). Schon als Klassiker gilt das Werk von Manuel Castells zum Informationszeitalter (Castells 2001), worin er einen weitgreifenden internationalen und historischen Vergleich zum Zusammenspiel von Technik, Wirtschaft und Staat vornimmt und die revolutionierende Wirkung des Internet skizziert. In der jüngeren Forschung bringt das Team um Andreas Boes am ISF München den spezifischen Terminus des „Informationsraumes" (vgl. Boes u.a. 2016, S. 32) in die Debatte ein. Darunter fassen sie im Grunde die Gesamtheit der digitalen Austauschprozesse von Daten, Informationen und Wissen in diversen Arbeitsabläufen, übergreifend zu Branchen oder Wertschöpfungsketten, als eben neuen Raum oder neue Sphäre für die Reorganisation von Arbeit und als neuen „sozialen Handlungsraum" (vgl. Boes 2016, S. 34f.). Damit verbunden diagnostizieren sie nicht nur diverse Innovationsmöglichkeiten, sondern auch eine zunehmende Standardisierung und Minimierung der Arbeitsschritte (fast eine digitale Re-„Taylorisierung", vgl. Boes 2016, S. 37) bis hin zur Möglichkeit kleinteiligster und ubiquitärer Überwachungsformen. Entsprechend betonen sie die Dringlichkeit politischer und gesellschaftlicher Gestaltung dieser neuen Arbeitsformen im Informationsraum (vgl. Boes 2016., S. 39) – ein wichtiges Thema auch dieses Bandes.

Aus einer ganz anderen Disziplin, aber in einem ähnlich großen Wurf wie Castells, entwickelte Yochai Benkler (Benkler 2006) ein neuartiges Verständnis der ökonomischen und sozialen Implikationen des Internet. Benkler betrachtet nun die digitalen Netzwerke als den zukunftsträchtigen

Raum der Gewinnung des gesellschaftlichen Reichtums, allerdings in einer veränderten Logik. Er spricht von der „peer production of common, nonrival goods“, „like knowledge, information and culture“ als typisch für die heraufziehende „networked information economy“ (a.a.O., S. 5ff., S. 31-33). Der Fassung dieser digitalen Güter als ‚nicht-rivalitäre‘, also in der Massenproduktion wenig lukrative, stimmen auch einige andere Autoren wie Brynjolfsson/AcAffe durchaus zu (vgl. Brynjolfsson/AcAffe, 2014, S. 78). Allerdings betonen sie zu Recht, dass für die erstmalige Herstellung einer Information oder eines digitalen Gutes durchaus Kosten entstehen. Benkler hingegen zeigt sich seit damals besonders beeindruckt davon, inwiefern Information und Wissen gerade von den „peers“, von den Gemeinschafts-Produzenten hervorgebracht werden, wie sie etwa die Gründung der freien Online-Wissensdatenbank Wikipedia oder die frühen Formen der Open-Source-Software, wie Linux vorangetrieben hatten[8] (Benkler 2006, S. 53ff.). Benkler erwartet eher eine längerfristige, keine sofortige Zurückdrängung der bisherigen marktwirtschaftlichen Logik durch die Logik der peer production, aber genau deren Entstehungs- und Wirkungsbedingungen interessieren ihn nachhaltig (vgl. dazu auch Benkler 2011). In der Verbreitung der Arbeitsorganisation des Coworking oder gerade in manchen kreativen, komplexen Bereichen des Crowdworking finden sich durchaus Spuren einer solchen neuen, stärker kollaborativen Interaktionslogik (vgl. dazu die abschließenden Passagen von Jochen Koch in diesem Band).

Zugleich verweist Benkler auf die heutige Verwischung der Grenzen zwischen Produzenten und Konsumenten, auf die Herausbildung von hybriden „prosumern“ (Benkler 2006, S. 30), von „mitarbeitenden Kunden“ in der deutschen Diktion (Voß/Rieder 2005). Als Ermöglichungs-Bedingungen hierfür erachtet Benkler die Verbilligung der Hardware, die Ausbreitung des dezentralen, vom Betrieb entkoppelten Arbeitens, sowie die Verknüpfung durch das Internet. Genau diese drei Merkmale prägen als Mindestbedingung gerade das heutige Crowdworking. Auch hierbei zeigen sich Auftragsarten, worin man die eigenen Konsumneigungen und -interessen als Ausgangspunkt für unterschiedlich vergütete Aufgaben, dezentral realisiert am mittlerweile recht kostengünstigen eigenen PC oder Handy nutzt. Besonders gut entlohnt sind dabei etwa komplexere Test- oder

8 Im Grunde liegen hier, in diesen peers von freiwillig, ohne Erwerbszweck Tätigen und sich über das Internet verknüpfenden Menschen die Wurzeln der heutigen digitalen „Crowds“, welche eben in jüngerer Zeit zunehmend von klassischen Unternehmen als potentielle Quelle von Arbeitskraft entdeckt und genutzt werden.

Prüfaufgaben für neue Software oder Games via Crowdworking. Ebenso spricht Benkler von der neuen Möglichkeit zur feinkörnigeren Aufsplittung von Arbeitsaufgaben, eben von der „Granulierung" der Aufträge, die dann wieder zusammengeführt werden (Benkler 2006, S. 83). Diesen Ansatz der zunehmenden Granulierung von Arbeitsaufgaben nimmt hierzulande Christoph Kucklitz als Ausgangspunkt seines Konzeptes der „granularen Gesellschaft" im Internetzeitalter, verbunden zugleich mit umfassenden Kontrollmöglichkeiten des Einzelnen (Kucklitz 2016).

Eine andere, generelle Tendenz zur Organisierung von (nicht nur digitaler) Arbeit und Leben in kleinteiligerer „Projekt"-Form, in der „projektbasierten Polis" konstatieren der Bourdieu-Schüler Luc Boltanski und Ève Chiapello (vgl. Boltanski/Chiapello 1999). Als typisch gerade für die neuen Arbeitsanforderungen (oder auch das gesellschaftliche Engagement) betrachten sie die beständig aktive Mitarbeit in häufig wechselnden, kleinteiligen „Projekten". Diesen Befund stützen sie v.a. mit einer Analyse von Stellenanzeigen im Verlaufe der 1990er Jahre. Und auch heute ist die Suche nach Projektmanager*innen klar auf dem Vormarsch, wie diverse Online- und Offline-Stellenportale offenbaren. Freilich erscheint die Arbeit in zeitweiliger Projektform aus sozialhistorischer Perspektive gar nicht als so neu: Man denke an die Künstler oder Tagelöhner vergangener Jahrhunderte. Das Neue scheint nun vielmehr in der Verallgemeinerung eines Tätigkeitsmodus zu bestehen, der generell für Freiberufler*innen und Selbstständige spezifisch ist, derzeit aber wohl breit in die Gesellschaft hineinwächst[9].

Die Tendenz zur Verkleinerung von Arbeitszuschnitten generell wird seitdem potenziert für sämtliche digital zu erbringenden Tätigkeiten. Die Standardisierung, dezentrale digitale Bearbeitung und Vernetzung ermöglicht gerade für diese Arbeitsformen „im Informationsraum" eine enorme Minimierung von Arbeitsaufgaben. Gemeint ist hier die immer kleinteiligere Aufsplittung („Granulierung") von Arbeit (vgl. dazu Kucklitz 2016), oder wie Boes u.a. es nennen, die Verbreitung von „atomized work packages" (Boes u.a., 2016, S. 38). Dies sind m.E. Anzeichen für das Hineinwachsen und die Potenzierung der allgemeinen Flexibilisierungsformen von Arbeit bis hinein in die Tiefenstrukturen, in die Organisation und Koordination von (v.a. digitalisierter) Arbeit. Dadurch geraten auch bisher tradierte, normative Grundvorstellungen von Arbeit und Beruf als prägende, situati-

9 Interessanterweise sprachen Malone und Laubacher in den USA bereits 1998 von der Idee einer projektbasierten „e-lance-economy", basierend auf Computer-Netzwerken (Malone/Laubacher 1998), also in sprachlicher Verknüpfung von Freelancern/Freiberuflern und elektronischer Wirtschaftsorganisation, gut acht Jahre bevor der Terminus des „Crowdworking" (Howe 2006) so rasante Verbreitung fand.

onsübergreifende, soziale Einbindung, Anerkennung, Sinn und Identität stiftende Tätigkeit ins Wanken, im einzelnen Arbeitsauftrag ebenso wie in der Erwerbsbiografie. Wenn der Gesamtzusammenhang und das Endresultat des eigenen Arbeitens dem/der Einzelnen kaum mehr erkennbar bleiben, könnte man in Anlehnung an Marx vom Risiko der „Entfremdung" sprechen.

Dieser Wandel in den Tiefenstrukturen der Organisation von Arbeit verläuft offenbar parallel zu einer veränderten Subjektpositionierung der Menschen, wie weitere Theorieansätze (nicht nur für digitales Arbeiten) nahelegen. Sehr früh hatten bereits Voß/Pongratz mit ihrer damals mutigen, kritischen These des „Arbeitskraftunternehmers" (vgl. Voß/Pongratz 1998) und ähnlich dann auch Ulrich Bröckling (vgl. Bröckling 2007) für die postfordistische Arbeitsorganisation von der Ausbreitung eines neuen Typus einer quasi unternehmerischen Selbstorganisation der Beschäftigten gesprochen. Pongratz/Voß gingen von der nun aktuellen Anforderung einer „Verbetrieblichung der Lebensführung" aus, was konkret die umfassende Selbst-Kontrolle, Selbst-Ökonomisierung und Selbst-Rationalisierung für die Erwerbstätigen bedeute (Voß/Pongratz 1998, S. 131-152). Generell, eben auch für abhängig Beschäftigte, gelte also nun das neue Leitbild umfassender Selbstoptimierung in allen Lebens- und Arbeitszusammenhängen, das Erfordernis, sich nicht auf einmal erworbene Qualifikationen zu verlassen, sondern beständig das eigene „Portfolio" an diversen Erfahrungen auszubauen[10] (so schon Voß/Pongratz 1998, S. 144, vgl. dazu aktuell auch Andreas Reckwitz zur zunehmenden Bedeutung eines unverwechselbaren, „einzigartigen Profils" in der „Gesellschaft der Singularitäten" (Reckwitz 2017, S. 182). Dieses neue Leitbild, diese „Anrufung" an die Subjekte (Bröckling) wird von Bröckling und Voß/Pongratz ähnlich kritisch hinterfragt, wie der neue Projekt-Aktivitäts-Imperativ von Boltanski/Chiapello. Pongratz/Voß sehen dahinter ganz deutlich die Intentionen des heutigen Managements, dank dieser neuartigen Selbstkontrolle die Ware Arbeitskraft zu einem „substantiell höherwertigen Produktionsfaktor" zu machen (Pongratz/Voß 2004, S. 24f.). Hier kann also viel eher letztlich eine fremdbestimmte „Selbstoptimierung" vorliegen, selbst wenn sie möglicherweise in den Motiven von Crowdworker*innen als eigene Neuorientierung aufscheinen mag. In Anlehnung an Marx: aus bisheriger Fremdausbeutung durch die Arbeitgeber wird nun eine zunehmende Selbstausbeu-

10 Aktuelle Leitlinien der EU zur Beschäftigungssicherung sprechen ganz ähnlich vom Ziel der umfassenderen Ausprägung von „Beschäftigungsfähigkeit" (employability) und vom lebenslangen Lernen.

tung der Erwerbstätigen (so auch Voß/Pongratz 1998, S. 151f.), mit deren Auswirkungen sie selbst umzugehen lernen müssen, da diese auch nur begrenzt gesellschaftlich beeinflussbar erscheinen. Ein selbstreflexiver Umgang mit dem eigenen Arbeiten ist also wichtiger denn je.

Sicher bietet jedoch die Digitalisierung gerade auch den Beschäftigten viele neue Chancen und enorme Flexibilisierungsmöglichkeiten. Die Risiken, psychischen und sozialen Schattenseiten hochflexiblen Arbeitens in einer zunehmend granularen Welt, bis hin zum „Ausbrennen" und Sinnverlust liegen allerdings auch auf der Hand und sind schon jetzt ein vieldiskutiertes Thema (vgl. u.a. Kämpf 2015). Inwieweit aber die junge Generation der „digital natives" unproblematischer gerade in diese neue digitale Arbeitswelt hineinwächst, werden wohl erst künftige Verlaufs- und Vergleichsstudien zeigen können.

2.2 *Crowdworking als Hinweis auf neue Motive?*

Bündelt man die bisherigen Aussagen zu neuen Arbeitsbedingungen im Internetzeitalter, so könnten sich hypothetisch gerade bei Crowdworker*innen also eine ganze Reihe neuartiger Motive für diese Art der Tätigkeit ableiten lassen. Angesichts der neuen Chancen der Digitalisierung wären dies beispielsweise: flexiblere eigene Arbeitsgestaltung (in Zeit, Ort und Inhalt), größere Vielfalt und Abwechslung im Arbeiten, neue Einkommensquellen, breitere soziale Netzwerke mit peers, größere Nähe zu vielfältigen Kunden, verbesserte Sichtbarkeit des eigenen Profils. Und im Kontext der Verinnerlichung neuer Anforderungen der fremdinduzierten Trends zur Selbstorganisation von Arbeit könnten solche neuen Aspekte z.B. sein: Nutzung bestehender Chancen zur beständigen Qualifizierung, zur Ausprägung unternehmerischer Verhaltensformen, zur digitalen Profiloptimierung, für flexible Einkommenskombinationen. Nun wird es interessant sein zu betrachten, welche dieser hypothetischen Motive in aktuellen Umfragen dazu unter Crowdworker*innen abgefragt wurden und welche sich insgesamt anhand dieser Studien vermuten lassen.

Seit etwa 2015 liegen detailliertere deutsche und internationale Studien zu Motiven für das Crowdworking vor. Ein Problem dieser Studien besteht meist in den relativ kleinen Fallzahlen, für die Bundesrepublik unter 500 Personen, sowie in der nur teilweise vergleichbaren Operationalisierung, in den unterschiedlichen Fragestimuli und Antwortmöglichkeiten. Ausgehend von der allgemeinen Beobachtung deutlich andersartiger Anforderungen und Vergütungen soll hier im Folgenden nur grob zwischen einfachem und komplexerem Crowdworking unterschieden werden. Als deutliche Grenze dieser folgenden Ausführungen ist zu beachten, dass es hierbei weniger um absolute Zahlenangaben zu einzelnen Motivausprägungen geht, sondern viel eher um eine typologische Suche nach der Auffindbarkeit bekannter oder neuartiger Motive und dem Vergleich dabei zwischen einfachem und komplexerem Crowdworking.

Zum einfachen Crowdworking über die Plattform Amazon Mechanical Turk findet sich nun eine Studie der ILO, realisiert Ende 2015 (vgl. Berg 2016). Dazu wurde in zwei Befragungswellen u.a. zuerst nach sämtlichen Motiven für Crowdworking gefragt (mit Mehrfachantwortmöglichkeiten), und sodann in einem zweiten, detaillierteren Survey die befragten AMT-Arbeiter*innen aus den USA (N=573) und aus Indien (N=104) spezieller gebeten (a.a.O., S. 5), ihren wichtigsten Grund für das Crowdworking (aus einer Liste mit 9 Items) anzugeben. Hierbei ragen drei Antworttypen besonders hervor: Zum Ersten nennen 45 Prozent des US-AMT-worker*innen und 10 Prozent aus Indien dabei: „To complete pay from others job" (a.a.O., S. 9). Dies spricht also gerade für den Fall der USA von einer verbreiteten Job-Kombination, aber auch für finanzielle Engpässe. Zum Zweiten fallen Flexibilisierungsmotive ins Auge: Im US-Sample antworteten 19 Prozent und im indischen Sample sogar 32 Prozent „I prefer to work from home", und jeweils 10 Prozent außerdem „I can only work from home". Zum Dritten nannten gerade viele Inder*innen als Motiv „I enjoy it" und „As a form of leisure", (je 19 und 5 Prozent), bei den US-AMT-worker*innen waren dies jeweils 3 Prozent. Diese Spaß-und Freizeitmotive werden in dieser Studie in engem Zusammenhang gesehen. Im ersten Survey hatten sogar 42 Prozent in den USA „Spaß" als eines unter mehreren Motiven angegeben (a.a.O.). Somit könnte diese internationale Studie zum einfachen Crowdworking am ehesten auf den Wunsch nach neuen Einkommensquellen, Flexibilisierung, evtl. auch Abwechslung hindeuten. Eine gewisse Anlehnung an Bögenholds klassisches Motiv der Gründung aus Not oder Sorge vor Arbeitslosigkeit (vgl. hier Abschnitt 1.1.) findet sich allerdings auch, jedoch nur auf den zweiten Blick: Als wichtigsten Grund gaben nur 8 Prozent der US-AMT-Nutzer*innen und nur 2 Prozent der indischen an: „could not find another job" (a.a.O., S. 9). Im ersten Survey mit Mehrfachantworten, hatten noch 38 Prozent in den USA und 49 Prozent in Indien das Crowdworking als ihre aktuelle Haupterwerbsquelle genannt, von diesen waren jedoch 57 Prozent in den USA und 33 Prozent in Indien zuvor arbeitslos (a.a.O.). Also scheint die Arbeitslosigkeit als Auslöser für Crowdworking durchaus relevanter, als es die Befragten selbst wahrnehmen oder/und angeben möchten. Indem der Wunsch nach neuen Einkommensquellen insgesamt sehr stark ist, dominieren hier extrinsische Motivarten, trotz der überraschend hohen „Spaß"-Orientierung, die wohl auch mit der Gestaltungsweise mancher Aufgaben im Crowdworking im Sinne von „Gamification" zusammenhängen dürfte.

Eine weitere deutsche, ebenfalls über zwei Plattformen für einfaches Crowdworking realisierte Studie (vgl. Bertschek 2016) mit 408 Befragten[11] (a.a.O., S. 22) zeigt sogar Flexibilisierungs-Motive als stärkstes von 6 Items: dies nennen 72 Prozent im zeitlichen und räumlichen Sinne auf Rang 1 und weitere 62 Prozent als Selbstbestimmung in Punkto der eigenen Wahl der Arbeitsinhalte auf Rang 2 (a.a.O., gerundet, S. 39). Hier scheinen also Autonomie-Erwartungen auf, die wohl auch durch die Selbstdarstellungen der Plattformen genährt werden.[12] Im Gegensatz zu den USA und Indien nennen auf Rang 3 sogar 56 Prozent der deutschen Befragten „gute Freizeitbeschäftigung". Nach „Spaß" als Motiv wurde hier leider nicht gefragt. Dafür jedoch erschien auf Rang 4 „die Aufträge sind inhaltlich interessant" mit immerhin 32 Prozent. Bezieht man auch die 16 Prozent Antworten zur Möglichkeit der „Weiterbildung" von Rang 6 mit ein (in der o.g. internationalen Studie gar nicht erfragt), so zeigen sich überraschenderweise für das deutsche Sample sogar beim einfachen Crowdworking erste Anzeichen intrinsischer und Selbstoptimierungs-Motive. Dies könnte auch mit dem hohen Anteil studentischer deutscher Crowdworker*innen zusammenhängen: er beträgt rund 40 Prozent (a.a.O., S. 22) gegenüber 14,5 aller AMT-Arbeiter*innen (vgl. Berg 2016, S. 6). Im Unterschied zur ILO-Studie zu den AMT-Arbeiter*innen werden im deutschen Sample erst auf Rang 5 von 27 Prozent finanzielle Motive genannt: „Ich bin auf das Geld angewiesen" – dies erscheint allerdings als starke Formulierung, die zugleich sehr diverse reale Hintergründe einschließen kann (von Arbeitslosigkeit, über geringfügige Beschäftigung bis hin zu BaföG-Aufstockung). Die in beiden Studien starke Ausprägung mehrfacher Flexibilisierungserwartungen (zu Einkommensgenerierung und Arbeitsorganisation) bliebe mithin als deutlichstes übereinstimmendes Ergebnis für das einfache Crowdworking festzuhalten.

Zum komplexen Crowdworking seien hier ebenfalls eine deutsche und eine internationale Studie herangezogen, wiederum mit unterschiedlichen Items und Fragerichtungen und insofern nur bedingt vergleichbar. Die deutsche Studie (Al-Ani/Stumpp 2015) konnte 165 Crowdworker*innen auf einer „Kreativ"- und einer „IT"-Plattform zur Ausprägungsstärke ihrer

---

11 Dargestellt in den Ergebnissen wurde hier „das sehr wichtige Motiv" (a.a.O., Anhang A, Abbildung 28).

12 Inwiefern gerade die Erwartung an Autonomie im Crowdworking sich bei näherem Hinsehen vielfach als Illusion erweist, zeigt der Beitrag von Daniel Schönefeld in diesem Band.

Beweggründe für ihre Teilnahme am Crowdworking befragen, mit je 8 Items, auf einer Skala von vier Bewertungsstufen. Die Ergebnisse visualisiert die folgende Tabelle 3, geordnet nach Ausprägungsstärke der Beweggründe jeweils für beide Plattformen und zusammengefasst in zwei Bewertungsstufen.

Tabelle 3: Motive für komplexes Crowdworking bei deutschen Befragten auf zwei Plattformen („Kreativ"- und „IT"-Plattform), Angaben in Prozent

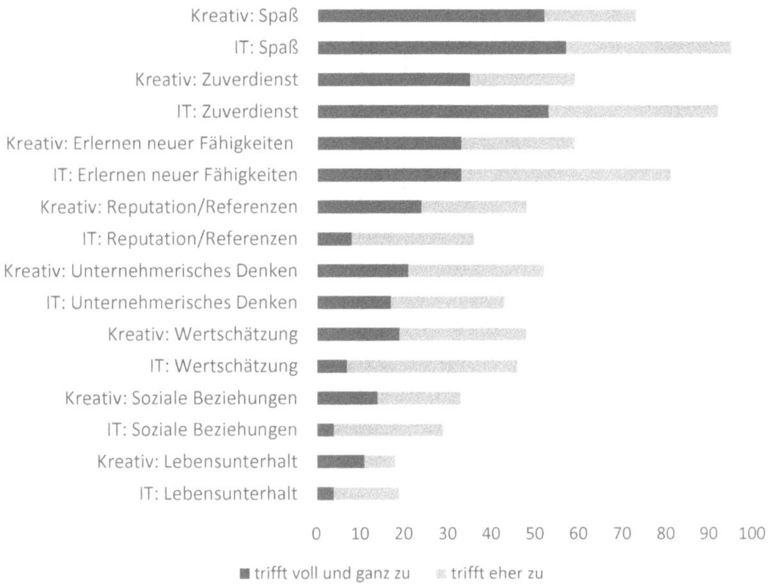

Quelle: Al-Ani,/Stumpp (2015, S. 21).

Hier liegt das „Spaß"-Motiv sogar auf Rang 1, gefolgt von „Zuverdienst" auf Rang 2, während „Lebensunterhalt" als letztes der 8 Items erscheint. Extrinsische finanzielle Motive sind also intern recht differenziert, es überwiegt hier die Suche nach Zusatzerwerbsquellen, aber mit einem hohen „Spaß"-Faktor. Spaß könnte hier jedoch in einem anderen Kontext stehen, eher auf „Freude" an der Arbeit zielend, nicht jedoch verbunden mit „Freizeit" oder Amüsement, wie im einfachen Crowdworking. Dieser hohe Stellenwert von „Spaß" ist hier m.E. durchaus als ein Teilaspekt intrinsischer Motivation zu deuten, wie man aus den zahlreichen freien Äußerungen dazu ableiten könnte. Spaß hängt für etliche der hier Befragten offenbar zusammen mit ihrer hohen Identifikation mit der als interessant, kreativ und herausfordernd angesehenen Arbeit, die durchaus Freude bereitet. Dies erkennt man in Statements wie: „Spaß, neue Sachen vor der initialen Veröffentlichung zu sehen, und auf neue Technologien aufmerksam zu werden"; „Ich bin als Software-Tester ziemlich gut, kann helfen, Apps und Anwendungen zu verbessern und habe Spaß dabei"; „See my ideas work"; „I enjoy creative work" (Al-Ani/Stumpp 2015, S. 22). In einer eigenen, früheren qualitativen Studie mit solo-selbstständigen Kreativarbeiter*innen zeigte sich, dass in dieser Gruppe gerade Spaß/Freizeit und Arbeit kaum noch getrennt werden, man verschmilzt förmlich als ganze Person mit besonders interessanten, eigenen Projekten[13] (vgl. Schwarz/Voll 2015, S. 561).

Auf Rang 3 folgt nun die Chance zum Lernen, auf Rang 4 die Möglichkeit, „Referenzen/Reputation" zu erlangen, und auf Rang 5 liegt die Möglichkeit, „unternehmerisches Denken" zu erlernen. All diese doch deutlichen Zustimmungswerte können hier m.E. für erkennbare Motive der Selbstoptimierung sprechen. Bei dieser Art des komplexen Crowdworking sind Reputationsgewinne wichtig für die Positionierung im jeweiligen beruflichen Feld und technisch auch tatsächlich auf den Plattformen personenbezogen ausgewiesen (in „Erfahrungspunkten" o.ä.) – anders als im einfachen Crowdworking, wo die Arbeitsbeiträge meist anonym bleiben.

Die hohe Bedeutung finanzieller, aber auch intrinsischer und Selbstoptimierungs-Motive zeigt sich noch stärker in einer anderen internationalen Studie zum komplexen Crowdworking (Shevchuk/Strebkov 2016). Hierin wurden 402 englischsprachige Freelancer*innen (v.a. aus den USA und Indien) sowie 8487 russischsprachige Freelancer*innen (v.a. aus Russland und der Ukraine) über zwei Plattformen zu ihren wichtigsten Erwartungen (mit 12 Items) an einen Job generell befragt (Mehrfachnennungen waren möglich)[14]. Als „wichtigster Aspekt" zeigte sich hier in beiden Surveys die „gute Bezahlung" (78 bzw. 79 Prozent) (a.a.O., S. 148). Sodann folgen auf den weiteren vorderen Rängen in beiden Surveys, mit je über 50 Prozent

13 So beschrieben von uns befragte Kreativarbeiter*innen in Coworking-Spaces ihr Verhältnis zur Arbeit z.B. wie folgt: „… ich hab großen Spaß an der Sache … Die Abwechslung ist tatsächlich das allerwichtigste bei der ganzen Geschichte" oder: „wenn man meinen Ehrgeiz weckt, kann ich arbeiten bis zum Umfallen". (Schwarz/Voll 2015, S. 561.).

14 Diese Items sind allerdings der klassischen World-Value-Studie entlehnt und insofern nicht speziell auf Crowdworking bezogen. Da diese Befragungen aber über zwei digitale Plattformen für Freelancer*innen realisiert wurden, kann eine Assoziation der Befragten mit dem Crowdworking durchaus naheliegen.

Nennungen, auf Rang 2 „ein interessanter und kreativer Job“, auf Rang 3 die Möglichkeit zu Lernen, auf Rang 4 „die Möglichkeit, Initiative zu zeigen“, auf Rang 5 „ein Job, womit man etwas erreichen kann“, auf Rang 6 „ein zu den eigenen Fähigkeiten passender Job“ (a.a.O.). Nach dem Spaß-Faktor, Arbeitsflexibilisierung oder Reputationsgewinnen ist hier gar nicht gefragt worden. Hingegen spielten „good hours“, ein allgemein respektierter und ein verantwortungsvoller Job sowie „good job security“ ebenfalls eine, aber etwas geringere Rolle und sollen hier nicht näher diskutiert werden (zumal sie von den Autoren der Studie auch eher verbunden mit Angestellten-Hauptjobs einiger Befragter erklärt werden, vgl. a.a.O., S. 152). Selbst wenn diese Studie mit der deutschen nur bedingt vergleichbar ist, so können hieraus ebenfalls zumindest einige Hinweise auf neue Motive für das komplexere Crowdworking in Richtung flexibler (Zusatz-)Einnahmen und zur digitalen Selbstoptimierung abgeleitet werden.

2.3 Zwischenfazit

Die hier herangezogenen Studien ermöglichen aufgrund ihrer unterschiedlichen Operationalisierungen und teils begrenzten Reichweite sicher nur erste Einblicke in die Motive für die Teilnahme am Crowdworking. Im einfachen wie im komplexeren Crowdworking spielen in sich differenzierte finanzielle, und somit extrinsische Motive durchaus eine wichtige Rolle, die aber überwiegend eher den bekannten „Gelegenheitsmotiven“ zu ähneln scheinen. Nur für das einfachere Crowdworking wurde nach Flexibilisierungs-Erwartungen gefragt, die durchaus deutlich im Hinblick auf die Wahl von Arbeitsort, Zeit und Inhalt sichtbar waren. Derartige Erwartungen dürften auch im komplexen Crowdworking wichtige Aspekte sein, sind aber leider gar nicht abgefragt, sondern möglicherweise als selbstverständlich für diese Art digitalen Arbeitens über Plattformen unterstellt worden. Im komplexen Crowdworking waren seinerseits diverse Bestrebungen nach unternehmerischer Selbstoptimierung, Reputation, breiterer sozialer Vernetzung, beständigem Ausbau des eigenen digitalen Portfolios ebenso erkennbar wie auch stärkere intrinsische Arbeits-Motive, inklusive Spaß, hier aber wohl eher im Sinne von Freude an der Arbeit.

Von den eingangs hypothetisch aus den Theorieansätzen abgeleiteten, möglichen neuen Motiven zeigten sich zwar nicht alle in diesen Studien, aber durchaus einige, mehr oder weniger direkt. Insgesamt könnte man zu dem Eindruck gelangen, die hier betrachteten Crowdworker*innen sind individuelle Vorreiter*innen des flexiblen Umgangs mit Chancen und Risiken des digitalen Arbeitens (aus der Perspektive von Erwerbstätigen) und erscheinen insofern möglicherweise als ein Nukleus einer neu entstehenden Variante von „Portfolio"-Selbstständigkeit: situativ kombinieren sie diverse Haupt- und Nebenerwerbsformen, nutzen die Chancen des flexiblen digitalen Arbeitens, auch für die beständige Optimierung des eigenen, besonderen „Portfolios" ihrer Qualifikationen und Erfahrungen aus verschiedenen Projekten, Tätigkeiten und Netzwerkbeziehungen. Wenn auch nicht direkt aus diesen Studien ablesbar, aber naheliegend aus den theoretisch skizzierten Risiken des Crowdworking sollte auf der individuellen wie gesellschaftlichen Ebene beachtet werden: Besondere Herausforderungen dabei bestehen in der Sinnstiftung des oft fein granulierten Arbeitens sowie in der Begrenzung des Risikos der Selbstausbeutung. Möglicherweise hilfreich können bei diesen Herausforderungen u.a. auch Selbstverpflichtungen von Plattformen zur Sicherung „fairen Crowdworkings", gewerkschaftliche Beratungsangebote sowie Portale zur Bewertung von Plattformen oder gesellschaftspolitische Regulierungsansätze zur Gestaltung „guter Arbeit im Internetzeitalter" sein.

3. Fazit

Der vorliegende Beitrag ging der Frage nach, inwiefern Crowdworking als eine neue Form von Selbstständigkeit verstanden werden kann. Als Indikatoren hierfür wurden Motive der daran teilnehmenden Crowdworker*innen verwendet. Was zeigte sich dabei?

Die hier aufgezeigten Ausprägungen von Motiven für digitale Solo-Selbstständigkeit weisen insgesamt offenbar bereits eine Modifizierung gegenüber den „neuen Selbstständigen" der 1980er Jahre auf: aus „Gelegenheit" wird hier die Nutzung der Chancen flexibler digitaler Arbeitsorganisation, aus „Not" wird das situationsabhängige Changieren zwischen verschiedenen Haupt- und Nebenerwerbsformen, und aus „Selbstverwirklichung" wird nun eher „Selbstoptimierung" und vielfältige digitale „Potenzialsteigerung", durchaus verbunden mit Momenten von Spaß und anhaltendem Lernen. Selbst um diese Dimension der subjektiven Erwartungen an digitale Erwerbsarbeit im Crowdworking insgesamt genauer zu erforschen und zu verstehen, bedarf es sicher der Durchführung weiterer v.a. qualitativer Studien. Und im Unterschied zu den o.g. Konzepten neuer, „hybrider Selbstständigkeit" interessiert uns in diesem Band gerade die Spezifik und neue Qualität eines dieser neuen, digitalen Modi von Erwerbsarbeit innerhalb denkbarer Muster von Erwerbskombinationen, eben des Crowdworking selbst, worin die Grenzverwischungen zwischen

Abhängigkeit und Unabhängigkeit genauer aufzuzeigen sind[15]. Leider erfassen die allgemeinen Beschäftigungsstatistiken diesen neuen Tätigkeitstyp noch gar nicht explizit, um einen Vergleich der Teilnahmemotive oder -erfahrungen an verschiedene Arbeitsformen empirisch beobachten zu können. Insofern erscheint es als ein begrüßenswerter Schritt, dass hierzulande bereits drei verschiedene Ausschüsse dem Bundesrat eine Stellungnahme zum Gesetzentwurf zur Modifizierung des Mikrozensus empfohlen haben, mit dem ausdrücklichen Wunsch nach zeitnaher statistischer Erhebung „neuer Beschäftigungsformen, die im Zusammenhang mit der fortschreitenden Digitalisierung der Arbeitswelt stehen [...]. Insbesondere geht es hier um die statistische Erfassung von Crowdworkern" (Bundesrat 2016, S. 9). In der Tat könnte eine solche verbesserte Sozialstatistik ganz neue Befunde zu den Lebensbedingungen, Erwerbsformen und Einkommen von Crowdworker*innen ermöglichen. Dies ist durchaus ein gesellschaftlich relevanter Vorgang, der die gewachsene Sensibilität für den Bedarf an neuen, kleinteiligeren sozialen Kategorien zur Erfassung und Beobachtung verschiedener Tätigkeitsarten innerhalb der zunehmend digitalisierten Arbeitswelt und deren empirischer Messung widerspiegelt[16].

Um über solche (künftigen) Makrodaten hinaus die konkrete Spezifik dieser neuen Erwerbsform des Crowdworking, dessen Praxis, die vielfältigen Interaktionsformen aller hier Beteiligten im Detail genauer zu verstehen, sind in diesem Band verschiedene Positionen von Akteur*innen in diesem Feld versammelt, aber ebenso unsere eigenen soziologischen Studien zur Praxis des Crowdworking (Daniel Schönefeld), zu organisationstheoretischen (Jochen Koch) und arbeitsrechtlichen Perspektiven (Eva Kocher und Isabell Hensel), um so auch auf Gestaltungsbedarfe und -möglichkeiten für das Crowdworking als neuen Modus von Erwerbsarbeit sui generis genauer einzugehen.

15 In ähnlicher Weise wird in den USA von „independent workers" gesprochen (Pofeldt 2016).

16 Und es wäre ein Hoffnungszeichen gegen die skeptische Position von Kucklitz: „Das Internetzeitalter findet überall statt, nur nicht in den offiziellen Statistiken." (Kucklitz 2016, S. 161).

Literatur

Al-Ani, Ayad/Stumpp, Stefan (2015): Motivationen und Durchsetzung von Interessen auf kommerziellen Plattformen. Ergebnisse einer Umfrage unter Kreativ- und IT-Crowdworkern. In: HIIG Discussion Paper Nr. 5/2015, Berlin, S. 1 – 45.

Beck, Ulrich (1983): Jenseits von Klasse und Stand? Soziale Ungleichheiten, gesellschaftliche Individualisierungsprozesse und die Entstehung neuer sozialer Formationen und Identitäten. In: Kreckel, Reinhard (Hg.): Soziale Ungleichheiten, Göttingen: Schwartz, S. 35-74.

Bender, Christiane (2013): Die Geburt der Wissensgesellschaft aus dem Geist des Kalten Krieges. In: Aus Politik und Zeitgeschichte (63) 18-20, S. 22-28.

Benkler, Yochai (2006): The Wealth of Networks- How social production transforms markets and freedom. New Haven. London: Yale University Press.

Benkler, Yochai (2011): The Penguin and the Leviathan: The triumph of cooperation over self-interest. New York: Crown Business.

Berg, Janine (2016): Income security in the on-demand economy: Findings and policy lessons from a survey of crowdworkers, Genf: ILO, S. 1-26.

Bertschek, Irene u.a. (2015): Befragung zum sozioökonomischen Hintergrund und zu den Motiven von Crowdworkern. Bundesministerium für Arbeit und Soziales, Forschungsbericht 462, Mannheim/ZEW, Berlin, S. 1- 34.

Boes, Andreas u.a. (2016): Digitalisierung und „Wissensarbeit": Der Informationsraum als Fundament der Arbeitswelt der Zukunft. In: Aus Politik und Zeitgeschichte, (66) 18-16, S. 32-39.

Bögenhold, Dieter (1985): Die Selbständigen. Zur Soziologie dezentraler Produktion. Frankfurt- New York: Campus

Bögenhold, Dieter/Klinglmair, Andrea (2016): Entrepreneurship and Hybrid Self-Employment. In: Bögenhold, Dieter u.a. (2016): Contemporary Entrepreneurship. Multidisciplinary Perspectives on Innovation and Growth. Basel: Springer International Publishing, S. 127- 140.

Boltanski, Luc/Chiapello, Ève (1999): Le nouvel ésprit du capitalisme. Paris: Editions Gallimard.

Brenke, Karl (2009): Erwerbstätige mit Nebentätigkeiten in Deutschland und in Europa. DIW Wochenbericht, (76) 35, v. 26.8. 2009, S. 598-608.

Brenke, Karl (2011): Solo-Selbständige in Deutschland: Strukturen und Erwerbsverläufe, DIW Berlin, Dezember 2011, Forschungsbericht 423 des Bundesministeriums für Arbeit und Soziales, S. 1-30.

Brenke, Karl (2013): Allein tätige Selbständige: starkes Beschäftigungswachstum, oft nur geringe Einkommen. In: DIW Wochenbericht (80) 7, S. 3-15.

Brenke, Karl/Beznoska, Martin (2016): Solo-Selbständige in Deutschland: Strukturen und Erwerbsverläufe, DIW Berlin, Mai 2016, Forschungsbericht 465 des Bundesministeriums für Arbeit und Soziales, S. 1-57.

Bröckling, Ulrich (2007): Das unternehmerische Selbst. Soziologie einer Subjektivierungsform. Frankfurt a. M.: Suhrkamp.

Brynjolfsson, Erik/McAffee, Andrew (2014): The Second Machine Age. Wie die nächste digitale Revolution unser aller Leben verändern wird, Kulmbach: Börsenmedien AG.

Bundesrat (2016): Entwurf eines Gesetzes zur Neuregelung des Mikrozensus und zur Änderung weiterer Statistikgesetze, Empfehlungen vom 27.6.2016, Drucksache 279/1/16. Köln: Bundesanzeiger.

Bundeszentrale für Politische Bildung (2014): Wachsender Studentenberg- Entwicklung der Studierendenzahlen in Deutschland. http://www.bpb.de/190350/wachsender-studentenberg-entwicklung-der-studierendenzahlen-in-deutschland, aufgerufen am 23.3.2018.

Castells, Manuel (2001): Der Aufstieg der Netzwerkgesellschaft. I. Das Informationszeitalter. Opladen: Leske+Budrich.

Destatis (2017): Statistisches Bundesamt (Destatis) (Hg.), Statistisches Jahrbuch 2017, S. 352 u. 355, Wiesbaden.

Dietrich, Hans/Patzina, Alexander (2017): Scheinselbständigkeit in Deutschland. Vor allem Geringqualifizierte und Berufseinsteiger gehören zu den Risikogruppen, IAB-Kurzbericht 1/2017, Nürnberg.

Dütsch, Matthias u.a. (2013): Erosion oder Stabilität der Beruflichkeit? Eine Analyse der Entwicklung und Determinanten beruflicher Mobilität. In: Kölner Zeitschrift für Soziologie und Sozialpsychologie, (65) 3, S. 505-531.

Ertl, Rainer (2006): Daten und Fakten zur Kulturwirtschaft, in: Aus Politik und Zeitgeschichte (56) 34-35, S. 17-23.

Fachinger, Uwe (2016): Post-Entrepreneurship: Self-Employed People in Retirement. In: Bögenhold, Dieter u.a., a.a.O, S. 187-200.

Fairlie, Robert W./Fossen, Frank M. (2018): Opportunity versus Necessity Entrepreneurship: Two components of Business Creation. Berlin: DIW Discussion Papers 1723.

Fritsch, Michael/Kritikos, Alexander/Rusakova, Alina (2012): Selbständigkeit in Deutschland: Der Trend zeigt seit langem nach oben. In: DIW Wochenbericht (79) 4, v. 25.1.2012, S. 3-13.

Hohendanner, Christian u.a. (2016): Öffentliche Arbeitgeber befristen häufiger und kündigen seltener als private. IAB-Kurzbericht 5/2016, S. 1-8, Nürnberg.

Howe, Jeff (2006, 14. Juni), The Rise of Crowdsourcing. Wired Magazine, http://www.wired.com/wired/archive/14.06/crowds_pr.html. Abruf am 3.4.2018.

Inglehart, Ronald (1977): The silent revolution. Changing values and political styles among western publics. Princeton: University Press.

Kämpf, Tobias (2015): Ausgebrannte Arbeitswelt- Wie erleben Beschäftigte neue Formen von Belastung in modernen Feldern der Wissensarbeit? In: Berliner Journal für Soziologie, (25)1-2, S. 133-159.

Kucklick, Christoph (2016): Die granulare Gesellschaft. Wie das Digitale unsere Wirklichkeit auflöst. Berlin: Ullstein.

Leimeister, Jan Marco et al.(2016): Crowd Worker in Deutschland. Eine empirische Studie zum Arbeitsumfeld auf externen Crowdsourcing-Plattformen. Hans-Böckler-Stiftung, Nr. 323, Düsseldorf.

Malone, T. W./Laubacher, R. J. (1998): The dawn of the e-lance-economy. In: Harvard Business Review (76) 5, S. 144-152.

Manske, Alexandra (2015), Selbständigkeit als Patchwork-Existenz. Neue Muster von Selbständigkeit in den Kulturberufen, in: Sozialer Fortschritt (64) 9-10(2015), S. 241-246.

Panos, Georgius A., u.a. (2014): Multiple job holding, skill diversification, and mobility. In: Industrial Relations: A Journal of Economy and Society, (53) 2, S. 223-272.

Pink, Daniel H. (2001): Free agent nation: How America´s new independent workers are transforming the way we live. New York: Warmer Books.

Pofeldt, Elaine (2016): Freelancers Now Make Up 35% Of U.S. Workforce. In: Forbes, 6.10.2016

Pongratz, Hans J./Voß, G. Günther (2004): Arbeitskraftunternehmer. Erwerbsorientierungen in entgrenzten Arbeitsformen. Berlin: Edition Sigma.

Reckwitz, Andreas (2017): Die Gesellschaft der Singularitäten. Zum Strukturwandel der Moderne. Berlin: Suhrkamp.

Schmid, Josef (2017): Der Arbeitsmarkt als Problem und Politikum. Entwicklungen und aktuelle Tendenzen. In: Aus Politik und Zeitgeschichte, (67)26, S. 11-17.

Shevchuk, Andrey/Strebkov, Denis (2016): Heterogeneous Self-Employment and Work Values. The Evidence from Online Freelance Marketplaces. In: Bögenhold, Dieter et al. (Hg.): Contemporary Entrepreneurship. Multidisciplinary Perspective on Innovation and Growth, Bern, Springer, S. 141-158.

Statistisches Bundesamt (Destatis) (2017): Statistisches Jahrbuch. Deutschland und Internationales 2017, Wiesbaden. URL: https: www.destatis.de/DE/Publikationen/StatistischesJahrbuch/StatistischesJahrbuch2017.pdf?__blob=publicationFile, aufgerufen am 19.2.2018.

Statistisches Bundesamt (Destatis) (2018): https://www.destatis.de/DE/ZahlenFakten/GesellschaftStaat/Bildung/Hochschulen/Studierende, aufgerufen am 23.2.2018.

Stehr, Nico (1994): Arbeit, Eigentum und Wissen: Zur Theorie von Wissensgesellschaften. Frankfurt am Main: Suhrkamp.

Schwarz, Anna/Voll, Johanna (2015): Die Berliner Kultur-und Kreativwirtschaft vor dem Hintergrund des postsozialistischen und postfordistischen Umbruchs- ein besonderer Experimentalraum für neue Beschäftigungsmuster im Internetzeitalter. In: Thomas, Michael/Busch, Ulrich (Hg.): Transformation im 21. Jahrhundert. Theorien-Geschichte-Fallstudien. Abhandlungen der Leibniz-Sozietät der Wissenschaften, Band 39, II. Halbband, Berlin: trafo Wissenschaftsverlag, S. 543-574.

Vonderach, Gerd (1990): Die „neuen Selbständigen". 10 Thesen zur Soziologie eines unvermuteten Phänomens. In: Mitteilungen aus der Arbeitsmarkt-und Berufsforschung (13) 2, S. 153-169.

Voß, G. Günther/Pongratz, Hans J. (1998): Der Arbeitskraftunternehmer. Eine neue Grundform der Ware Arbeitskraft. In: Kölner Zeitschrift für Soziologie und Sozialpsychologie, (50) 1, S. 131-158.

Voß, Günter G./Rieder, Kerstin (2005): Der arbeitende Kunde. Wenn Konsumenten zu unbezahlten Mitarbeitern werden. Frankfurt am Main/New York. Campus.

Walwei, Ulrich (2017): Agenda 2010 und Arbeitsmarkt: Eine Bilanz. In: Aus Politik und Zeitgeschichte, (67) 26, S. 25-33.

World Bank Group (2015): The Global Opportunity in Online Outsourcing, S. 1-74, Washington.

Zhao, Hao u. a (2010): The relationship of personality to entrepreneurial intentions and performance: A meta-analytic review. In: Journal of Management (36)2, S. 381-404.

3. Gestaltungsansätze für das Crowdworking: Politik und kollektive Interessenvertretung

Neue Beschäftigungsformen und ihre soziale Sicherung – Schlüsselthemen im Dialogprozess „Arbeiten“ 4.0 des BMAS[1]

Thorben Albrecht

Wir befinden uns inmitten eines gewaltigen Umbruchs der Arbeit. Der demografische Wandel sowie ein kultureller Wertewandel verändern die Arbeitswelt. Nicht zuletzt verändert auch die Digitalisierung ganze Branchen, Wertschöpfungsketten und Berufe und hat insgesamt großen Einfluss darauf, wie wir Arbeit gestalten und organisieren.

Die Gestaltung der Arbeit der Zukunft darf nicht nur an den rechtlichen oder technologischen Möglichkeiten ansetzen; sie muss die Ansprüche und Bedürfnisse der Menschen an Arbeit in ihr Zentrum rücken. Das heißt, es muss auch und gerade über die Veränderungen gesprochen werden, die dieser Umbruch für die Beschäftigten bedeutet. Deshalb hat sich das Bundesministerium für Arbeit und Soziales (BMAS) in der letzten Legislaturperiode entschlossen, den Dialogprozess „Arbeiten 4.0“ zu starten, bei dem nicht die Maschinen, sondern die Menschen im Fokus stehen. Im Mittelpunkt stand dabei die Frage: „Wie wollen wir in Zukunft arbeiten?“. Zentrum des Diskurses war die Auseinandersetzung darüber, wie durch die Digitalisierung der wirtschaftliche Erfolg erreicht und zugleich der technische Fortschritt auch für einen spürbaren sozialen Fortschritt genutzt werden kann. Getragen von der Überzeugung, dass eine umfassende gesellschaftliche Verständigung darüber notwendig ist, wie die Veränderung gestaltet werden soll, wurden im Lauf des Dialogprozesses sowohl auf fachlicher und politischer Ebene, aber auch im Dialog mit Bürgerinnen und Bürgern eine Reihe wichtiger Fragestellungen behandelt.

Die Themenkomplexe Crowdworking, die rechtliche Einordnung von neuen Beschäftigungsformen und die soziale Sicherung von Selbstständigen haben sich während des Dialogprozesses als Schlüsselthemen herauskristallisiert. Die öffentliche Diskussion um Crowdworking ist dabei oft geprägt durch das Bild einer zunehmenden Zahl von digitalen Tagelöh-

1 Beitrag von Thorben Albrecht, Staatssekretär im Bundesministerium für Arbeit und Soziales zum Tagungsband zur Veranstaltung der Europa-Universität Viadrina „Unselbstständige Selbstständigkeit: Crowdworking zwischen Autonomie und Kontrolle“ am 16. November 2016 in Frankfurt/Oder.

nern, die sich für einen Hungerlohn ohne Perspektive und ohne soziale Absicherung durch ihren Arbeitsalltag „durchklicken", während in den Betrieben sozialversicherungspflichtige Arbeitsplätze in großer Zahl abgebaut würden.

Ob dies so kommen wird, ist offen. Bereits die am Weißbuchprozess „Arbeiten 4.0" Beteiligten haben sehr unterschiedlich beurteilt, wie relevant Crowdworking mit Blick auf die zukünftige Arbeitsmarktentwicklung sein wird. Einig waren sich die Experten jedoch, dass Crowd- und Gigworking aufgrund der fortschreitenden Digitalisierung weiter an Bedeutung zunehmen wird. Empirisch unterfüttert wird diese Annahme vor allem durch Studien im europäischen Kontext. Dort kommen die Autoren zu dem Ergebnis, dass die Anzahl derer, die für eine Online-Plattform gearbeitet haben, in Europa bereits heute zwischen 9 und 19 Prozent liegen soll. Für Deutschland wird der Wert mit 12 Prozent angegeben.[2]

Es liegt auf der Hand, dass eine solch massive Zunahme von Crowdworking / der Gig Economy vor allem für die sozialen Sicherungssysteme nachteilige Auswirkungen hätte, wenn nicht gehandelt würde. In amtlichen Statistiken tauchen über das Internet organisierte Formen der Beschäftigung auf Plattformen allerdings bislang nicht auf. Auch der Anstieg der Solo-Selbstständigen insgesamt scheint in Deutschland eher gebremst, auch wenn eine Ursache hierfür sicher die sehr gute Arbeitsmarktentwicklung ist.

Das BMAS hat diese unzureichende Datenlage daher zum Anlass zur Beauftragung von zwei Befragungen über plattformbasierte Erwerbsarbeit genommen, die auch veröffentlicht wurden.

1. Die im November 2016 veröffentlichte Befragung des ZEW (Zentrum für Europäische Wirtschaftsforschung) deutet auf eine noch geringe Nachfrage auf digitalen Arbeitsmärkten durch deutsche Unternehmen hin. So nutzen nur 3,2 Prozent der Unternehmen der Informationswirtschaft Crowdworking; im verarbeitenden Gewerbe sind dies sogar nur 0,8 Prozent.[3]
2. Das IZA (Institut zur Zukunft der Arbeit) hat von Mitte April bis Mitte Juni 2017 gut 10.000 Interviews realisiert, die ein repräsentatives Bild

2 Huws, U.; Spencer, N.H.; Joyce, S. (2016) Crowd Work in Europe. Preliminary results from a Survey in the UK, Sweden, Germany, Austria and the Netherlands, FEPS and UNI-Europa, Brussels.

3 Ohnemus, J.; Erdsiek, D.; Viete, S. (2016) Nutzung von Crowdworking durch Unternehmen: Ergebnisse einer ZEW-Unternehmensbefragung (Forschungsbericht 473). Berlin: Bundesministerium für Arbeit und Soziales.

der aktuellen Verbreitung der neuen Beschäftigungsformen in der deutschsprachigen Bevölkerung über 18 Jahre liefern. Danach waren Mitte 2017 deutlich weniger als ein Prozent (0,85 Prozent) der deutschsprachigen Erwachsenen im Bereich des Crowdworking oder im Bereich der Plattformarbeit tätig.[4]

Angesichts dieser Fakten wird davon ausgegangen, dass alles in allem Crowdworking in deutschen Unternehmen noch nicht flächendeckend angekommen ist. Da in diesem Markt jedoch viel Dynamik steckt – in den Befragungen gab ein Großteil der Befragten an, Crowdworking oder Gigworking erst seit kurzer Zeit auszuführen –, wird das BMAS über die nächsten Jahre hinweg ein Monitoring durchführen, um die konkreten Auswirkungen der Gig Economy auf den Arbeitsmarkt im Blick zu behalten.

Aus den Studien, die im Dialogprozess beauftragt wurden, geht ebenfalls hervor, dass nur ein Drittel der Crowdworkerinnen und Crowdworker regelmäßig Geld mit dieser Beschäftigungsform verdient. Auch als Hauptverdienstquelle spielt diese Art der Beschäftigung bislang so gut wie keine Rolle. Sie besteht meist nur als Zubrot und bleibt unter der Geringfügigkeitsschwelle, die sozialversicherungsrechtlich auch für Selbstständige gilt.

Mit der Zunahme der neuen Beschäftigungsformen einher geht die Frage ihrer Regulierung. Vor dem Hintergrund der genannten Studienergebnisse ist dies kein leichtes Unterfangen. Nicht zuletzt, weil bei globalen Netzwerken Regeln, die an den Landesgrenzen enden, allein nur einen begrenzten Effekt haben. Dennoch besteht die Notwendigkeit solche Regelungen zu entwickeln: Sowohl zum Schutz der Crowdworkerinnen und Crowdworker selbst, als auch der heute Festangestellten. Für die öffentliche Hand als Steuergläubiger und Gläubiger von Sozialversicherungsbeiträgen wird es vor allem auch darum gehen, dass Steuern und Sozialversicherungsbeiträge abgeführt werden. Und zwar an dem Ort, wo die Wertschöpfung stattfindet – also, wo die Crowdworkerinnen und Crowdworker tätig sind – unabhängig davon, ob die entsprechende Plattform dort „Produktionsmittel" oder Mitarbeiter hat. Und nicht zuletzt gilt es im Interesse der zukünftigen Generationen und der Steuerzahler der Gefahr von Altersarmut vorzubeugen: Der Einzelne muss daher zur Eigenvorsorge ermächtigt und angehalten oder – wie im Grundsatz in der Pflichtversicherung in der Sozialversicherung – sogar gezwungen werden.

4 Bonin, H.; Rinne, U. (2017) Omnibusbefragung zur Verbesserung der Datenlage neuer Beschäftigungsformen. Kurzexpertise im Auftrag des Bundesministeriums für Arbeit und Soziales (IZA Research Report No. 80).

Auch wegen der teilweise problematischen Arbeitsbedingungen auf den Plattformen erscheint der Preis, den Crowdworkerinnen und Crowdworker unter den gegenwärtigen wirtschaftlichen und rechtlichen Bedingungen für ihre Flexibilität zu zahlen haben, sehr hoch. Stichworte in diesem Zusammenhang sind die Kontrolle durch die Plattformen, Rating- und Rankingsysteme, geringe Verdienstmöglichkeiten, unfaire Vertragsbedingungen und zum Teil sogar Verweigerung der Bezahlung.

Hinzu kommt, dass die meisten Plattformen in ihren Geschäftsbedingungen das Rechtsverhältnis zu den Leistungserbringern als Selbständigkeit definieren. Rechtlich handelt es sich jedoch in manchen Fällen um Scheinselbständigkeit. Und bei Scheinselbständigkeit liegt meist Schwarzarbeit nach dem Schwarzarbeitsbekämpfungsgesetz vor, die auch den Wettbewerb massiv beeinträchtigt.

Nach der bisherigen Rechtsprechung stellen Verstöße gegen sozialversicherungsrechtliche Vorschriften jedoch keine Marktverhaltensregelungen im Sinne des Gesetzes gegen den unlauteren Wettbewerb dar.[5] Die Frage ist, ob diese Auffassung noch sachgerecht ist, zumal diese Auslegungen auch nicht im Einklang mit den Intentionen des Schwarzarbeitsbekämpfungsgesetzes stehen, welches auch den Schutz gesetzestreuer Unternehmen gegen illegal handelnde Anbieter beabsichtigt. Hier gilt es, die Rahmenbedingungen für Anbieter, die gegenüber illegal handelnden Unternehmen bestehen müssen, zu verbessern. Den gesetzestreu handelnden Mitbewerber mit solchen Unterlassungsansprüchen zu schützen, scheint auch effektiv zu sein. Denn beispielsweise wurde das Geschäftsmodell von Uber in Deutschland durch ein solches wettbewerbliches Unterlassungsverfahren vor dem Landgericht Frankfurt gestoppt, wobei sich das dortige Unterlassungsverfahren jedoch auf Regelungen des Personenbeförderungsgesetzes und nicht auf Normen aus dem Bereich des Arbeits- und Sozialrechts stützte.[6]

In Bezug auf sozialversicherungsrechtliche Regulierungen geht die BMAS-Perspektive weit über die Plattformökonomie hinaus. Im Herbst 2016 hat das BMAS ein Gesamtkonzept zur Alterssicherung vorgelegt. Unabhängig von der weiteren Entwicklung neuer Beschäftigungsformen bestand die Bestrebung, alle Selbstständigen in eine obligatorische Rentenversicherung einzubeziehen. Gut funktionierende Alterssicherungssysteme für Selbstständige, wie die berufsständischen Versorgungswerke,

---

5 BGH, Urteil vom 23. Juni 2016 – Az. I ZR 71/15; KG Berlin, Urteil vom 14. Februar 2017 – Az. 5 U 105/16.

6 OLG Frankfurt, Urteil vom 09. Juni 2016 – Az. 6 U 73/15.

sollten dabei aber nicht angetastet werden. Auch Übergangsregelungen für Existenzgründerinnen und Existenzgründer waren vorgesehen. Ältere Selbstständige sollten von der neuen Versicherungspflicht nicht erfasst werden. Um die Selbstständigen mit den Gesamtbeiträgen nicht zu überbelasten und damit ihre Existenz zu gefährden, sollten bei einer Pflichtversicherung in der Rentenversicherung die pauschalen Beiträge für die gesetzliche Krankenversicherung sinken.[7]

Eine weitere Möglichkeit, um soziale Schieflagen zu vermeiden, bestünde darin, Regelungen des Heimarbeitsgesetzes sinngemäß auf Crowdworking zu übertragen. Dann gäbe es verbindliche Entgelte sowie auch die Beteiligung der Plattformen bzw. der Auftraggeber an den Sozialversicherungsbeiträgen, Abgeltungen für Urlaub etc. Sowohl hinsichtlich rechtlicher Details, als auch politisch besteht hier noch Diskussionsbedarf.

Dies gilt auch hinsichtlich der Frage, inwieweit Plattformen dazu verpflichtet werden können, Steuern und Beiträge einzubehalten und direkt an den Staat abzuführen, um Steuerhinterziehung zu verhindern und das Beitragsaufkommen zu sichern. In Belgien und Estland gibt es dazu Verfahren, deren nähere Betrachtung lohnenswert ist. Mit entsprechenden Melde- und Mitteilungspflichten könnte die Digitalisierung auch für den Steuer- und Beitragseinzug nutzbar gemacht werden.

Im Dialogprozess „Arbeiten 4.0“ hat sich auch gezeigt, dass führende deutsche Crowdworking-Plattformen sich durchaus vorstellen könnten, Sozialversicherungsbeiträge für Crowdworkerinnen und Crowdworker zu entrichten. Auch der Code of Conduct[8] einiger Crowdworking-Plattformen ist ein erster Ansatz für bessere Arbeitsbedingungen, ebenso wie die Erarbeitung von Muster-AGBs oder die Schaffung einer Ombudsstelle. Da-

---

7 Nachtrag: Im Koalitionsvertag zwischen CDU, CSU und SPD vom 7. Februar 2018 wurde nunmehr vereinbart, den sozialen Schutz von Selbstständigen zu verbessern und eine gründerfreundlich ausgestaltete Altersvorsorgepflicht für alle Selbstständigen einzuführen, die nicht bereits anderweitig obligatorisch (z. B. in berufsständischen Versorgungswerken) abgesichert sind. Grundsätzlich sollen Selbstständige zwischen der gesetzlichen Rentenversicherung und – als Opt-out-Lösung – anderen geeigneten insolvenzsicheren Vorsorgearten wählen können. Wobei diese insolvenz- und pfändungssicher sein und in der Regel zu einer Rente oberhalb des Grundsicherungsniveaus führen müssen. Zudem werden die Mindestkrankenversicherungsbeiträge für kleine Selbstständige reduziert. Die Renten- und Krankenversicherungsbeiträge sollen gründerfreundlich ausgestaltet werden.

8 Testbirds et al. (Hrsg.) (2017) Code of Conduct. Grundsätze für bezahltes Crowdsourcing/Crowdworking. Leitfaden für eine gewinnbringende und faire Zusammenarbeit zwischen Crowdsourcing-Unternehmen und Crowdworkern, München.

zu kommen Bestrebungen auf EU-Ebene, den Sozialschutz für alle Erwerbsformen, einschließlich Plattformbeschäftigung, zu verbessern.[9]

Ansätze gibt es viele; es gilt, daraus ein schlüssiges Konzept zu entwickeln, um auf dem digitalen Arbeitsmarkt Sozialdumping zu verhindern und allen faire Wettbewerbsbedingungen zu ermöglichen. Sämtliche Stakeholder sollten deshalb zeitnah in einem weiteren Dialogprozess gemeinsam diskutieren, wie diese Ziele am besten erreicht werden können.

Thorben Albrecht

Staatssekretär

Bundesministerium für Arbeit und Soziales

---

9 European Parliament (2017) The Social Protection of Workers in the Platform Economy, Study for the EMPL Committee.

Selbstständige Arbeit auf Crowdworking-Plattformen – ein Gestaltungsfeld für Gewerkschaften

Sarah Bormann / Gunter Haake

1. Intro

Crowdworking, also die Abwicklung bezahlter Online-Arbeit über digitale Plattformen, hat auch eine Debatte über das mögliche Entstehen eines neuen, digitalen Prekariats entfacht. In diesem Kontext gewinnen viele alte Fragen erneut an Relevanz, die Gewerkschaften seit den 1990er Jahren im Zusammenhang mit der Erosion des „Normalarbeitsverhältnisses" und der Entstehung sogenannter atypischer Beschäftigung diskutieren. Eine dieser Fragen bezieht sich auf die (potenzielle) Mitgliederbasis der Gewerkschaften: Wie inklusiv wird Solidarität zwischen den Erwerbstätigen auch in unterschiedlichen Erwerbsstatus gedacht, um Konkurrenz zu mindern? Wo verlaufen die Grenzen zwischen innen und außen?

ver.di organisiert seit Gründung Solo-Selbstständige – also Selbstständige ohne Beschäftigte, die weit überwiegend ihre eigene Arbeitskraft vermarkten. Aus dieser Perspektive ist auch der folgende Artikel geschrieben. Was bedeutet Digitalisierung für diese Selbstständigen? Stellt Crowdworking – so die These der Herausgeberschaft dieses Buches – überwiegend eine neue Form unselbstständiger Selbstständigkeit dar? Was sind gewerkschaftliche Antworten auf die Entstehung von Crowdworking?[1]

2. Digitaler Wandel, Solo-Selbstständige und Crowdworking in Deutschland

Berufliche Selbstständigkeit nahm in Deutschland infolge der Arbeitsmarktreformen von 2003 stark zu, wobei die sprunghafte Entwicklung

---

1 Der Text ist im Rahmen des Projektes „Herausforderung Cloud und Crowd" entstanden. Das Projekt wird mit Mitteln des Bundesministeriums für Bildung und Forschung (BMBF) im Programm „Innovationen für die Produktion, Dienstleistung und Arbeit von morgen" gefördert und vom Karlsruher Institut für Technologie Projektträger Karlsruhe (PTKA) betreut. Die Verantwortung für den Inhalt dieser Veröffentlichung liegt bei der Autorin und dem Autor.

bis 2005 vor allem eine Folge der staatlichen Gründungsförderung war (vgl. Mai u.a. 2013). Seit 2012 sind die Zahlen wieder leicht rückläufig, was allgemein auf die sinkende Zahl sogenannter Notgründungen zurückgeführt wird. Der Zuwachs fand insbesondere bei den Solo-Selbstständigen und auch im Nebenerwerb statt, weshalb seit der Jahrtausendwende Solo-Selbstständige die Mehrheit aller Selbstständigen stellen (vgl. Gerner u.a. 2012). So waren im Jahr 2014 von den circa 4,2 Mio. Selbstständigen über 2,3 Mio. Allein-Selbstständige (Brenke/Beznoska 2016, 18).

Der digitale Wandel verfügt heute über das Potenzial, die Ausweitung selbstständiger Tätigkeiten wieder zu beschleunigen, insbesondere im Dienstleistungssektor. So bietet die Verschiebung von Arbeit in die Cloud die Voraussetzung für das Entstehen neuer Geschäftsmodelle. Kommerzielle Crowdworking-Plattformen wie Upwork, Freelancer.com oder Twago übernehmen für Unternehmen den Prozess der Vergabe, Kontrolle und Abwicklung digitalisierter Arbeit an in der Regel formal selbstständig Erwerbstätige. Für viele Unternehmen wird damit die Vergabe von Aufträgen an externe Arbeitskräfte sehr viel attraktiver. Auch aus Perspektive der Erwerbstätigen bietet Crowdworking verschiedene Vorteile, diese liegen insbesondere in den zunächst niedrigen Zugangshürden.

Noch ist das Phänomen plattformvermittelter Arbeit in Deutschland allerdings gering verbreitet. Ergebnisse einer Unternehmensbefragung des Zentrums für Europäische Wirtschaftsforschung (ZEW) in ausgewählten Branchen zeigen, dass zwar der Bekanntheitsgrad von Crowdworking zunimmt, jedoch nur wenige Unternehmen es tatsächlich nutzen (vgl. Ohnemus u.a. 2016). Auch die Anzahl jener Personen, die in Deutschland auf Crowdworking-Plattformen arbeiten, ist relativ niedrig. Laut Schätzung sind hierzulande zwar bis zu einer Millionen Menschen auf solchen Plattformen registriert, allerdings sind nur 100.000 bis 300.000 dort auch gelegentlich aktiv und nur circa 1.000 bis 5.000 Menschen arbeiten erwerbssichernd auf Plattformen (vgl. Pongratz/Bormann 2017).[2] Obgleich wir von einem weiteren Anstieg von Crowdworking auch in Deutschland ausgehen, stellt die Vergabe von Arbeit über entsprechende Plattformen bislang für Auftraggeber*innen vor allem ein Experimentierfeld für neue Formen der Arbeitsorganisation dar. Dies erfordert unser Handeln als Gewerk-

2 Studien auf der Grundlage von Personenbefragungen neigen oftmals zu einer Überschätzung der Verbreitung von Crowdworking, weil sie erstens auf einer sehr weiten Definition der Plattformökonomie basieren und zweitens die Selbsteinschätzung der Befragten, ob es sich tatsächlich um eine Crowdworking- oder eine andere Internet-Plattform handelt, oftmals nicht überprüfen (vgl. Maier u.a. 2017; Pongratz/Bormann 2017).

schaft, weil hier Entwicklungstendenzen wie Outsourcing, ergebnisorientierte Leistungssteuerung und digitale Erfassung von Fähigkeiten intensiviert, miteinander verbunden und weiterentwickelt werden. Potenziell wirkt dies auch auf die betriebliche Ebene zurück.

Die genannten Zahlen beziehen sich allerdings ausschließlich auf Crowdworking und damit auf Erwerbsarbeit im Online-Bereich. Ein weiteres Feld der über Plattformen vermittelten bezahlten Erwerbsarbeit umfasst die ortsbezogene Arbeit im offline Bereich, etwa bei Kurier- und Pflegetätigkeiten. Die Differenzierung zwischen Crowdworking (online) und Gigworking (offline) ist für uns als Gewerkschaft wichtig, weil die unterschiedlichen Herausforderungen unterschiedliche Antworten verlangen: Während Gigworking ortsgebunden ist und damit nationalen Gesetzen und regional begrenzter Konkurrenz unterworfen ist, hat sich bei Crowdworking ein tatsächlich globaler Arbeitsmarkt herausgebildet. Zweitens ist der Zuverdienstcharakter bei Gigworking weniger ausgeprägt als bei Crowdworking. So ist davon auszugehen, dass Gigworker*innen in der Regel deutlich mehr Stunden als Crowdworker*innen über eine Plattform vermittelt arbeiten. Für Gigworker*innen ist folglich das Einkommen, das sie auf einer Plattform verdienen, von größerer Relevanz. Drittens bestehen Unterschiede in der sozial-räumlichen Dimension der Arbeit. Bei Crowdworking sind insbesondere bei einfacheren Tätigkeiten wie Mikrotasks die Effekte von Unsichtbarkeit und sozialer Isoliertheit stärker ausgeprägt, was eine gewerkschaftliche Organisierung zusätzlich erschwert (vgl. Bormann/Pongratz 2017). Bevor wir auf die Handlungsansätze von ver.di eingehen, wollen wir zunächst die These der Herausgeber*innen von der „unselbstständigen Selbstständigkeit" reflektieren.

3. *Unselbstständig Selbstständig? Motivation und Erfahrungen*

Besteht im Fall von Crowdworking tatsächlich eine spezifische Form der persönlichen Abhängigkeit zwischen Erwerbstätigen und Plattformen, weshalb eine Form der unselbstständigen Selbstständigkeit vorliegt? Grundsätzlich ist festzuhalten, dass echte Selbstständige – so auch die laufende Rechtsprechung der Sozial- und Arbeitsgerichte – über Inhalte, Menge, Ort und Zeit ihrer Arbeit bestimmen können. Sie arbeiten eigenständig und selbstbestimmt und unterliegen keinen Weisungen von Vorgesetzten. In der selbstständigen Arbeit liegt damit ein großes emanzipatorisches Potenzial, was für viele selbstständig Erwerbstätige eine wichtige Motivation für die Wahl dieser Arbeitsform liefert. Allerdings sind Solo-Selbstständige – wie auch abhängig Beschäftigte – darauf angewiesen, ihre eigene Arbeitskraft gegen Entgelt zur Verfügung zu stellen. Insbesondere bei jenen, die von einem oder wenigen Auftraggeber*innen ökonomisch abhängig sind, ist die Arbeit oft auch von persönlicher Abhängigkeit geprägt. Und auch jene, die durch ihre Tätigkeit eine größere Marktmacht haben und/oder über diversifizierte Kundenbeziehungen verfügen, müssen weiterhin marktförmig agieren. Sie sind also nie vollkommen selbstbestimmt. Das von der Herausgeberschaft skizzierte Spannungsverhältnis zwischen „Autonomie und Kontrolle" ist der selbstständigen Arbeit also schon immer inhärent. Aus Perspektive der Erwerbstätigen besteht die Herausforderung darin, sich in jeder Erwerbsform eine möglichst hohe persönliche Autonomie zu wahren. Das scheint selbst bei ökonomisch abhängiger Selbstständigkeit öfter zu gelingen. Schließlich bekunden Solo-Selbstständige in vielen Befragungen eine verhältnismäßig hohe Arbeitszufriedenheit, weil sie im Vergleich mit abhängiger Beschäftigung ihre relative Unabhängigkeit trotz ökonomischer Nachteile schätzen (Pongratz 2017, 606-607). Es wäre daher problematisch, bei jeder Form der plattformbasierten Vermittlung von Arbeit grundsätzlich von einer persönlichen Abhängigkeit und mithin von unselbstständiger Selbstständigkeit auszugehen.

Was macht nun den Unterschied bei Crowdworking im Vergleich mit selbstständiger Arbeit im Allgemeinen aus? Bei letzterer geht die Öffentlichkeit wie die Rechtsordnung typischerweise von einer schlichten Zweierbeziehung zwischen Auftraggeber*in und -nehmer*in aus. Demgegenüber ist für Crowdworking eine dreigeteilte Governance-Struktur zwischen Auftraggeber*in, Auftragnehmer*in und Plattform charakteristisch. Die Selbstdefinition vieler Plattformenbetreiber*innen als reine Vermittler und neutrale Zwischeninstanz ohne Auftrag- oder Arbeitgeberfunktion ist nicht haltbar, weil sie in dieser Machtstruktur faktisch eine wichtige Rolle spielen. Sie bestimmen nicht nur Wettbewerbssituation, Vertragsbedingungen und Kontaktmöglichkeiten, sondern sind in der Regel auch für die Auftragsabwicklung, Bewertungssysteme und den Transfer des Entgelts zuständig.

Da Plattformen – wie auch Agenturen – Aufträge vieler Unternehmen bündeln, verfügen sie über eine hohe Marktmacht. Diese verschiebt die oft bereits ohnehin bestehende Machtasymmetrie weiter zum Nachteil der Auftragnehmer*innen. Hinzu kommt ein Informationsungleichgewicht: Während die Plattformen umfassende Informationen über frühere Leistungen der Crowdworker*innen veröffentlichen, haben die Crowdworker*innen oftmals keinen Zugang zu Informationen der Auftraggeber*innen und auch die Prinzipien der Algorithmen, auf Basis derer über den Zugang zu Aufträgen entschieden wird, sind häufig nicht transparent.

Darüber hinaus gehen Plattformen unterschiedlich mit der Herausforderung um, den Auftraggeber*innen eine gewisse Qualität der zu erbringenden Dienstleistungen zu garantieren. Manche Plattformen setzen im Sinne der Idee von der Crowd als anonyme Masse auf neue, digitale Formen der Leistungssteuerung jenseits persönlicher Beziehungen, wie z.B. das Erstellen von Screenshots zur Kontrolle des Arbeitsprozesses. Auf vielen Plattformen müssen Erwerbstätige außerdem zunächst in ihre Online-Reputation investieren, um überhaupt an lukrative Aufträge zu gelangen. Je nachdem wie rigide diese Online-Reputationen von den Plattformen geführt werden, können diese ebenfalls ein starkes Instrument der Leistungssteuerung und Kontrolle darstellen (vgl. Schörpf u.a. 2017). Manche Plattformen setzen allerdings weniger auf repressive Instrumente und investieren verstärkt in die Qualifizierung und persönliche Betreuung der Auftragnehmer*innen, um Fluktuation zu reduzieren und die Qualität der zu erbringenden Dienstleistungen zu steigern. Hier sind die Auftragnehmer*innen nicht mehr die anonyme Masse, sondern vielmehr ausgewählte Expertinnen und Experten.

Auch aufgrund der Unterschiede zwischen den einzelnen Plattformen wie auch der Dynamik des Geschäftsmodells insgesamt ist es schwierig, Crowdworker*innen generell als unselbstständige Selbstständige zu charakterisieren. Eine solche pauschale Charakterisierung verkennt zudem, dass die auf Plattformen Arbeitenden entsprechend ihrer Qualifikation, ihrer Interessen, ihrer Vermögens- und Einkommenslage über sehr unterschiedliche Erfahrungen verfügen. Es handelt sich bei Crowdworker*innen zurzeit noch um eine sehr heterogene Gruppe mit sehr individuellen Lebensbedingungen und – auch in Abhängigkeit vom Plattformtypus – sehr unterschiedlichen Motivationslagen (vgl. Kueck u.a. 2015). Gleichzeitig bestehen bislang zu wenig gesicherte Erkenntnisse, um hier zu generalisierenden Aussagen und Gruppenbildungen zu kommen. Als gesicherte Erkenntnis kann derzeit aber gelten: Ob Arbeitende Crowdworking für sich sinnvoll nutzen können und sich der Anspruch auf eine selbstbestimmtere Form der Arbeit erfüllt, wird stark von dem Verhältnis zu anderen Erwerbsaktivitäten bestimmt.

Für einen Großteil der Angestellten sowie der Nicht-Erwerbstätigen wie Studierende oder Rentner*innen stellt Crowdworking in den meisten Fällen lediglich einen Zuverdienst dar (Leimeister u.a. 2016). Für hauptberuflich tätige Solo-Selbstständige hingegen ist Crowdworking in der Regel nur einer von vielen Wegen der Akquise von Aufträgen. Crowdworking kann für solche Selbstständige in der Kombination mit anderen Einkommensquellen durchaus eine sinnvolle Ergänzung sein, ohne Autonomiegewinne aufzugeben. In einer Umfrage unter ver.di-Mitgliedern haben wir diese nach ihren Erfahrungen auf Crowdworking-Plattformen befragt.[3] Als Vorteile bewerten unsere selbstständigen Mitglieder auch, dass sie auf Crowdworking-Plattformen neue Kundschaft gewinnen können. So nennt ein Befragter als Vorteil: „*Leicht an Projekte von bisher nicht bekannten Auftraggebern kommen. Eine nicht kleine Autofirma hat mich beauftragt; Folgeaufträge sind wahrscheinlich. Über andere Kanäle wäre das nicht so einfach gegangen*“. Zudem kann Crowdworking für Selbstständige eine wichtige Backup-Funktion erfüllen, wenn keine anderen Aufträge zur Verfügung stehen wie auch in den folgenden beiden Kommentaren zum Ausdruck kommt: „*nur zum Auffüllen von Auftragsflauten*“ sowie „*war dies eine Möglichkeit immer mal wieder etwas dazu zu verdienen*“. Eine Grafikerin nennt als weiteren Vorteil: „*Super einfach einige alte Ideen zu Geld gemacht*“. Allerdings kritisieren viele der Befragten – neben der Nennung weiterer Nachteile – die schlechte Bezahlung und zwar unabhängig davon, ob sie einfache oder komplexere Tätigkeiten auf einer Online-Plattform erfüllen. Sie bemängeln neben unbezahlter Arbeit, dass die Honorare zu niedrig und Konkurrenz sowie Preiskampf auf den Plattformen generell hoch sind.

Als Zwischenergebnis lässt sich festhalten: Ob Erwerbstätige eine möglichst hohe Autonomie bei Crowdworking wahren können, hängt einerseits davon ab, in welcher Form und welchem Umfang die Plattform faktisch als Auftraggeber*in agiert und andererseits welche unternehmerische Marktmacht der oder die Erwerbstätige in dem wechselseitigen Verhältnis hat.

4. *Selbstständige und Crowdworker organisieren – Herausforderungen und Antworten*

Im Wandel der Arbeitsformen stehen wir vor wichtigen Herausforderungen gewerkschaftlicher Organisierung, von denen wir einige hier nennen wollen:

Crowdworking kann perspektivisch eine hohe Dumpingwirkung erzielen, weil hier Menschen mit unterschiedlichen Interessen, Motivationslagen und Qualifikationen weltweit miteinander konkurrieren. So hat auch unsere Mitgliederbefragung ergeben, dass die Unzufriedenheit bei Crowd-

3 Die Mitglieder-Umfrage hat ver.di gemeinsam mit dem Arbeitssoziologen H.J. Pongratz im Rahmen des Projektes „Herausforderungen Cloud und Crowd“ im Jahr 2016 durchgeführt (vgl. Pongratz 2017; Pongratz/Bormann 2017; Bormann/Pongratz 2017).

working relativ hoch ist. Und zwar nicht nur bei einfachen, sondern auch komplexen Tätigkeiten (Pongratz/Bormann 2017).

Allerdings stellt Crowdworking – zumindest in Deutschland – für die meisten Menschen nur einen unregelmäßigen Zuverdienst dar. Ein Engagement für die Verbesserung der Arbeitsbedingungen auf Crowdworking-Plattformen scheint deshalb für viele Erwerbstätige wenig lohnenswert. Damit wollen wir keineswegs konstatieren, dass kein Handlungsbedarf besteht. Es hilft aber zu verstehen, warum Erfahrungen im Offline-Bereich (vgl. Palmer 2017) oder auch aus den USA (vgl. Salehi u.a. 2015) nicht so einfach zu übertragen sind.

Crowdworker*innen sind als Gruppe extrem heterogen. Es sind gleichermaßen Solo-Selbstständige, Angestellte und Nicht-Erwerbstätige mit unterschiedlicher Profession. Bislang ist nicht davon auszugehen, dass sie eine eigene Identität als Crowdworker*innen herausbilden würden. Folglich lassen sie sich auch – zumindest in Deutschland – kaum als solche adressieren.

Crowdworking verfügt – wie eingangs erwähnt – über das Potenzial, dass in Zukunft die Anzahl der Solo-Selbstständigen weiter zunimmt – aber nicht unbedingt hauptberuflich. Insofern wird Crowdworking vor allem auch eine Erwerbshybridisierung in vielen Dienstleistungsbranchen dynamisieren. Dies stellt Gewerkschaften grundsätzlich vor die Herausforderung, (neue) Mitglieder zu adressieren, die unterschiedliche Erwerbsformen kombinieren.

Wie geht ver.di mit diesen Herausforderungen um:

Crowdworker*innen können bei ver.di – wie auch Solo-Selbstständigen generell – Mitglied werden.[4] Neben einer politischen Interessenvertretung bietet ihnen ver.di kompetente Beratung, Vernetzung, Entwicklung gemeinsamer Aktivitäten und umfassenden Rechtsschutz. Zudem handelt ver.di Tarifverträge für Selbstständige aus.[5]

Allerdings adressiert ver.di Crowdworker*innen nicht als eigenständige Personengruppe, sondern spricht sie über ihre Profession und als Solo-Selbstständige an. Im Gegensatz zu Crowdworker*innen verfügen nämlich

4 ver.di verfügt als einzige DGB-Gewerkschaft über ein eigenständiges Referat und eine eigene Bundeskommission für selbstständig Erwerbstätige (vgl. Mirschel 2017).

5 Gewerkschaften können seit der Erweiterung des Tarifvertragsgesetzes um den § 12a im Jahr 1974 für wirtschaftlich abhängige und sozial schutzbedürftige – sogenannte arbeitnehmerähnliche Personen – Tarifverträge verhandeln (Mirschel 2017).

viele Solo-Selbstständige über ein eigenes Selbstverständnis als Gruppe. Dies liegt zum einen an der bewussten Entscheidung für diese Erwerbsform, zum anderen einen sie die Herausforderungen regelmäßig ausreichende Einnahmen zu erzielen und sich für Krankheit, Alter und Auftragslosigkeit abzusichern.

Eine umfassende Beratung für Crowdworker*innen bietet ver.di im Rahmen der Selbstständigen-Beratung (www.selbststaendigen.info) an. Insgesamt berät ver.di im Jahr 2.000 Fälle von Solo-Selbstständigen. Dazu hat ver.di ein komplexes und aufwändiges Beratungsnetzwerk für Selbstständige etabliert, das sowohl Mitglieder als auch Nicht-Mitglieder berät. Die Erfahrungen zeigen, dass eine statusbezogene Berufsberatung weit mehr als ein individueller Service ist. Sie leistet vielmehr einen wichtigen Beitrag, die Entsolidarisierung entlang des Erwerbsstatus zu verhindern, weil bei der Beratung gleichzeitig kollektive Lösungswege angeregt werden (Haake 2016).

Darüber hinaus führt ver.di Gespräche mit Plattformen, weil sie für das Marktgeschehen eine wesentliche Verantwortung tragen. ver.di sensibilisiert Betriebsräte, Einfluss auf die Gestaltung von Crowdwork zu nehmen. Politisch engagiert sich ver.di für faire Arbeitsbedingungen und Bezahlung von Crowdworker*innen. Wichtige Forderungen sind u.a. die Einführung einer allgemeinen Erwerbstätigenversicherung unabhängig vom Erwerbsstatus, branchenbezogene Mindesthonorare, eine öffentliche Kontrolle der Allgemeinen Geschäftsbedingungen von Plattformen sowie eine Änderung des Wettbewerbsrechts, um die Kollektivrechte von Selbstständigen zu stärken.

5. Fazit

Eine Auseinandersetzung mit dem Abhängigkeitsgrad von Selbstständigen insgesamt und von Crowdworker*innen speziell halten wir durchaus für sinnvoll. Allerdings sind wir skeptisch, ob es zielführend ist, weitere neue Gruppen gesetzlich zu definieren. Als sinnvoller erachten wir den Ansatz, ein vom Erwerbsstatus unabhängiges gleiches Schutzniveau für jede Art von Arbeit zu sichern, damit formale Status nicht als Dumpinginstrument missbraucht werden können.

Zudem sollten wir die bestehenden Chancen von selbstständigen Arbeitsformen für Erwerbstätige stärker anerkennen. Selbstständiges Arbeiten verfügt für viele Menschen durchaus über ein hohes emanzipatorisches Potenzial jenseits eines von den Gewerkschaften oft idealisierten Normalarbeitsverhältnisses. Zentral sind dabei auf der individuellen Ebene, Fragen des Einkommens und der sozialen Sicherung zu klären. Auf der kollektiven Ebene gilt es, eine politische Vertretung wie auch Interessenvertretungen innerhalb und jenseits gewohnter Mitbestimmungsstrukturen zu etablieren. Perspektivisch könnten wir bei Crowdworking-Plattformen beispielsweise Verträge abschließen, die Haustarifen gleichen. Unternehmensinitiativen wie der bestehende Code of Conduct (www.crowdsourcing-code.de) sind zwar ein erster Schritt zur Verständigung, aber wegen ihrer völligen rechtlichen Unverbindlichkeit langfristig kein Ersatz für kollektive Regelungen.

Dazu bedarf es allerdings der Mobilisierung einer Organisationsmacht. Die große Schwierigkeit sehen wir dabei weniger in der Vereinzelung und Entsolidarisierung der Crowdworker*innen, als im weitverbreiteten Zuverdienstcharakter von Crowdworking. Dies zeigen unsere Erfahrungen mit der Organisierung von mehr als 30.000 Solo-Selbstständiger. Jährlich treten knapp 1.500 Selbstständige ver.di neu bei – nicht mitgezählt sind hier die nebenberuflich Selbstständigen. Wir gehen davon aus, dass wir mit innovativen Methoden auch Crowdworker*innen gezielt über ihren Erwerbsstatus als Selbstständige adressieren können und sie auch durchaus für eine gewerkschaftliche Organisierung empfänglich sind – vorausgesetzt, sie arbeiten im relevanten Umfang auf Online-Plattformen. Bei der Mehrheit der Crowdworker*innen, die der Arbeit auf Plattformen nur gelegentlich nachgehen, ist jedoch das Risiko einer reinen Stellvertreterpolitik sehr groß. Zusätzlich ist es notwendig, Gesellschaft und Gesetzgeber zu adressieren, um Veränderungen zu erreichen.

Literatur

Bormann, S./Pongratz H. (2017): Arbeitsbelastung bei Online-Arbeit. Zur sozialräumlichen Dimension von Crowdwork. In: Schröder, L./Urban H.-J. (Hg.): Gute Arbeit. Ökologie der Arbeit – Impulse für einen nachhaltigen Umbau, Frankfurt a.M., 300-312.

Brenke, K./Beznoska, M. (2016): Solo-Selbständige in Deutschland – Strukturen und Erwerbsverläufe: Kurzexpertise für das BMAS. BMAS-Forschungsbericht 465, Berlin.

Gerner, H.-D./Wießner, F. (2012): Solo-Selbstständige: Die Förderung bewährt sich, der soziale Schutz nicht immer. IAB-Kurzbericht 23, Nürnberg.

Haake, G. (2016): Digitalisierung und Gewerkschaften: Solo-Selbstständige integrieren. In: Schröder, L./Urban H.-J. (Hg.): Gute Arbeit. Digitale Arbeitswelt – Trends und Anforderungen, Frankfurt a. M., S. 310-321.

Kuek, S. C./Paradi-Guilford, C./Fayomi, T./Imaizumi, S./Ipeirotis, P./Pina, P./Singh, M. (2015): The global opportunity in online outsourcing. Washington, D.C.

Leimeister, J. M./Durward, D./Zogaj, S. (2016): Crowd Worker in Deutschland: Eine empirische Studie zum Arbeitsumfeld auf externen Crowdsourcing-Plattformen, HBS-Study 323, Düsseldorf.

Mai, C.-M./Marder-Puch, K. (2013): Selbstständigkeit in Deutschland, Auszug aus Wirtschaft und Statistik, Statisches Bundesamt, Wiesbaden, S. 482-496.

Maier, M. F./S. Viete (2017): Plattformbasierte Erwerbsarbeit: Stand der empirischen Forschung. BMAS-Forschungsbericht 498, Berlin.

Mirschel, V. (2017): Interessenvertretung von (zeitweise) Selbstständigen in der Medienbranche. In: Bührmann, A./Fachinger, U./Welskop-Deffaa E.M. (Hg.) Hybride Erwerbsformen, Wiesbaden, S. 131-153.

Ohnemus, J./Erdsiek D./Viete, S. (2016): Nutzung von Crowdworking durch Unternehmen: Ergebnisse einer ZEW-Unternehmensbefragung. BMAS-Forschungsbericht 473, Berlin.

Palmer, G. (2017): Foodora & Co.: Die Revolte der neuen Dienstbotenklasse. In: Blätter für deutsche und internationale Politik 7/2017, S. 29-32.

Pongratz, H.J. (2017b): Interessenvertretung dringend erwünscht: Was Selbstständige von ihrer Gewerkschaft erwarten. In: WSI-Mitteilungen 8/2017, S. 605-613.

Pongratz, H.J./Bormann, S. (2017): Online-Arbeit auf Internet-Plattformen. Empirische Befunde zum ‚Crowdworking' in Deutschland. In: Arbeits- und Industriesoziologische Studien, 10 (2), S. 158-181.

Salehi, N./Irani, L. C./Bernstein, M. S./Alkhatib, A./Ogbe, E./Milland, K./Clickhappier (2015): We are dynamo: Overcoming stalling and friction in collective action for crowd workers. Proceedings of the 33rd Annual ACM Conference on Human Factors in Computing Systems, S. 1621–1630.

Schörpf, P./Flecker, J./Schönauer, A./Eichmann, H. (2017): Triangular love-hate: management and control in creative crowdworking. In: New Technology, Work and Employment, 32 (1), S. 43-58.

Crowdworking gestalten – IG Metall 4.0

Christiane Benner

Die IG Metall beschäftigt sich seit mehreren Jahren intensiv mit dem Thema Crowdworking. Bereits im Jahr 2012 haben wir auf unserer jährlichen Engineering- und IT-Tagung einen Impuls-Vortrag zum Thema „Schöne neue Crowdsourcing Welt?“ diskutiert. Wir wollten es genauer wissen: Wie verändern digitale Plattformen die Arbeitswelt? Welche Auswirkungen hat die Plattform-Ökonomie auf Entgelte, soziale Absicherung und Arbeitsorganisation? Und wir wussten auch deutlich: Eine „Amazonisierung“ der Arbeitswelt und rechtsfreie Räume wie im Silicon Valley wollen wir nicht hinnehmen.

Es gibt unterschiedliche Definitionen von Crowdsourcing. Wir verstehen darunter die Auslagerung von bestimmten Aufgaben durch ein Unternehmen an eine undefinierte Masse an Menschen mittels eines offenen Aufrufs, welcher zumeist über das Internet erfolgt. Die Weltbank geht davon aus, dass es 2013 weltweit 43 Millionen registrierte Crowdworker gab. Sie schätzt den dort erzielten Umsatz auf 2,1 Mrd. US-Dollar, für das Jahr 2020 hält sie ein Umsatzvolumen von 15 bis 25 Mrd. US-Dollar für möglich. Für Deutschland darf davon ausgegangen werden, dass rund eine Million Menschen mit Hilfe von digitalen Plattformen Geld verdienen, wenn auch nur ein geringer Teil in Vollzeit. Weltweit gibt es mehr als 2000 solcher Plattformen, rund 30 davon sind in Deutschland ansässig.

Crowdsourcing gibt es in verschiedenen Varianten: Beim externen Crowdsourcing wird der Auftrag an bzw. über eine Plattform außerhalb des Unternehmens vergeben. Teilweise kommt der damit verbundene Dienstleistungsvertrag zwischen Unternehmen und Plattform zustande, teilweise operiert die Plattform als reiner Intermediär. Beim internen Crowdsourcing werden Arbeitsaufgaben lediglich innerhalb eines Unternehmens an deren Beschäftigte vergeben. Es gibt zahlreiche Misch- und Zwischenformen – beispielsweise dann, wenn ein Unternehmen Aufgaben zuerst an die eigenen Mitarbeiterinnen ausschreibt und Externe erst dann zum Zuge kommen, wenn sich innerhalb des Unternehmens niemand findet.

In Deutschland sind die Gewerkschaften innerhalb des DGB nach dem Industrieprinzip organisiert, also entlang von Branchen. In den Bereich der

IG Metall fallen die Metall- und Elektroindustrie, Stahl, Textil/Bekleidung, Holz/Kunststoff, die IT-Industrie und Handwerksbereiche wie das Kfz-Gewerbe. Auf diese Bereiche haben wir unseren Blick konzentriert – auch wenn sich gerade beim Einsatz von Plattformen die Grenzen zwischen diesen Sektoren zunehmend auflösen. So kann es sein, dass ein Crowdworker erst die Adressdaten einer Hotelkette recherchiert und danach Produkte eines Möbelherstellers beschreibt.

Crowd-Anwendungen gibt es inzwischen entlang der gesamten Wertschöpfungskette der Metall- und Elektroindustrie. Die Einsatzfelder sind vielseitig. Es gibt Ingenieur/innen, die sich an der Entwicklung von Autos und Flugzeugen beteiligen, Industriedesigner/innen, die Modelle entwerfen oder auch Menschen, die Produktbeschreibungen von Elektrogeräten verfassen. Für all diese Tätigkeiten gibt es Plattformen und Menschen, die dort Aufträge erledigen.

Aus den Referenzlisten der Plattformen lässt sich beispielhaft ersehen, mit welchen Firmen sie zusammenarbeiten. Darunter sind namhafte Unternehmen (in Klammern: die Namen der Plattformen):

- Airbus (Local Motors)
- Audi (Jovoto, Testbirds)
- BMW (Jovoto, Local Motors, Work Hub)
- Daimler (Clickworker, POS Pulse/Shopscout)
- Philips (StreetSpotr)
- Osram (POS Pulse/Shopscout)
- Würth (Testbirds)

Crowdsourcing kann jede Menge Chancen bieten. Menschen erhalten zusätzliche Zugänge zum Arbeitsmarkt – zum Beispiel wenn sie wegen ihrer häuslichen Situation gebunden sind, wenn sie räumlich und zeitlich flexibel arbeiten wollen, wenn sie sich wegen Brüchen in ihrem Lebenslauf erfolglos auf traditionellem Weg bewerben oder wenn sie zum Beispiel über Ideenplattformen in Kontakt zu Großunternehmen kommen, der ansonsten großen Beratern und Agenturen vorbehalten ist. Diese Chancen sollten genutzt werden!

Gleichzeitig besteht aber auch die Gefahr einer neue Form prekärer Arbeit. So sind die Crowdworker in der Regel keine Arbeitnehmer/innen, sondern formal Solo-Selbständige. Das hat unter anderem zur Folge, dass für sie weder Tarifverträge noch der gesetzliche Mindestlohn gelten, sie haben keine Lohnfortzahlung im Krankheitsfall und sie müssen die Beiträge für die Sozialversicherungen alleine aufbringen.

So treffen beim Crowdsourcing zwei Mega-Trends aufeinander: Auf der einen Seite stehen die Auswirkungen der Digitalisierung, die ganze Branchen grundlegend umkrempelt. Das betrifft nicht nur die Fertigung mit neuen Möglichkeiten zur Losgröße-Eins-Produktion, 3-D-Druck, selbstlernenden Maschinen und autonomen Fahren. Ganze Geschäftsmodelle werden weiterentwickelt. So überlegt Bosch, nicht mehr (nur) Bohrmaschinen zu verkaufen, sondern das Bohrloch als Dienstleistung. BMW und Daimler bündeln ihre Mobilitätsdienste, um neben Autos innovative Mobilitätskonzepte führend anzubieten. Dieser Kooperation liegt die Annahme zugrunde, dass nicht jeder Mensch ein Auto besitzen möchte, aber eben nicht auf die Möglichkeit zur individueller Mobilität verzichten möchte.

Auf der anderen Seite sind viele Unternehmen seit Längerem bestrebt, Kosten zu senken und betriebswirtschaftliche Risiken auf andere abzuwälzen. Dies zeigt sich unter anderem dort, wo Leiharbeit und Werkverträge dauerhaft eingesetzt werden oder auch dann, wenn Aufgaben oder ganze Unternehmensteile outgesourct werden.

Wie in einem Brennglas treffen diese Entwicklungen beim Crowdworking zusammen. Lukas Biewald, der CEO von CrowdFlower – einer Plattform mit Sitz in San Francisco, die 2007 gegründet wurde und sich unter anderem auf das Sammeln und Kategorisieren von Daten sowie auf Bilderkennung spezialisiert hat – sagt: „Vor dem Internet wäre es richtig schwierig gewesen, jemanden zu finden, der sich für 10 Minuten hinsetzt, damit er für dich arbeitet, und ihn dann nach den 10 Minuten zu feuern. Aber mit dieser Technologie kannst du tatsächlich jemanden finden, bezahlst ihm einen winzigen Geldbetrag und wirst ihn dann los, wenn du ihn nicht mehr brauchst."

Wir stehen also vor großen Umwälzungen der Arbeitswelt. Die Balance zwischen Kapital und Arbeit, die wir insbesondere in Deutschland mit dem Aufbau des Sozialstaats und der Mitbestimmung erstritten haben, steht in der Plattformökonomie massiv unter Druck. Hinzu kommen erschwerte Bedingungen für Gewerkschaften, die Beschäftigten auf Plattformen überhaupt zu erreichen. Da die Crowdworker isoliert voneinander im ganzen Land oder sogar auf der ganzen Welt sitzen, ist es ungleich schwieriger, sich zu vernetzen oder sogar erst in Kontakt zu diesen Menschen zu kommen.

Die IG Metall verfolgt dabei die Strategie, nicht darauf zu drängen und zu warten, dass es dafür Lösungen im politischen Raum gibt. Wir wollen ganz konkret Verbesserungen für die Crowdworker erreichen, wo dies – wenn auch in kleinen Schritten – möglich ist.

Auf den Plattformen besteht erst einmal ein eklatantes Macht- und Informationsungleichgewicht zu Lasten der Crowdworker. Aus diesem Grund haben wir im Mai 2015 die Internetseite „faircrowdwork.org" ins Leben gerufen. Wir haben damit drei Ziele verfolgt:

- Information und Debatte in der Öffentlichkeit
- Grundinformationen für Crowdworker bezüglich rechtlicher Fragen wie Steuern, Gewerbeanmeldung etc.
- Transparente Bewertung der Plattformen

Wir wollten damit ganz praktisch einen Gegenpol bauen zu dem Machtungleichgewicht, das in die Plattformen gleichsam eingebaut ist: Es gibt keine freie Verhandlung über die Bedingungen, unter denen die Crowdworker arbeiten. Entweder sie akzeptieren die vorgegebenen Allgemeinen Geschäftsbedingungen – oder eben nicht. Die Crowdworker werden durch die Auftraggeber bewertet, ihr Rating ist einsehbar, aber umgekehrt können sie ihre Auftraggeber nicht bewerten und wissen in der Regel nichts über deren Identität, Ziele, und Zahlungsmoral. Vor diesem Hintergrund haben wir die Plattformen entlang ihrer Allgemeinen Geschäftsbedingungen bewertet und wir haben die Möglichkeit geschaffen, dass Crowdworker eigene Bewertungen und sogar Kommentare hinterlassen können.

Nach einiger Zeit haben jedoch festgestellt, dass wir unser Vorgehen verändern müssen. An der Bewertung der Plattform-Betreiber hatten sich bis dahin relativ wenige Crowdworkerinnen und Crowdworker beteiligt – weniger als etwa bei Buchkritiken oder Hotelbewertungen üblich. Ein Buch oder ein Hotel kann man schnell, leicht und folgenlos kritisieren, einen potentiellen künftigen Arbeitgeber oder Auftraggeber weniger. Dafür wissen Crowdworker zu gut, wie man auch anonymisierte Bewertungen nachverfolgen kann. Unser neues Bewertungssystem basiert auf Umfragen unter Crowdworkern, die auf der jeweiligen Plattform aktiv sind. Die Plattformen werden jetzt in acht Kategorien nach einem Sterne-System bewertet. Die Kriterien dafür haben wir offengelegt. Durch die neu aufgesetzten Bewertungen haben wir unser System zugleich rechtssicher gemacht. Denn der Bundesgerichtshof hatte im März 2016 entschieden, dass Betreiber von Bewertungsportalen strengen Ansprüchen genügen müssen, um beispielsweise Fake-Bewertungen zu unterbinden.

Ganz praktische Hilfe bieten wir seit Mai 2015 auch mit unserer telefonischen Beratungshotline für Crowdworker an. Sie wird weniger genutzt, um sich über konkrete Vorfälle auf Plattformen zu beschweren. Vielmehr haben die meisten Anrufer/innen ganz praktische Fragen, zum Beispiel zu den Themen Steuern und Gewerbeanmeldung. Zudem wollen sie oftmals wissen, wie sie erkennen können, ob sich die Arbeit auf einer Plattform für sie lohnt.

Zu unserer konkreten Unterstützung für die Crowdworker gehört auch, dass Solo-Selbständige seit Januar 2016 können Mitglied der IG Metall werden, nachdem der 23. Ordentliche Gewerkschaftstag im Oktober 2015 die satzungsmäßigen Voraussetzungen dafür geschaffen hatte. Wir vertreten die Solo-Selbständigen nicht nur – wie alle anderen Mitglieder auch – im Bereich des Sozialrechts, also gegenüber der Arbeitsagentur, den Krankenkassen, der Rentenversicherung oder den Berufsgenossenschaften. Wir haben zusätzlich spezielle Angebote für Solo-Selbständige entwickelt:

- Die IG Metall übernimmt die Kosten, wenn sie Ansprüchen im Rahmen des berufsbezogenen Vertragsrechts vor deutschen Gerichten durchsetzen wollen. Das betrifft Forderungen auf Honorar oder Werklohn – also zum Beispiel, wenn ein Auftraggeber die vereinbarte Summe nicht zahlt. Aber auch Schadensersatzansprüche und Konventionalstrafen sind abgedeckt – jeweils bis zu einer Höhe von 30.000 €. Ebenfalls werden die Kosten eines Gerichtsverfahrens bis zu einer Höhe von 100.000 € pro Fall übernommen.
- In Angelegenheiten eigener Urheber-, Marken- und Patentrechte übernimmt die IG Metall für ihre solo-selbständigen Mitglieder eine einmalige Rechtsberatung durch einen Rechts- oder Patentanwalt.

Bereits jetzt können wir feststellen, dass unsere Anstrengungen durchaus von ersten Erfolgen gekrönt sind. Mit einigen Plattformen haben wir inzwischen einen intensiven Dialog und eine gute Zusammenarbeit. So gibt es – zumindest bei einigen Plattformen – durchaus Bestrebungen, faire und gute Arbeit auf dem Wege der Selbstregulierung zu verwirklichen. Im Juli 2015 haben sich zunächst drei Plattformen (Testbirds, Streetspotr und Clickworker) sowie der Deutsche Crowdsourcing Verband zu einer freiwilligen Selbstverpflichtung („Code of Conduct“) zusammengefunden.

Unter Beteiligung der IG Metall ist im Januar 2017 eine überarbeitete Fassung dieses „Code of Conduct“ zustande gekommen. Diese Version 2.0 haben nunmehr acht Plattformen unterzeichnet, davon sieben aus Deutschland und eine mit Sitz in England. Die Neufassung ist in einigen Punkten deutlich konkreter als die Vorgänger-Version. So wird deutlich, dass die unterzeichnenden Plattformen ausdrücklich kein Lohn- und Sozialdumping anstreben. Vielmehr bekennen sie sich dazu, dass bei der Bezahlung der Crowdworker „nationale Lohnstandards“ zugrunde gelegt werden sollen.

Diese Zusammenarbeit hat seit November 2017 eine neue Stufe erreicht, indem eine Ombudsstelle zur Beilegung von Streitigkeiten auf den Plattformen ins Leben gerufen wurde. Crowdworker auf diesen acht Plattformen können sich dort beschweren, etwa dann, wenn sie Geld aus ihrer Sicht zu Unrecht nicht bekommen haben oder wenn die Arbeitsabläufe auf der Plattform nicht in Ordnung sind. Die Ombudsstelle arbeitet ehrenamtlich und ist paritätisch besetzt. Den neutralen Vorsitz hat eine Richterin am Arbeitsgericht Frankfurt/Main. Auf der einen Seite sind der Deutsche Crowdsourcing Verband, sowie die Plattform Testbirds bzw. content.de vertreten, auf der anderen Seite sitzen Vertreter/innen der IG Metall sowie Crowdworker. Die Ombudsstelle wird jährlich einen Tätigkeitsbericht vorlegen. Aber schon jetzt lässt sich sagen, dass innerhalb weniger Wochen bereits erste Fälle einvernehmlich geklärt werden konnten.

So begrüßenswert alle diese Aktivitäten auch sind: Sie sind kein Ersatz dafür, dass auch auf der rechtlichen und politischen Ebene etwas geschehen muss. Denn durch die Plattformökonomie ändern sich die Arbeits- und Sozialbeziehungen in einer Weise, die es nötig macht, dass auch die Gesetzgebung diesen veränderten Rahmenbedingungen Rechnung trägt.

Auch hier verzeichnen wir erste Erfolge: Im Koalitionsvertrag für die Neuauflage der Großen Koalition haben sich SPD, CDU und CSU verständigt, „eine gründerfreundlich ausgestaltete Altersvorsorgepflicht für alle Selbstständigen einzuführen, die nicht bereits anderweitig obligatorisch abgesichert sind“. Im Gegenzug soll die Bemessungsgrundlage für die Mindestkrankenversicherungsbeiträge von heute 2283,75 Euro auf 1150 Euro nahezu halbiert werden. Das war eine Forderung der IG Metall und ist ein erster sinnvoller Schritt zur Bekämpfung von Altersarmut vor dem Hintergrund, dass von den insgesamt 2,3 Millionen Solo-Selbständigen in Deutschland rund die Hälfte keine Altersabsicherung hat – weder in der gesetzlichen Rentenversicherung noch über private Vorsorge.

Allerdings sind die Umwälzungen im Arbeits- und Sozialrecht derart umfassend, dass weitere – auch grundlegende – Reformen notwendig sind. Dazu gehören unter anderem weitreichende Änderungen beim Arbeitnehmerbegriff, im Mitbestimmungsrecht und im Kartellrecht.

Bislang kennt unser Rechtssystem idealtypisch nur Arbeitnehmer und Unternehmer bzw. Selbständige. Als Arbeitnehmer gilt, wer aufgrund eines Arbeitsvertrags weisungsgebunden fremdbestimmt Arbeit verrichtet. Crowdwork passt offenkundig nicht in diese Kategorien, da sich die Crowdworker scheinbar frei aussuchen. Inzwischen gibt es eine breite Diskussion über die Neudefinition des Arbeitnehmerbegriffs. Ein möglicher Ansatz dabei wäre: Wer sich nicht wirklich eigenständig am Markt bewegt, Preise setzt und Aufträge akquiriert, gilt als Arbeitnehmer.

Wenn man nicht ganz so weit gehen will, bietet sich zumindest eine Weiterentwicklung des Begriffs der „arbeitnehmerähnlichen“ Beschäftigten an. Laut Tarifvertragsgesetz gilt bislang als arbeitnehmerähnlich, wer die Hälfte seines Einkommens von einem Auftraggeber bezieht. Dieser Schwellenwert sollte auf ein Drittel des Einkommens herabgesetzt werden – wie heute schon bei künstlerischen, schriftstellerischen oder journalistischen Leistungen.

Einen weiteren Ansatz bietet das Heimarbeitsgesetz (HAG), dessen Vorläufer inzwischen über 100 Jahre alt ist. Ursprünglich wurde es geschaffen, um die Arbeitsbedingungen von Menschen zu regulieren, die zu Hause Krawatten nähen oder Kugelschreiber zusammenschrauben. Bis heute gibt es paritätisch mit Arbeitgeber- und Gewerkschaftsvertretern besetzte Heimarbeitsausschüsse, in denen für diese Tätigkeiten je nach Schwierigkeitsgrad und Zeitaufwand angemessene Entgelte festgelegt werden. Das HAG könnte somit auch eine Grundlage sein, um Crowdworker fair zu entlohnen. Allerdings müsste das Gesetz an die neuen Bedingungen angepasst werden. Dann bislang gilt es nur dann, wenn Arbeit „im Auftrag" von Gewerbetreibenden erledigt wird. Wenn allerdings diese Einschränkung wegfällt, könnte das Heimarbeitsgesetz ein gutes Instrument sein, um faire Entgelte zu definieren.

Um Lohndumping zu vermeiden, ist es zudem nötig, ein Mindesthonorar analog des gesetzlichen Mindestlohns festzulegen. Da Plattform-Beschäftigte nicht auf Augenhöhe mit den Plattformen und Auftraggebern über Preise verhandeln können, brauchen sie ein Recht dazu, kollektiv tarifvertragliche Regelungen zu treffen. Bislang ist das nicht möglich, da das Kartellrecht - völlig zu Recht – Preisabsprachen verbietet. Aber so wie Gewerkschaften und ihre Tarifverträge ausdrücklich davon ausgenommen sind, weil menschliche Arbeit eben keine Ware wie alle anderen sein darf, sollte auch die schutzbedürftige Gruppe von Solo-Selbständigen die Möglichkeit erhalten, ihre Arbeitsbedingungen kollektiv auszuhandeln.

Analog zum Recht von Gewerkschaftsvertretern, ihre Mitglieder in den Betrieben aufzusuchen und dort neue zu werben, muss auch die Möglichkeit geschaffen werden, dass Gewerkschaften direkt in Kontakt zu den Crowdworkern treten können – zum Beispiel über die Einrichtung digitaler „schwarzer Bretter" oder indem Gewerkschaften Zugang zu entsprechenden Mailverteilern erhalten.

Da die Plattformen über Ländergrenzen hinweg aktiv sind, würde eine rein nationale Gesetzgebung deutlich zu kurz greifen; Regelungen sind zumindest auf europäischer Ebene nötig. Von daher ist es zu begrüßen, dass der Ausschuss für Beschäftigung und soziale Angelegenheiten des EU-Parlaments im November 2017 Vorschläge gemacht hat, wie Crowdworker sozial abgesichert werden können. Der Leitgedanke dieser Vorschläge besteht darin, all diejenigen in soziale Sicherungssysteme einzubeziehen, die sozialen Schutz benötigen als diesen sozialen Schutz Menschen dann nicht zu gewähren, wenn sie bestimmte eng gefasste Kriterien nicht erfüllen. Der Ausschuss hat außerdem klare Mindestbedingungen für die Geschäftsbedingungen gefordert. So soll es nicht ohne weiteres möglich sein, Accounts von Crowdworkern zu sperren und ihnen somit die Arbeitsgrundlage zu entziehen – was übertragen auf das Arbeitsrecht einer Kündigung des Arbeitsverhältnisses gleichkäme.

Ein Effekt der Digitalisierung ist, dass die Umwälzungen von Wirtschaft und Gesellschaft immer schneller und tiefgreifender sind. Unser Ziel ist es, diese Entwicklungen zum einen aufmerksam zu beobachten und zu analysieren – und gleichzeitig praktische Verbesserungsvorschläge zu machen und umzusetzen. IT gestütztes vernetztes Arbeiten bietet Möglichkeiten für neue Arbeitsformen, die von Betriebsräten und IG Metall gestaltet werden.

Daimler hat angekündigt, dass z.B. innerhalb des Themenkomplexes „Autonomes Fahren – Digitalisierung – Car Sharing und Elektromobilität" in einem „Schwarm" gearbeitet werden soll. Nach seinen Vorstellungen sollen 20 Prozent der Daimler-Beschäftigten in solchen Schwarmorganisationen mitarbeiten. Viele Beschäftigte wünschen sich solche neuen Arbeitsformen. Aber das darf natürlich nicht zu Lasten der Bezahlung und der Mitbestimmungsrechte gehen. Inzwischen gibt es bei Daimler eine Pilot-Gesamtbetriebsvereinbarung zu agilem Arbeiten und zur Schwarmorganisation, die diesen Anforderungen Rechnung trägt.

Konzerne wie Audi und ThyssenKrupp nutzen Hackathons, um neue Ideen zu finden und frühzeitig in Kontakt mit jungen Menschen zu kommen. Immer mehr Unternehmen gründen agile Teams, teilweise auch mit Schnittstellen nach außen. Wir stellen auch fest, dass diese Arbeitsformen bei vielen Beschäftigten beliebt sind. Diese Dynamik ist immer dann gut und unterstützenswert, wenn sich den Beschäftigten – egal ob sie jetzt in einem festen Arbeitsverhältnis sind oder lieber als Soloselbständige arbeiten – neue Chancen und Möglichkeiten auftun. Gewerkschaften werden gute digitale Arbeit gestalten, damit der Griff nach digitalen Sternen nicht gleichzeitig ein „race to the bottom" bei Arbeits- und Sozialstandards wird.

Wir haben eine Reihe von Anforderungen, wie Crowdwork fair gestaltet werden kann. Gleichzeitig haben wir uns ganz pragmatisch auf den Weg gemacht, Verbesserungen einzuleiten, die jetzt schon möglich sind. Denn ob in der Fabrik, im Büro oder in der Crowd – wir wollen eine humane und sozial gerechte digitale Arbeitswelt gestalten. Wir wollen, dass aus dem technischen Fortschritt ein gesellschaftlicher Fortschritt wird! Unsere Orientierung heißt deshalb: digital und sozial!

Christiane Benner ist Zweite Vorsitzende der IG Metall

4. Koordination des Crowdworking: Direktionsrechte oder Wettbewerb?

Crowdworking zwischen Markt und Organisation – Eine steuerungstheoretische Betrachtung

Jochen Koch

1. Einleitung

Der folgende Essay befasst sich mit dem Phänomen des Crowdworking aus einer steuerungstheoretischen Perspektive. Im Mittelpunkt steht die Frage, in welcher konzeptionellen Form die Koordination der arbeitsteiligen Leistungserstellung einer Crowd erfasst und theoretisch gerahmt werden kann. Unser Wirtschaftssystem – bzw. präziser die theoretischen Beschreibungen desselben – baut grundlegend auf zwei Idealtypen gesamtgesellschaftlicher Arbeitsteilung und ihrer Integration auf: Markt und Organisation. Aufbauend auf einer Gegenüberstellung marktlicher und organisationaler Koordinationsmechanismen wird das grundlegende Problem herausgearbeitet, eine Crowd lediglich als unspezifische hybride Zwischenformen zu begreifen, in welcher sich marktliche wie organisationale Steuerungselemente nicht näher bestimmt "mischen". Insofern unternimmt der Beitrag den Versuch, das weite Feld zwischen Markt und Organisation im Hinblick auf das Phänomen Crowdworking detaillierter herauszuarbeiten. Dies erscheint nicht zuletzt vor dem Hintergrund wichtig, dass in der gegenwärtigen Diskussionslage, die auch durch politische Interessen bestimmt wird, das potentiell Neue des Crowdworking kaum erkennbar werden kann (vgl. Greef u.a. 2017). Die Tendenz, Crowdworking in letzter (und mithin regulierungsrelevanter) Konsequenz entweder primär als Markt oder als Organisation zu verstehen, überformt dabei freilich auch den Erfahrungsgegenstand in einer Weise, dass empirische Studien in Ihren Deskriptionen des Crowdworking in der Regel nur selten mehr sein können als ein Reflex dieses Entweder-Oders.

Es erscheint deshalb angezeigt, einmal prinzipiell die Möglichkeiten des Crowdworking als Koordinationsmechanismus >dazwischen< aufzuzeigen, um potentielle Alternativen sichtbar zu machen. Dabei wird es im Folgenden insbesondere darum gehen, die Bedeutung von Wissens- und Kompetenzentwicklungsprozessen innerhalb einer Crowd zu verdeutlichen und zu zeigen, dass sich anhand der Dimension der Wissensintensität, d.h. wie wissensextensiv oder wissensintensiv crowdinterne Koordinationsformen gestaltet sind, sich entscheidet, an welcher Stelle eine konkrete Crowd zwischen Markt und Organisation zu positionieren ist.

2. Das Phänomen Crowdworking

Wie an anderer Stelle bereits ausführlicher dargelegt (Hensel u.a. 2016), erscheint es sinnvoll, die Idee des Crowdworking aus der Perspektive des erwerbswirtschaflichen Vollzugs von Arbeit so zu verstehen, dass sowohl von der notwendigen Existenz konkreter outsourcenden Unternehmen einerseits als auch von der notwendigen Existenz sogenannter Plattformanbieter andererseits abstrahiert werden kann. Weder erscheint es konstitutiv für das Crowdworking, dass die Nachfrage nach Leistungsbeiträgen einer Crowd zwingend von Unternehmen oder Organisationen kommt, die diese bisher "inhouse" erstellt haben, noch erscheint es zwingend notwendig oder auch nur sinnvoll, das Phänomen Crowdworking definitorisch auf intermediäre Unternehmen zuzuschneiden, die digitale Plattformen als spezifisches Business Modelle entwickeln und bereitstellen und als dritte mediierende Akteure in die Beziehung zwischen Leistungsangebot und -nachfrage treten. Dabei soll mit dem zweiten Aspekt keinesfalls in Abrede gestellt werden, dass für den Vollzug von Crowdworking sowohl digitale Plattformen als auch ein Minimum die Crowd betreffende Inklusions- und Exklusionsregeln konstitutive Merkmale dieser Form digital vermittelter Arbeit sind, sondern lediglich betont werden, dass die zentrale Frage, wer, wie und mit welchen Mitteln diese Konstitutionsbedingungen bereitstellt, zunächst als offen zu betrachten ist – und dies auch dann, wenn sich das Phänomen Crowdworking derzeit empirisch nahezu ausschließlich in der Form von Business Modellen von Plattformbetreibern etabliert hat. In diesem Sinne haben wir die Crowd definiert als "eine potenziell unbestimmte Mehrzahl von einzelnen erreichbaren Leistungsträger*innen, deren zu vergütende Leistungsbeiträge via digitale Informations- und Kommunikationstechnologien ausgelöst und koordiniert werden, die in einem kompetitiven und/oder kooperativen Verhältnis zueinander stehen, die in Summe (und das heißt als Crowd) in Bezug auf die Erbringung spezifischer Wertschöpfungsteile potenziell über komparative Vorteile gegenüber anderen Koordinationsmechanismen verfügen und als Crowd nicht zwingend über einen kollektiven Zweck, wohl aber zumindest über ein Minimum an grenzkonstituierenden Inklusions- und Exklusionsregeln verfügen." (Hensel u.a. 2016, S. 169) Diese Definition ist nun auch grundlegend dafür, wie wir Crowdworking aus steuerungstheoretischer Perspektive in den Blick nehmen können.

Wie bereits angeführt, erfassen deskriptiv und eher phänotypisch ansetzende empirische Studien das Phänomen Crowdworking derzeit auf der Basis von crowdsourcenden Unternehmen einerseits und Crowdworkern andererseits, die beide über einen plattformmediierten Prozess miteinander in Verbindung stehen (vgl. Mrass / Peters 2017). Gegen eine solche Beschreibung ist zunächst nichts Grundsätzliches einzuwenden. Exemplarisch gehen Leimeister u.a. (2014) davon aus, dass das Crowdworking vor dem Hintergrund eines Crowdsourcing-Prozesses sich aus drei Hauptbestandteilen zusammensetzt, die als "Initiator beziehungsweise Auftraggeber, die Crowd und de(n) Prozess" (ebenda, S. 15) bezeichnet werden. Damit werden zwei Perspektiven ins Zentrum der Betrachtung gerückt, die in tradierter Weise auch als Auftragsgeber/Arbeitgeber und Auftragsnehmer/ Arbeitnehmer verstanden werden können und immer im Kontrast zur bisherigen Welt der Inhouse-Erstellung des Leistungsbeitrages verstanden werden.

> "Die Arbeit wird nicht wie im klassischen Kontext rein funktions- / abteilungsintern beziehungsweise unternehmensintern abgewickelt, sondern es werden funktions- beziehungsweise unternehmensübergreifende und auch unternehmensexterne Individuen beziehungsweise Arbeiter im Wertschöpfungsprozess involviert. Die weit, zumeist sogar global verteilten Mitglieder einer Crowd agieren als Arbeitskräfte, die ihre Arbeitskraft – das heißt ihre Zeit, ihr Wissen und ihre Fähigkeiten – dem Crowdsourcer gegen eine Entlohnung zur Verfügung stellen" (ebenda, S. 17).

Eine solche Erfassung des Crowdworking insinuiert mithin quasi arbeitnehmer*innenähnliche Verhältnisse und markiert das Leistungspotential des Crowdworking in einer Differenz zur reinen Marktlösung dadurch, dass "keine fertigen Lösungen" durch crowdsourcende Unternehmen eingekauft werden. Was jedoch die steuerungstheoretische Perspektive betrifft, d.h. wie eine Crowd im Inneren als auch nach außen funktioniert und wie sie welche Leistungsbeiträge bereitstellt, bleiben dabei noch relativ opak und im Allgemeinen. So kommen Leimeister u.a. (2014) insgesamt zum Schluss, dass das Crowdworking "als Wertschöpfungs- und Koordinationsmodell zwischen Markt und Hierarchie" anzusiedeln sei.

Zwischen Markt und Hierarchie oder besser zwischen Markt und Organisation liegt jedoch ein weites Feld auf welchem sich sehr unterschiedliche Formen von Koordinationsmodellen potentiell einstellen können mit denen wiederum sehr unterschiedliche Formen der Steuerung aber auch eventuell notwendiger Regulierungen verbunden sind (vgl. dazu Kocher in diesem Band).

Schaut man sich die bisherigen Vorschläge an, so wird der Leistungserstellungsprozess einer Crowd i.d.R. in einem sehr schematischen und linearen Prozess erfasst, wie er sich aus der Sourcinglogik darstellen mag. Für das Funktionieren der Crowd selbst wird dabei zentral zwischen Wettbewerb einerseits und "Zusammenarbeit" andererseits unterschieden. Die Diskussion ist jedoch bisher wenig in dieses Zwischenfeld eingetaucht, und es sind wenige Versuche in Sicht, das Feld zwischen Markt und Organisation bzw. zwischen Wettbewerb und Kooperation in Bezug auf das Crowdworking genauer zu eruieren. Dieser Versuch soll im Folgenden nun unternommen werden. Dazu sollen die beiden Koordinationsmodi im nächsten Abschnitt vorgestellt werden um im Anschluss daran Zwischenformen anhand der für das Crowdworking relevanter Dimensionen erarbeitet werden.

3. *Idealtypische Formen der Handlungskoordination*

Die bereits angeführte Unterscheidung zwischen Markt und Organisation beschreibt zunächst zwei grundsätzlichen Möglichkeiten, wie in einem Wirtschaftssystem arbeitsteilige Prozesse koordiniert werden (vgl. Williamson 1975, 1985; Koch 2005). In diesem Sinne stellen sowohl der Markt als auch die Organisation unterschiedliche Koordinationsmodi dar, um gesamtgesellschaftliche Arbeitsteilung sowohl in vertikaler als auch horizontaler Dimension zu verbinden, d.h. gesamtgesellschaftlich arbeitsteilige Prozesse über unterschiedliche Wertschöpfungsstufen und unterschiedliche Produktionsbereiche hinweg miteinander in Beziehung zu setzen (vgl. Koch / Heine 2008).

Für den Koordinationsmechanismus Markt ist dabei die Idee des Wettbewerbs zentral, d.h. die Koordinationsleistung von Märkten wird im Wesentlichen durch Wettbewerb erklärt (vgl. hierzu und im Folgenden Steinmann u.a. 2013). In diesem Sinne wird davon ausgegangenen, dass auf allen relevanten Wertschöpfungsstufen über alle unterschiedlichen Produktionsbereiche hinweg eine Vielzahl von Anbietern und Nachfragern existieren, die über ein Preissystem ihre individuellen Handlungen wechselseitig und in Konkurrenz zueinander auf spezifischen abgrenzbaren Märkten aufeinander beziehen. Gelenkt werden sie dabei in der Modellvorstellung einzig durch den Preis, den ein spezifischer Markt für ein spezifisches Produkt dem einzelnen Anbieter und Nachfrager exogen vorgibt und auf den auf Anbieterseite alleine durch Mengenanpassung und unter Berücksichtigung der internen Kostensituation reagiert werden kann.

Märkte setzen in diesem Sinne gesamtgesellschaftliche Arbeitsteilung voraus, wie sie umgekehrt überhaupt erst die Möglichkeit schaffen, dass sich Gesellschaften durch Arbeitsteilung spezialisieren. Das bedeutet, dass das Marktsystem den gesellschaftlichen Leistungserstellungsprozess nicht unmittelbar differenziert, sondern Arbeitsteilung dadurch ermöglicht, dass es gesellschaftliche Arbeitsteilung integriert. Isoliert betrachtet stehen gesellschaftliche Arbeitsteilung und Märkte mithin in einem wechselseitigen Verhältnis, d.h. je mehr marktliche Koordination, desto mehr gesellschaftliche Arbeitsteilung ist möglich und je mehr gesellschaftliche Arbeitsteilung desto mehr marktliche Koordination ist (ceteris paribus, d.h. unter Vernachlässigung anderer möglicher Koordinationsmechanismen) notwendig.

Im Gegensatz zum Marktsystem spielt für die Erklärung der Funktionsweise von Organisationen der Wettbewerb zumindest traditionell praktisch keine Rolle (vgl. Weber 1976; Koch / Heine 2008). Organisationen werden in ihren Binnenstrukturen genuin nicht als wettbewerbliche, sondern als kooperative Systeme gedacht, in welchen arbeitsteilige Prozesse u.a. mittels verbindlicher Regelsysteme (Zweck- und Routineprogramme) und hierarchischer Strukturen systematisch aufeinander bezogen werden (Okhuysen / Bechky 2009). In diesem Sinne werden Organisationen anders als Märkte zweckbezogen vorgestellt, d.h. dass sie für einen bestimmten Kranz an Aufgaben konstituiert werden und in diesem Sinne spezifische Ziele verfolgen. Märkte hingegen haben jenseits ihrer Koordinationsleistung keine weiteren Zwecke außer Angebot und Nachfrage aufeinander zu beziehen und für spezifische Produkte spezifische Preise zu bilden und diese als zentrale (und einzige) Information zu signalisieren. Anders als Märkte begünstigen Organisationen dementsprechend nicht nur die gesellschaftliche Arbeitsteilung, sondern sie schaffen diese auch, indem sie den sie konstituierenden Aufgabenkranz intern in Teilaufgaben differenzieren, und die damit konstituierten arbeitsteiligen Prozesse wiederum integrieren (vgl. Schreyögg / Geiger 2016). Demzufolge – und diese ist eine wesentliche Differenz im Vergleich der beiden Koordinationsmechanismen – integrieren Märkte gesellschaftliche Arbeitsteilung (die sie umgekehrt begünstigen), während Organisationen Arbeit sowohl differenzieren als auch integrieren. Der Koordinationsmechanismus Organisation ist insofern nicht nur als Integrations- sondern wesentlich auch als Differenzierungsmechanismus zu denken (vgl. ebenda).

In diesem Sinne – und darin liegt ihre spezifische Leistung – reduzieren Märkte gesellschaftliche Komplexität, während Organisationen zunächst einmal Komplexität aufbauen und zugleich reduzieren (Luhmann 1973). Auf Märkten ermöglicht der Preismechanismus, dass eine Vielzahl von Informationen auf eine einzige Information (den Preis eines Produktes) gebündelt wird und damit Komplexität radikal reduziert wird. In diesem Sinne sind Märkte auch als wissensextensiv zu betrachten (vgl. Koch / Heine 2008). Organisationen hingegen bauen zugleich Komplexität auf und ab und können dazu auf eine Mehrzahl von Mechanismen sowohl zur Differenzierung (d.h. der Arbeitsteilung) als auch zur Integration (d.h. der Arbeitszusammenführung) zurückgreifen. Insofern verfügen Organisationen über sog. Binnenkomplexität, d.h. sie sind intern komplex, aber weniger komplex als die Umwelt in der sie sich durch Grenzziehung u.a. mittels Zweckbestimmung konstituieren (vgl. Schreyögg 1991; Schreyögg / Sydow 2010) Organisationen können deshalb auch im Gegensatz zu Märkten über wissensintensive Prozesse verfügen.

Diese für uns im nachfolgenden wichtige Differenz zwischen wissensextensiven und wissensintensiven Prozessen (Nonaka 1994; Alvesson 2004), wird in einer ökonomischen und transaktionskostentheoretischen Gegenüberstellung von Markt und Hierarchie nicht sichtbar, denn Organisationen werden in einer solchen Betrachtung auf Hierarchie und in Folge auf Kontrolle reduziert (vgl. Williamson 1991). Dem zugrunde liegt die Coase ′sche (1937) Einsicht, dass auch der Markt als Koordinationsmechanismus Kosten verursacht, und folglich versucht die Transaktionskostentheorie unterschiedliche Formen der Koordination von Transaktionen hinsichtlich der damit jeweils verbundenen Kosten zu vergleichen, um die möglichst effizienteste Koordinationsform zu identifizieren (vgl. Williamson 1991; Ebers / Gotsch 2002). Ausgehend von den Annahmen, dass ökonomische Akteure sich beschränkt rational, opportunistisch und risikoneutral verhalten und dass Transaktionsbeziehungen sich hinsichtlich ihrer Investitionsspezifität, der ihnen inhärenten Unsicherheit und ihrer Transaktionshäufigkeit unterscheiden, werden Märkte immer dann als effizientester Mechanismus verstanden, wenn keine besondere Unsicherheit gegeben und keine transaktionsspezifischen Investitionen zu leisten sind. Dann – so die These – wirkt der marktliche Konkurrenzmechanismus und führt aufgrund seiner Anreiz- und Kontrollwirkung dazu, opportunistisches Verhalten möglichst einzudämmen. Erhöhen sich jedoch Unsicherheit und/oder Investitionsspezifität kommt es zu Marktversagen und andere Koordinationsmechanismen, die in diesen Situationen wirksamerer Anreiz- und Kontrollmechanismen bereitstellen können, sind dann relativ kostengünstiger. Dazu zählt die Transaktionskostentheorie insbesondere Organisation bzw. den in Organisationen wirksamen Kontrollmechanismus Hierarchie.

Organisationen verfügen jedoch über mehr als nur einen Kontrollmechanismus und auch scheint es verkürzt Hierarchie ausschließlich mit Kontrolle zu assoziieren. Wie oben bereits angedeutet, verfügen Organisationen grundsätzlich über ein viel breiteres Spektrum an Möglichkeiten, ihre Koordinationswirkung je spezifisch zu entfalten (vgl. Schreyögg / Geiger 2016; Okhuysen / Bechky 2009). Auch die bloße Gegenüberstellung von Wettbewerb auf der einen Seite und Kooperation auf der anderen Seite greift noch zu kurz, wenn es darum geht, das Feld zwischen Markt und Organisation zu bestimmen. Der Frage, der man vielmehr nachgehen muss, ist, wie sich in einem System zwischen Markt und Organisation wettbewerbliche und kooperative Koordinationsformen potentiell verbinden können (Tsai 2002). Dazu werden wir im Folgenden nun die Perspektive einnehmen, Crowdworking als ein System zu betrachten, in welchem es nicht nur um Integration von Arbeitsteilung, sondern potentiell auch um Arbeitsdifferenzierung geht. Es geht damit nicht mehr um die verkürzte Frage, wie der Marktmechanismus durch organisationale Kontrolle korrigiert werden kann, sondern wie der komplex gedachte Koordinationsmechanismus Organisation durch Wettbewerb supplementiert wird.

4. *Die Crowd als System zwischen Markt und Organisation*

Kontrastiert man Markt und Organisation, so stellt Wettbewerb zunächst einmal etwas für Organisationen Äußerliches dar und spielt bei der Erklärung der Funktionsweise von Organisationen traditionell dann praktisch auch keine Rolle. Organisationen sind in ihrem Inneren – d.h. in ihren Binnenrelationen – genuin nicht auf wettbewerbliche, sondern auf kooperative Beziehungen hin gedacht (vgl. Koch / Heine 2008). Diese Kontrastierung von Wettbewerb und Kooperation führt jedoch nicht wirklich weiter und die Sinnfälligkeit einer strikten Trennung von Wettbewerb einerseits und Kooperation andererseits erscheint zunehmend weniger tragfähig (vgl. Tsai 2002; Luo u.a. 2006). Dies wird an einer Vielzahl von Entwicklungen auch jenseits des Crowdworking deutlich und dies insbesondere mit Blick auf die Erklärung von wissensbasierten Prozessen, d.h. Prozessen, bei denen Wissen validiert, geteilt, rekombiniert und insbesondere neues Wissen generiert wird (Ansari u.a. 2016; Adner 2017). Ein viel diskutiertes Beispiel stellen die sog. „Communities of Practice" (vgl. Wenger / Snyder 2000; Bechky 2003) dar ebenso wie spezifische Netzwerkstrukturen (Tsai 2001; Brown / Duguid 2002), in denen die Mitglieder der Community oder des Netzwerks sowohl in wettbewerblichen als auch kooperativen Beziehungen gedacht werden und verdeutlichen, dass eine bipolare Logik von Wettbewerb vs. Kooperation nicht haltbar ist und vor allem Wettbewerb nicht bloß als die Wiedereinführung von marktanalogen und wissensextensiven Tauschsituationen im Zusammenhang mit den Basisprämissen des ökonomischen Handlungsmodells gedacht werden kann. Gerade die hohe Wissensintensität solcher Phänomene wie "Communities of Practice" oder aber auch "open innovation" (Chesbrough 2017) und "open strategy" (Dobusch / Kapeller 2018) zeigt die Notwendigkeit an, nicht nach wissensextensiven, sondern vielmehr nach wissensintensiven Koordinationsformen zu suchen. Dazu ist es zunächst einmal hilfreich sich vor Augen zu führen, dass Wettbewerb auch in Organisationen nicht vollkommen ausgeschlossen ist (vgl. Frost 2005).

Dies ist zum einen evident mit Blick auf die formale Seite von Organisationen, denn auch zum Beispiel eine Stellenneubesetzung innerhalb einer Organisation konstituiert ja eine Konkurrenzbeziehung im Sinne eines (internen) Marktes; allerdings werden solche Wettbewerbsbeziehungen nur als besondere Einschnitte, d.h. punktuierte Gleichgewichte in der formale Struktur von Organisationen denkbar (vgl. Schreyögg / Noss 2000). Es geht um eine Phase, nach deren Abschluss wiederum ausschließlich kooperative Beziehungen im Mittelpunkt stehen, d.h. die Stellenbesetzung stellt praktisch ein Wandelproblem dar, zu dessen Lösung Wettbewerb temporär zugelassen wird.

Diese sehr begrenzte Zulassung von Wettbewerb in Organisationen erweitert sich, wenn man Organisationen nicht nur als formale, sondern eben auch als informale Systeme betrachtet und in diesem Sinne auch das Phänomen von sog. politischen Prozessen (Pettigrew 1973; Neuberger 2006) in Betracht zieht. Darunter versteht man das Vorhandensein unterschiedlicher Machtinteressen seitens der einzelnen Akteure innerhalb einer Organisation, die den ihnen jeweils gegebenen Handlungsspielraum zu ihren eigenen Gunsten zu nutzen versuchen und folglich hinsichtlich knapper Ressourcen und begrenzter Einflussmöglichkeiten mit anderen Akteuren in Konkurrenz stehen. Die sich im Rahmen von politischen Prozessen einstellenden Machtspiele verweisen darauf, dass Organisationsmitglieder nicht nur im Sinne der formalen Struktur miteinander kooperieren, sondern zum Teil sehr komplexe und ex ante noch offene Strategien verfolgen, um ihre Handlungsmöglichkeiten auszudehnen oder zumindest aufrechtzuerhalten (vgl. Crozier / Friedberg 1981).

Dieser kurze Blick auf mögliche formale als auch insbesondere informale Formen des intraorganisationalen Wettbewerbs, wie sie sich auch in grundsätzlich zunächst auf Kooperation gedachten Systemen wie Organisationen einstellen können, zeigt bereits an, dass intrasystemische Wettbewerbssituationen komplexer gedacht werden müssen und dies bedeutet insbesondere, dass sie nicht nur isoliert (interne Märkte, politische Prozesse), sondern im Konzert mit anderen Koordinationsmöglichkeiten in den

Blick genommen werden müssen. Damit verbunden ist die Frage nach den kooperativen Formen der Koordination.

Hier steht auf der formalen Seite das was allgemeinhin als Organisationsstruktur bezeichnet wird, d.h. ein sanktionsbewährtes und regelbasiertes System (vgl. Luhmann 1976) und auf der Seite informal-kooperativer Mechanismen, wie sie paradigmatisch durch das Konzept der Organisationskultur zum Ausdruck kommen, die auch darauf beruht, dass individuelle Handlungen durch die Anerkennung eines gemeinsamen und somit geteilten Orientierungssystems integriert werden. Im Unterschied zur formalen Struktur basiert diese Orientierung jedoch nicht auf einem formalen Regelsystem, sondern auf einem geteilten und gelebten Wertesystem, das sich emergent entwickelt und i.d.R. zum größten Teil implizit ist (vgl. Schein 2017).

Folglich lassen sich somit zunächst einmal vier Koordinationsformen prototypisch abgrenzen, indem wir zwischen formalen als auch informalen Mechanismen einerseits und zwischen kooperativen und kompetitiven Mechanismen andererseits unterscheiden (vgl. Koch / Heine 2008). Tabelle 1 fasst dies im Überblick zusammen.

Tab. 1: Formale und informale, kooperative und kompetitive Koordinationsmechanismen (Koch / Heine 2008)

	formal	informal
kooperatives Verhalten	1 Organisations-struktur	2 Organisations-kultur
kompetitives Verhalten	3 Interne Märkte	4 Politische Prozesse

Damit ist jedoch das Spektrum an Koordinationsmöglichkeiten noch nicht in seiner vollständigen Ausdifferenzierung erfasst. Wie oben angeführt, verfügen Organisationen im Gegensatz zum Markt nicht nur über integrative, sondern auch differenzierende Mechanismen, d.h. Arbeit wird in solchen Systemen sowohl geteilt als auch wieder zusammengeführt. Insofern lassen sich die in Tabelle 1 angeführten Koordinationsmechanismen danach weiter differenzieren, inwieweit sie primär auf Arbeitsteilung oder auf Arbeitszusammenführung angelegt sind.

In Feld 1, d.h. im Feld kooperativ-formaler Mechanismen, lassen sich in Bezug auf Differenzierung u.a. die Stellen- und Abteilungsbildung anführen. Die Stelle als kleinste organisationale Einheit umfasst ein Aufgabenpaket, das von einem/r Aufgabenträger*in erfüllt werden kann; Abteilungen stellen eine Form der Zusammenfassung mehrerer Stellen dar, wobei die Logik der Zusammenfassung i.d.R. entweder nach funktionalen oder objektbezogenen Kriterien richtet. Integrierende Mechanismen in Feld 1 stellen dahingegen Hierarchie, Ausschüsse, Projekte und vor allem Routineprogramme dar (vgl. Schreyögg / Geiger 2016).

Hinsichtlich Feld 2 und des Konzepts der Organisationskultur lassen sich ebenfalls informelle Formen der kooperativen Differenzierung von solchen der kooperativen Integration unterscheiden. Grundsätzlich wird die Kultur eines Systems als Ganzes immer mit integrativen Wirkungen assoziiert; damit wird eine Wertgemeinschaft definiert, die für alle Systemmitglieder verbindlich ist und als solche gelebt wird (vgl. Schein 2017). Allerdings gibt es auch auf der Ebene des Informal-Kooperativen Tendenzen zur Ausdifferenzierung. So hat die Subkulturbildung, d.h. das Entstehen von hinsichtlich der jeweils informalen Regeln sich gegeneinander abgrenzenden Wertgemeinschaften innerhalb eines Systems eine deutlich differenzierende Wirkung (Sackmann 1992). Je nachdem in welchem Verhältnis die einzelnen Subkulturen stehen, kann dies mitunter sogar zu konkurrierenden Beziehungen führen und würde dann bereits in Richtung informal-kompetitiver Mechanismen (Feld 4) weisen.

Feld 3 wurde oben allgemein als interner Marktmechanismus bezeichnet und das Beispiel der Stellenbesetzung mag den damit einhergehenden Marktcharakter bereits hinreichend verdeutlichen. Aus der Sicht der Steuerungsmechanismen geht es darum, durch entsprechende Anreizmechanismen (im Fall der Stellenbesetzung beispielsweise durch attraktive Gehaltsstrukturen, Status, Entscheidungsmöglichkeiten einer Position usw.) einen Wettbewerb um knappe Güter und/oder Ressourcen zu etablieren. Anreizmechanismen sind häufig individuell ausgerichtet, d.h. sie etablieren einen Wettbewerb innerhalb des Systems zwischen unterschiedlichen potentiellen Aufgabenträger*innen. In diesem Sinne wirken sie differenzierend. Kollektiv ausgerichtete Anreizsystem können hingegen auch eine integrative Wirkung innerhalb eines Systems entwickeln, indem sie nicht mehr einzelne Systemmitglieder gegeneinanderstellen, sondern die Systemmitglieder kollektiv betreffen.

In Feld 4 schließlich geht es um informell-kompetitiv wirkende Differenzierungs- und Integrationsmechanismen. Hier lässt sich auf der Ebene der politischen Prozesse zwischen unterschiedlichen Machtinteressen einzelner Akteure oder auch Akteursgruppen einerseits und dem politischen Machtspiel als solchem andererseits unterschieden. So hat die Existenz unterschiedlicher Machtinteressen eindeutig differenzierende Wirkung, wohingegen ein Machtspiel, d.h. das konkrete Aushandlungsspiel selbst, durchaus integrierende Wirkung entfalten kann.

Tabelle 2 fasst diese Überlegungen zusammen und erweitert damit Tabelle 1 um die Unterscheidung zwischen Differenzierungs- und Integrationsmechanismen. Damit ist nun in der Grundstruktur ein ganzes Spektrum an unterschiedlichen Koordinationsmechanismen gegeben, die sich entlang der Unterscheidung zwischen formal / informal, kooperativ / kompetitiv und differenzierend / integrierend darstellen lassen.

Tab. 2: Spektrum an differenzierenden und integrierenden Koordinationsmechanismen

		formal	informal
kooperatives Verhalten	Differenzierung	1a Stellen-/ Abteilungsbildung	2a Subkulturen
	Integration	1b Hierachie Ausschüsse Programme	2b Gesamtkultur
kompetitives Verhalten	Differenzierung	3a individuelle Anreizsysteme	4a gegenläufige Machtinteressen
	Integration	3b kollektive Anreizsysteme	4b Machtspiele

Auf der Basis der mit Tabelle 2 gegebenen Spektrums an Koordinationsmechanismen lässt sich nun der Frage, inwiefern sich das Crowdworking als eine Form digital vermittelter Erbringung von Erwerbsarbeit zwischen Markt und Organisation positionieren lässt, präziser nachgehen. Dazu ist es hilfreich, die beiden Extrempositionen gedanklich durchzuspielen, d.h. die Crowd zum einen als Quasi-Markt zu betrachten und zum anderen als Quasi-Organisation, um darauf aufbauend mögliche Zwischenpositionen zu bestimmen.

Betrachtet man die Crowd als einen Quasi-Markt, wie es prototypisch in den empirischen Beschreibungen des sog. Clickworking der Fall ist (vgl. Greef u.a. 2017), so treten insbesondere zwei Koordinationsmechanismen in den Vordergrund, nämlich individuelle Anreizsysteme und die Hierarchie (bzw. mittels Hierarchie etabliert und stabilisierte Reputationssysteme) als eine Art Kontrollmechanismus. Beziehen wir dies auf das gesamte Spektrum an möglichen Koordinationsmechanismen, so wird deutlich, dass die Crowd als Quasi-Markt auf eine spezifische Form kompetitiver Differenzierung (Feld 4a) und eine sehr spezifische Form kooperativer Integration (Feld 1b) zurückgreift. Weitere elaboriertere crowd-interne Formen der Differenzierung und der Integration, insbesondere solche informeller Natur, werden nicht in Betracht gezogen bzw. etabliert. Darüber hinaus wird an zwei zentralen Stellen der Leistungserstellung keine Koordinationsleistung durch die Crowd erbracht. Weder existiert im Falle eines Quasi-Marktes eine durch die Crowd jenseits der bloßen Existenz unterschiedlicher Crowdworker vollzogene Form der Arbeitsteilung, noch werden Arbeitsergebnisse die in einer Vielzahl von potentiell vollkommen redundanten Prozessen erzeugt werden, abschließend zu einem Gesamtergebnis durch die Crowd gebündelt, insbesondere wenn die Selektionsentscheidung hinsichtlich des Arbeitsergebnisses wiederum dem Auftraggeber überlassen bleibt. Es ist deshalb wenig verwunderlich, dass die Crowd als Quasi-Markt immer in unmittelbarer Nähe zum Phänomen des Crowdsourcing diskutiert wird, da diese Form einer Crowd als Quasi-Markt im Grunde nur einen Reflex auf ein Organisationsversagen einer outsourcenden Organisation ist. In diesem Sinne entwickelt die Crowd als Quasi-Markt aber nur dadurch komparative Koordinationsvorteile, indem sie auf eine standardisierte und hochgradig vorstrukturierte aber auch exogen gegebene Nachfrage kostengünstiger als die nachfragende Organisation selbst und spezifischer (und damit transaktionskostengünstiger) als ein potentiell vorhandener allgemeiner Markt reagieren kann. Darin beschränkt sich aber auch schon die Vorteilhaftigkeit der Crowd als Quasi-Markt, deren Einsatzbereich zudem als sehr beschränkt und deren Existenz als regulierungs-prekär angesehen werden muss.

Setzt man diesen Überlegungen nun die Idee der Crowd als Quasi-Organisation entgegen, so geht damit die Überlegung einher, dass das System Crowd grundsätzlich von sehr viel mehr der möglichen Koordinationsmechanismen Gebrauch machen könnte und im Extremfall sogar von allen. Analog zu Organisationen ließen sich Crowds auch auf der Basis von Stellenzuschnitten denken, d.h. dass crowd-intern Arbeitsprozesse so in Aufgabenpakete differenziert werden und verschiedene Aufgabenpakte auch zu größeren Einheiten zusammengefasst würden. Im Unterschied zu einer Organisation wäre jedoch von einer festen Kopplung zwischen einzelnen Aufgabenpaketen und einzelnen Personen (Crowdworkern) abzusehen, d.h. Stellenpakte müssten als frei verfügbare Aufgabenpakete innerhalb einer Crowd nachfragbar sein. Zudem müsste sich ein crowd-interner Preis für die unterschiedlichen Aufgabenpakete herausbilden. Ferner würden Crowdworker innerhalb einer Crowd nicht nur primäre Wertaktivitäten übernehmen müssen, sondern – aufgrund der steigenden Komplexität – zunehmend auch sekundäre, nicht unmittelbar, sondern nur noch mittelbar mit dem Output einer Crowd verbundene Aufgaben. Dazu würden z.B. alle möglichen Managementtätigkeiten zählen, d.h. unter anderem auch Führungsaufgaben und Strategieentscheidungen. Demzufolge kann das gesamte System aber nicht mehr nur auf der Basis individueller Leistungsanreize funktionieren, sondern muss auch ein Mindestmaß an kollektiven Anreizen etablieren, da spezifischen Systemleistungen nicht mehr unmittelbar spezifische individuelle Leistungsbeiträge zuzuordnen sind.

Jenseits dieser hier in aller Kürze nur umrissenen Überlegungen zu formalen Mechanismen, spielen dann aber insbesondere informelle Mechanismen eine entscheidende Rolle. Die Etablierung einer gemeinsamen Crowdkultur setzt allerdings einen spezifischen Grad an Interaktion zwischen den einzelnen Mitgliedern sowie eine sozialisierende Kraft des entstehenden Wertesystems und der damit verbundenen Basisannahmen voraus (vgl. Schreyögg / Geiger 2016). Ferner gilt es, den diffundierenden Kräften (gegenläufige Subkulturen, zermürbende und eskalierende Machtkämpfe) Einhalt zu gebieten, wozu Organisationen grundsätzlich wiederum unterschiedliche formale Mechanismen zur Verfügung stehen, in letzter Konsequenz eine etablierte und durch Eigentumsrechte bzw. andere Rechtsinstitutionen legitimierte Hierarchie und die Exekution von Sanktionen bis hin zum Ausschluss aus dem System. Während für Organisationen mithin arbeitsvertragliche Inklusions- und Exklusionsregeln etabliert werden können, müsste jedoch eine Crowd als Quasi-Organisation auf andere Mitgliedschaftsregeln zurückgreifen, sonst wäre sie in letzter Konsequenz nicht mehr von einer Organisation zu unterscheiden (vgl. Ahrne u.a. 2017).

Hierin dürfte eine der zentralen Fragen sowohl in der empirischen Beschreibung aber eventuell noch mehr in der theoretischen Konzeption einer Crowd liegen. Grundsätzlich liegt der Idee der Crowd die Idee der Vielzahl zugrunde, d.h. dass die Menge an potentiellen Leistungsträger/innen innerhalb einer Crowd eher als abundant gestalten sollte, wohingegen diese in Organisationen als knapp zu betrachten ist. Folglich müssten jedoch mögliche Mitgliedschaftsregeln eine möglichst abundante Anzahl an potentiellen Leistungsträger/innen bereitstellen. Das Instrument des Arbeitsvertrags – zumindest wenn es ökonomisch sinnvoll angewendet werden soll – erfüllt diese Funktion nicht.

Ferner ist jedoch wiederum zu beachten, dass die Größe der Grundgesamtheit aller potentieller Crowdworker sich auf alle informellen integrativen Koordinationsmechanismen abschwächend bis eliminierend auswirken kann. Je mehr Crowdworker potentiell inkludiert sind, desto schwieriger wird es, wirkungsvolle informelle Sozialisationsmechanismen zu etablieren, deren Wirkung bei digital mediierten Formen der Kommunikation ohnehin als tendenziell schwächer einzustufen sind. Folglich – dieses Beispiel sollte dies verdeutlichen – lassen sich zwischen den unterschiedlichen Koordinationsmechanismen die einer Crowd als Quasi-Organisation zur Verfügung stehen, auch eine Reihe von Wechselbeziehungen identifizieren und die konkrete Ausformung der einzelnen Mechanismen ist in letzter Konsequenz dann eine Frage der Ausbalancierung der unterschiedlichen interagierenden Wirkungen.

Insgesamt lässt sich an dieser Stelle zunächst zusammenfassen, dass im Gegensatz zu einer Organisation eine Crowd selbst als Quasi-Organisation über andere als arbeitsvertraglich konstituierte Formen der Partialinklusion verfügen muss. Umgekehrt unterscheidet sich eine Crowd (selbst in der Form als Quasi-Markt) vom Markt dadurch, dass sie auf (hochgradig) vorstrukturierte Nachfrage mittels einer digitalen Plattform zugeschnitten ist, für die es ansonsten i.d.R. (noch) gar keinen Markt gibt. In dem Moment aber, wo die digitale Plattform frei verfügbar für jede potentielle Anbieter*in wäre, wäre auch hier der Unterschied von der Crowd zum Markt aufgelöst. Mithin bildet auch in der Differenz von Crowd (als Quasi-Markt) zum Markt die Art und Weise des Zugangs zur Plattform die entscheidende Differenz und es geht letztlich auch hier um die spezifische Ausformung von potentiellen Mitgliedschaftsregeln.

Auf diese Weise lassen sich zunächst einmal die unterschiedlichen Abgrenzungen zu den jeweiligen Extrempunkten Markt einerseits und Organisation andererseits bestimmen. Wie lässt sich nun aber das Feld zwischen Markt und Organisation, in dem sich unterschiedliche Formen von Crowds potentiell konstituieren können, genauer rahmen, d.h. worin liegen die Unterschiede in der Funktions- und folglich Koordinationsweise von eher marktähnlichen oder eher organisationsähnlichen Crowds?

Zum Verständnis dieser Differenz ist es noch einmal wichtig, sich die grundlegende Funktionsweise der beiden abstrakten Koordinationsmechanismen Markt einerseits und Organisation andererseits zu verdeutlichen. Wie oben bereits angedeutet, gestaltet sich die Koordination auf Märkten als wissensextensiv, d.h. der Preismechanismus reduziert eine Vielzahl von relevanten Informationen praktisch auf eine einzige. Dahingegen ist die

Koordination in Organisationen als wissensintensiv zu begreifen, d.h. Informationen sind nicht atomistisch auf Preise reduziert, sondern die die Koordination tragenden Kommunikationsprozesse basieren auf zumindest vergleichsweise wissensintensiveren Interaktionen. Diese ermöglichen jenseits der Erkenntnis, ob eine Leistung mehr oder weniger kostet, weitreichendere und nuancierter Informationen, die eine Evaluation von komplexeren Leistungen vorzunehmen erlaubt. Folglich sind wissensintensivere Prozesse aber auch deutlich komplexer und bedürfen dementsprechend auch einhergehender Prozesse der Komplexitätsreduktion, um Evaluationsentscheidungen treffen zu kennen.

Hierin liegt nun der zentrale Unterschied, den Organisationen in Bezug auf den Markt machen, denn sie verfügen auf Basis eines komplexeren Settings an wechselseitig interagierender Koordinationsmechanismen über die Möglichkeit, aus vergangenen Prozessen zu lernen und dieses Lernen einerseits in Form eines organisationalen Gedächtnis' und andererseits in kollektiven Kompetenzstrukturen abzuspeichern und für zukünftige Leistungserstellungsprozesse verfügbar zu halten (Pentland u.a. 2012). Während Märkte im Prinzip nachwirkungsfreie Veranstaltungen sind, die selbst aus der Vergangenheit nichts lernen, denn es lernen nur die Marktteilnehmer/innen jeweils für sich, ermöglicht die Entwicklung von Organisationen den Aufbau einer kollektiven Wissensbasis; zugleich entwickeln Organisationen kollektive Kompetenzen, d.h. Fähigkeiten die sich überindividuell in die Praktiken der Organisation einschreiben.

Damit schließt sich nun die Frage hinsichtlich des Crowdworking an, inwieweit eine Crowd wissensintensive Koordinationsprozesse ermöglicht und damit die Grundlage schafft für den Aufbau einer kollektiven Crowd-Wissensbasis einerseits und einer Crowd kollektiv zurechenbaren Kompetenzstruktur andererseits. Während reine Marktprozesse als wissensextensive Formen der Kommunikation diese Möglichkeit weder vorsehen noch notwendig machen, beruht die Funktionalität von Organisationen als lernfähige Systeme ganz zentral darauf, dass organisationale Kompetenzen und organisationales Wissen entwickelt und kontinuierlich weiterentwickelt werden. Dies ist nur möglich, wenn zumindest ein Teil der in einer Organisation etablierten Koordinationsmechanismen darauf angelegt ist, Fähigkeiten und Wissen durch ihre wiederholte Applikation zu validieren, zu reformieren und weiter zu entwickeln. Eine Crowd, die so etwas leistet, müsste mithin über ein Mindestmaß an rekursiven Prozessen verfügen (vgl. Ortmann 1995; Schreyögg / Sydow 2010), die – und das ist gleichermaßen zentral – der Crowd auch als Ganzes zugeschrieben werden kann. Die bisher in der Praxis sichtbar werdenden Reputationssysteme gehen in diese Richtung, sind jedoch auch im Hinblick auf ihre Pfadabhängigkeit zu bedenken (Mishina u.a. 2011), und werden oft rein individuell und formal gedacht, d.h. eben nicht als das Ergebnis eines komplexeren Diskurses innerhalb einer Crowd, in welchem in einer digital mediierten Interaktion Wissen ausgetauscht wird. Der Grad, in dem ein solcher wissensintensiver Diskurs innerhalb einer Crowd ermöglicht wird bestimmt letztlich, inwieweit die Crowd mehr ist als nur ein Quasi-Markt.

Die folgende Abbildung fasst diese Überlegungen zusammen und verdeutlicht, dass die Position einer Crowd zwischen Markt und Organisation davon abhängt, in welchem Maße in rekursiven Prozessen der Aufbau einer Crowdwissensbasis und der Aufbau von Crowd-Kompetenzen möglich ist. Dies setzt voraus, dass nicht nur die Leistungsergebnisse, sondern auch die Leistungsprozesse innerhalb einer Crowd stärker in den Mittelpunkt rücken.

Abb. 1: Crowdworking zwischen Markt und Organisation

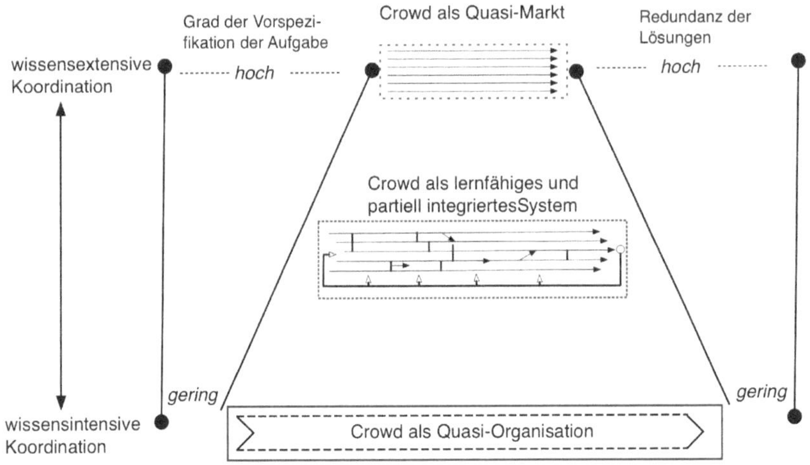

Wie in der Abbildung gezeigt, lässt sich die Position zwischen Markt und Organisation im Kern dadurch bestimmen, inwiefern eine konkrete Crowd eher auf wissensextensivem Wettbewerb (etwa durch ein dem Preissystem sehr ähnlichem individuellen Reputationssystem) beruht, oder stärker Formen wissensintensiver Kooperation in sich vereint. Letzteres setzt voraus, dass zunehmend weitere Koordinationsmechanismen, wie sie exemplarisch in Tabelle 2 angeführt wurden, entwickelt und etabliert werden.

Damit verändert sich dann auch in die interne Steuerungslogik einer Crowd zunehmend. Während die Crowd als Quasi-Markt nahezu vollkommene Fremdsteuerung ermöglicht, d.h. dass es eine klare Grenze gibt zwischen denjenigen, die die Regeln einer Crowd (d.h. im Kern: Inklusions- und Exklusionsregeln, sowie Regeln für das Reputationssystem) aufstellen und denjenigen, die diesen Regeln folgen, wird mit der Inkorporation weiterer Koordinationsmechanismen (insbesondere informeller Natur) vollkommene Fremdsteuerung unmöglich. Crowds, die auch auf wissensintensive Formen der Koordination zurückgreifen wollen, erreichen dies nur, wenn sie tendenziell Formen der Selbststeuerung, wie sie in komplexeren Systemen conditio sine qua non sind, zulassen und ermöglichen (vgl. v. Foerster 1984). Der Aufbau einer funktionierenden Crowdwissensbasis und die Entwicklung von Crowd-Kompetenzen ist steuerungstheoretisch nur in einer "nicht-trivialen Maschine" und mithin in selbstreferentiellen Systemen denkbar.

5. Abschluss: Crowdworking jenseits von Quasi-Märkten

Die vorangegangenen Überlegungen sollten zunächst einmal verdeutlichen, dass das Spektrum an Koordinationsmöglichkeiten auf die eine Crowd potentiell zurückgreifen kann, sehr viel facettenreicher und auch viel weniger marktlastig verstanden werden muss, als dies bisher der Fall ist. Die Idee, die Existenzberichtigung von Crowdworking durch die Externalisierung von Sourcing-Bemühungen von Organisationen zu begründen, hat die Debatte in eine Sackgasse geführt, die Crowds letztlich nur als Quasi-Markt zu denken erlauben. In diesem Sinne bleiben Crowds dann eine durch Plattformbetreiber fremdorganisierte Veranstaltung. Plattformbetreiber*innen in diesem Kontext als Markt-Kreatoren*innen zu begreifen, erscheint dabei doch sehr hoch gegriffen. Auch wenn es bisher keinen unmittelbaren Markt für einfache Klickdienste wie "Bilder sortieren" und Ähnliches gegeben haben mag, die Dienstleistungen waren auch bisher schon über den normalen Arbeitsmarkt nachfragbar. Plattformbetreiber*innen in diesem Kontext sind deshalb wohl eher mit Arbitrage-Geschäften zu assoziieren, denn als inventors of new markets. In diesem Sinne geht es dann auch nicht um value creation, sondern um bloßes value capturing, in dem u.a. globale Preisunterschiede für spezifische Dienstleistungen genutzt werden. Inwiefern eine Gesellschaft ein solches Phänomen dann als regulierungsrelevant einzustufen hat, hängt sicherlich im Kern davon ab, wie hoch die externen Effekte (etwa in Form von Altersarmut, nicht abgesicherter Arbeitslosigkeit usw.) einzustufen sind und ob diese billigend in Kauf genommen werden sollen. Die gewerkschaftlichen Bemühungen, hier gesetzliche Restriktionen einzufordern, erscheinen zumindest sehr gut nachvollziehbar. Doch man sollte das Kinde nicht mit dem Bade ausschütten, denn was für einfaches fremdorganisiertes Click-Working gilt, muss nicht auf jede potentielle Form von Crowdworking zutreffen. Insofern ist es für die Zukunft des Crowdworkings wohl entscheidend, ob und wie sich Crowdworking in Form von rekursiven, lernfähigen und selbstorganisierenden Systemen entwickeln kann. Die hier angestellten Überlegungen sollten aus steuerungstheoretischer Perspektive aufzeigen, in welcher Richtung solche komplexeren Formen von Crowdworking zu denken sind und welche zusätzlichen Koordinationsmechanismen ins Spiel kommen können und müssen, damit Crowdworking eine wirkliche Alternative zur gesellschaftlichen Erbringung von Arbeit zwischen Selbständigkeit und Unselbständigkeit wird.

Literaturverzeichnis

Adner, Ron (2017): Ecosystem as Structure. In: Journal of Management, 43, S 39-58.

Ahrne, Göran / Brunsson, Nils / Seidl, David (2017): On the fruitfulness of the concept of partial organization: A rejoinder to Apelt et al. In: European Management Journal, 35, 3, S. 297-299.

Alvesson, Mats (2004): Knowledge work and knowledge-intensive firms. Oxford: Oxford University Press.

Ansari, Shaz / Garud, Raghu / Kumaraswamy, Arun (2016): The disruptor's dilemma: TiVo and the U.S. television ecosystem. In: Strategic Management Journal, 37, 9, S. 1829-1853.

Bechky, Beth A. (2003): Sharing meaning across occupational communities: The transformation of understanding on a production floor. In: Organization Science, 14, 3, S. 312-330.

Brown, John S. / Duguid, Paul (2002): Local knowledge: innovation in the networked age. In: Management Learning, 33, 4, S. 427-438.

Chesbrough, Henry (2017): The Future of Open Innovation. In: Research Technology Management, 60, 6, S. 29-35.

Coase, R. H. (1937): The nature of the firm. In: Economica, N.S., 4, S. 386-405.

Crozier, Michel / Friedberg, Erhard (1981): Actors and systems: The politics of collective action. Chigaco: The University of Chicago Press.

Dobusch, Leonhard / Kapeller, Jakob (2018): Open strategy-making with crowds and communities: Comparing Wikimedia and Creative Commons. In: Long Range Planning, 51, 4, S. 561-579.

Ebers, Mark / Gotsch, Wilfried (2002): Institutionenökonomische Theorien der Organisation. In: A. Kieser (Hg.): Organisationstheorien. 5. Aufl. Stuttgart, S. 199-251.

Foerster, Heinz v. (1984): Principles of self-organization – in a socio-managerial context. In: Hans Ulrich / Gilbert J. B. Probst (Hg.): Self-organization and mangement of social systems. Heidelberg u.a., S. 2-24.

Frost, Jetta (2005): Märkte in Unternehmen. Organisatorische Steuerung und Theorie der Firma. Wiesbaden: Deutscher Universitätsverlag.

Greef, Samuel / Schroeder, Wolfgang (2017): Plattformökonomie und Crowdworking: eine Analyse der Strategien und Positionen zentraler Akteure. In: B. f. r. A. u. Soziales (Hg.), Forschungsbericht, Bundesministerium für Arbeit und Soziales, FB500. Berlin.

Hensel, Isabell / Koch, Jochen / Kocher, Eva / Anna, Schwarz (2016): Crowdworking als Phänomen der Koordination digitaler Erwerbsarbeit – Eine interdisziplinäre Perspektive. In: Industrielle Beziehungen / The German Journal of Industrial Relations, 23, 2, S. 162-186.

Koch, Jochen (2005): Markt und Organisation? Eine Dekonstruktion – Zum Verhältnis von Transaktionskostenansatz und Organisationsforschung jenseits von Opportunismusbehauptung und Opportunismusvorwurf. In: Managementforschung, 15, S. 185-227.

Koch, Jochen / Heine, Klaus (2008): Diskurswettbewerb: Die Koordination wissensintensiver Prozesse in Organisationen. Ein Modell. In: DBW – Die Betriebswirtschaft, 68, 6, S. 686-705.

Leimeister, Jan M. / Zogaj, Shkodran / Blohm, Ivo (2014): Crowdwork – digitale Wertschöpfung in der Wolke: Ein Überblick über die Grundlagen, die Formen und den aktuellen Forschungsstand. In: Christiane Benner (Hg.): Crowdwork – zurück in die Zukunft? Perspektiven digitaler Arbeit. Frankfurt am Main: Bund-Verlag, S. 9-41.

Luhmann, Niklas (1973): Zweckbegriff und Systemrationalität. Frankfurt a. M.: Suhrkamp.

Luo, Xueming / Slotegraaf, Rebecca J. / Pan, Xing (2006): Cross-functional "coopetition": The simultaneous role of cooperation and competition within firms. In: Journal of Marketing, 70, 2, S. 67-80.

Mishina, Yuri / Block, Emily S. / Mannor, Michael J. (2011): The path dependence of organizational reputation: How social judgment influences assessments of capability and character. In: Strategic Management Journal, 33, 5, S. 459-477.

Mrass, Volkmar / Peters, Christoph (2017): Crowdworking-Plattformen in Deutschland. In: Jan M. Leimeister (Hg.): Working Paper Series, Vol. 16. Kassel

Neuberger, Oswald (2006): Mikropolitik und Moral in Organisationen. Herausforderung der Ordnung. 2. Aufl. Stuttgart: Utb.

Nonaka, Ikujiro (1994): A dynamic theory of organizational knowledge creation. In: Organization Science, 5, 1, S. 14-37.

Okhuysen, Gerardo A. / Bechky, Beth A. (2009): Coordination in organizations: An integrative perspective. In: Academy of Management Annals, 3, 1, S. 463-502.

Ortmann, Günther (1995): Formen der Produktion. Organisation und Rekursivität. Opladen: Westdeutscher Verlag.

Pentland, Brian T. / Feldman, Martha S. / Becker, Markus C. / Liu, Peng (2012): Dynamics of organizational routines: A generative model. In: Journal of Management Studies, 49, 8, S. 1484-1508.

Pettigrew, Andrew M. (1973): The politics of organizational decision-making. London.

Sackmann, Sonja A. (1992): Cultures and subcultures: An analysis of organizational knowledge. In: Administrative Science Quarterly, 37, S. 140-161.

Schein, Edgar H. (2017): Organizational culture and leadership. 5. Aufl. Hoboken, New Jersey: John Whiley & Sons.

Schreyögg, Georg (1991): Der Managementprozess – neu gesehen. In: Wolfgang H. Staehle / Jörg Sydow (Hg.): Managementforschung. Bd. 1. Berlin/New York, S. 255-289.

Schreyögg, Georg / Geiger, Daniel (2016): Organisation: Grundlagen moderner Organisationsgestaltung. Mit Fallstudien. 6. Aufl. Wiesbaden: Springer Gabler.

Schreyögg, Georg / Noss, Christian (2000): Reframing change in organizations: The equilibrium logic and beyond. Paper presented at the Academy of Management Conference, Toronto.

Schreyögg, Georg / Sydow, Jörg (2010): Organizing for fluidity? Dilemmas of new organizational forms. In: Organization Science, 21, 6, S. 1251-1262.

Steinmann, Horst / Schreyögg, Georg / Koch, Jochen (2013): Management. Grundlagen der Unternehmensführung. 7. Aufl. Wiesbaden: Springer Gabler.

Tsai, Wenpin (2001): Knowledge transfer in intraorganizational networks: Effects of network position and absorptive capability on business unit innovation and performance. In: Academy of Management Journal, 44, 5, S. 996-1004.

Tsai, Wenpin (2002): Social structure of "coopetition" within a multiunit organization: Coordination, competition, and intraorganizational knowledge sharing. In: Organization Science, 13, 2, S. 179-190.

Weber, Max (1976): Wirtschaft und Gesellschaft. 5. Aufl. Tübingen.

Wenger, Etienne C. / Snyder, William M. (2000): Communities of practice: The organizational frontier. In: Harvard Business Review, 78, 1, S. 139-145.

Williamson, Oliver E. (1975): Markets and hierarchies, analysis and antitrust implications : a study in the economics of internal organization. New York: Free Press.

Williamson, Oliver E. (1985): The economic institutions of capitalism – firms, markets, relational contracting. New York: The Free Press.

Williamson, Oliver E. (1991): Comparative economic organization: The analysis of discrete structural alternatives. In: Administrative Science Quarterly, 36, S. 269-296.

Crowdworking: Ein neuer Typus von Beschäftigungsverhältnissen?

Eine Rekonstruktion der Grenzen des Arbeitsrechts zwischen Markt und Organisation

Eva Kocher

Crowdworking ist ein Phänomen der digitalen Plattform- oder Gig-Ökonomie. Deren Bedeutung für das Zivil- und Wirtschaftsrecht wurde in den letzten Jahren lebhaft rechtswissenschaftlich diskutiert – allerdings meist unter Bezug auf soziale Medien (wie Facebook oder Google) oder Vertriebsplattformen (wie Amazon oder Booking). Über Gig- und Crowdworking-Plattformen (vgl. Einleitung in diesem Band) wird und wurde hingegen fast ausschließlich in ihrer arbeitsrechtlichen Bedeutung gesprochen. Das ist kein Zufall: Im Geschäftsverkehr gelten diese Plattformen vor allem als eine Alternative des Personalmanagements.

Für Crowdworking-Plattformen stellt sich die allgemeine Frage „sollten Plattformen reguliert werden – und wenn ja wie?" in einer ganz spezifischen Weise. Denn die Dienstleistungs- und Arbeitsmärkte, auf denen sie sich bewegen (oder zu denen sie sich als Alternative präsentieren), sind bereits hoch reguliert. Bevor gefragt werden kann, ob Crowdworking-Plattformen reguliert werden sollten, muss geklärt werden, ob sie nicht bereits bestehenden Regulierungen unterfallen – und zwar welchen?

1. *Der arbeitsrechtliche Status von Crowdworker*innen*

Dienstleistungen werden durch unterschiedliche Regelungssysteme bzw. Regulierungsregimes erfasst. Eine der wichtigsten Weichenstellungen betrifft dabei das Verhältnis zwischen Auftraggeber*in und Auftragnehmer*in: Es kann entweder durch Arbeitsrecht oder durch das allgemeine Zivil- und Wirtschaftsrecht geregelt sein.

Entscheidend ist hierfür die sog. „Arbeitnehmereigenschaft" – d.h. die Frage, ob ein Arbeitsvertrag im Rechtssinne vorliegt. Die Bejahung dieser Frage hat die Anwendung einer Vielzahl von arbeitsrechtlichen Normen zur Folge. Der Arbeitgeber trägt dann nicht nur rechtliche Verantwortung für die Gesundheit der Beschäftigten und muss sich z.B. an Arbeitszeitvorgaben und gesetzliche sowie tarifliche Mindestentgeltregelungen halten. Er ist auch an Regelungen zum Schutz vor willkürlichen Vertragsbeendigungen (Kündigungsschutz), vor Diskriminierung und Persönlichkeitsrechtsverletzungen gebunden. Arbeitnehmer*innen werden durch Betriebsräte und Gewerkschaften repräsentiert, womit Rechte aus der Betriebsverfassung sowie zu Tarifverhandlungen und Arbeitskampf verbunden sind.

Zudem ist mit der Arbeitnehmerstellung regelmäßig die Stellung als Beschäftigte*r im Sinne des Sozialversicherungsrechts verbunden; damit bestehen Rechte und Pflichten im Zusammenhang mit der gesetzlichen Kranken-, Unfall-, Renten- und Arbeitslosenversicherung.

Sind Crowdworker*innen rechtlich nicht als Arbeitnehmer*innen einzuordnen, kommt lediglich das Wirtschafts- und Vertragsrecht in Betracht, d.h. insbesondere das allgemeine Wettbewerbs- und Lauterkeitsrecht sowie die vertragsrechtliche Kontrolle der Allgemeinen Geschäftsbedingungen (= Formularverträge, § 305 Abs. 1 BGB) (Hensel in diesem Band S. 218 ff.; Deinert 2015, Rn. 27ff.; Däubler 2018, § 18, Rn. 65ff.).

Zwischen den beiden Regelungssystemen gibt es die Rechtsfiguren der „arbeitnehmerähnlichen Person“ oder der „Beschäftigten“. Um den Stellenwert solcher Differenzierungen jenseits des Begriffs „Arbeitnehmer*in“ soll es im Folgenden ebenfalls gehen. Zunächst wird aber die Anwendbarkeit des Arbeitnehmerbegriffs auf Fälle des Crowdworking betrachtet. Ausgangspunkt ist hierfür das deutsche Recht, dessen Spielräume und rechtspolitische Perspektiven im Anschluss in einem rechtsvergleichenden und internationalen Kontext diskutiert werden.

1.1. Der Arbeitnehmerbegriff in der Rechtspraxis (Grundsätze)

1.1.1. Deutsches Recht: „Weisungsgebundenheit“ im Mittelpunkt

Was ein Arbeitsvertrag ist, wurde im April 2017 in § 611a Abs. 1 Bürgerliches Gesetzbuch (BGB) für das deutsche Arbeitsrecht erstmals gesetzlich definiert. Der Gesetzgeber greift dabei auf Definitionselemente zurück, die das Bundesarbeitsgericht (BAG) seit vielen Jahren in ständiger Rechtsprechung verwendet.[1] Dabei stehen die Begriffe „weisungsgebunden“, „fremdbestimmt“, „persönliche Abhängigkeit“ nebeneinander. Sie werden meist nicht kumulativ „angewandt“, sondern als alternative begriffliche Umschreibungen ein und desselben Phänomens der „persönlichen Abhängigkeit“ verwendet (genauer dazu unten S. 184 f.).

In der Anwendung steht herkömmlich das Merkmal der „Weisungsgebundenheit“ im Mittelpunkt. Nach § 106 Gewerbeordnung (GewO) ist mit jedem Arbeitsvertrag notwendig die Rechtsfolge eines Weisungsrechts des Arbeitgebers in zeitlicher, örtlicher und inhaltlicher Hinsicht verbunden.

1.1.2. Zum Recht der Europäischen Union

Der Europäische Gerichtshof (EuGH) arbeitet für das Unionsrecht mit einem ganz ähnlichen Fokus auf Weisungen (bzw. „Anleitung“). Er definiert den Begriff des Arbeitnehmers für die autonome unionsrechtliche Auslegung als eine Person, die eine „echte und tatsächliche Berufstätigkeit unter Anleitung eines anderen für eine Gegenleistung“ ausübt („Lawrie-Blum-Formel“)[2] (dazu Rebhahn 2012; zu den Begründungszusammenhängen und neueren Ansätzen in der EuGH-Rechtsprechung unten S. 185 f.).

Der Arbeitnehmerbegriff des EuGH findet nicht in allen arbeitsrechtlichen Gebieten Anwendung, sondern lediglich in den Bereichen, in denen das Recht der Europäischen Union einen autonomen Arbeitnehmerbegriff voraussetzt und nicht auf das Recht der Mitgliedstaaten verweist (Kocher 2016, § 1, Rn. 143ff.; Ziegler 2011; Pottschmidt 2006).

1.2. Weisungsgebundenheit beim Crowdworking

Bevor reflektiert wird, inwieweit diese Definitionen überhaupt geeignet sind, die Besonderheiten von Beschäftigungsverhältnissen der digitalen Welt zu erfassen, soll zunächst überprüft werden, was sich daraus nach konventioneller Herangehensweise für die Einordnung des Crowdworking ergibt.

---

1 BAG, 24.6.1992 – 5 AZR 384/91, NZA 1993, 174 (Volkshochschuldozenten); BAG, 16.7.1997 – 5 AZR 312/96 NZA 1998, 368 (Zeitungszusteller); BAG, 11.8.2015 – 9 AZR 98/14, NZA-RR 2016, 288 (Todesrad).

2 EuGH, 3.7.1986 – 66/85 (Lawrie-Blum).

Dabei bietet es sich an, zwischen einfachem und komplexem Crowdworking zu unterscheiden. Bei komplexen Crowdworking-Tätigkeiten wie etwa im IT- und Kreativ-Bereich handelt es sich in der Regel um „interaktive“ Dienstleistungen, bei der die Arbeitsleistung in Kooperation mit den Kund*innen und/oder in einer Kooperation mit „der Crowd“ hergestellt und definiert wird (vgl. Schönefeld u.a. 2017). Hier wird Weisungsgebundenheit in der Regel zu verneinen sein (vgl. Deinert 2017, S. 68; Wank 2016, S. 168; Däubler 2018 § 18, Rn. 65ff.).

Anders sieht es beim einfachen Crowdworking aus. Hier wird in der Debatte z.T. jedenfalls unter bestimmten Bedingungen das Vorliegen von Arbeitsverhältnissen angenommen (vgl. Deinert 2017, S. 68; Risak 2017; Waas 2017, S. 152ff.; Wank 1999, S. 233; Däubler 2018, § 18, Rn. 20ff.) Zur Diskussion stehen insofern Arbeitsverhältnisse mit der Plattform (zum Verhältnis Rahmenvertrag/Einzelauftrag siehe auch Risak 2017; Waas 2017, S. 152ff.). Am Beispiel dieser Geschäftsmodelle der Gig Economy soll im Folgenden die aktuelle Diskussion analysiert werden. Dabei wird ausschließlich eine Arbeitgeberstellung der Plattformen, nicht aber der Auftraggeber*innen der Plattformen in Betracht gezogen (zu den Konsequenzen im Arbeitnehmerüberlassungsrecht siehe z.B. Lingemann / Otte 2015).

1.2.1. Mögliche Indizien beim einfachen Crowdworking

Als Indizien, die für die Bewertung des einfachen Crowdworking als Arbeitsverhältnis entscheidend sein können, werden in der Literatur – z.T. in Anlehnung an Konstellationen der analogen Gig-Arbeit (z.B. Uber) – die folgenden genannt (vgl. Wank 1999; Krause 2016; Kocher / Hensel 2017; Biegoń u.a. 2017, S. 6; Däubler / Klebe 2015, S. 1035; De Stefano 2016, S. 4; Wisskirchen / Schwindling 2017, S. 322; Risak 2017; Waas 2017, S. 152ff.; Deinert 2017, S. 68):

- inwieweit der Vertrag oder die Plattform Tätigkeiten (inhaltlich) „vorprogrammiert“;
- inwieweit zeitliche Vorgaben gemacht werden, u.a. indem Aufgaben zu bestimmten Zeiten und mit bestimmten Fristen eingestellt werden;
- ob notwendiges Arbeitswerkzeug bereitgestellt wird, z.B. notwendige Soft- und Hard-Ware;
- ob eine „informationelle Abhängigkeit“ oder eine ständige kommunikative Verbindung besteht oder die einzelnen Arbeitsschritte durch Eingabemasken o.ä. gelenkt werden;
- ob die Freiheit, Aufträge abzulehnen, beschränkt ist;

- ob Kontrollen (zB über Screenshots) stattfinden oder andere „arbeitsleistungsbezogene Einfluss- und Kontrollmechanismen"; ob der Arbeitsprozess z.B. mit Hilfe von time-tracking-Apps minutiös überwacht wird;
- ob die Einhaltung konkreter Standards etwa anhand einer Checkliste geprüft und gegebenenfalls auch vertraglich sanktioniert wird;
- inwieweit die Crowdworker*innen durch die Plattformen für ihre Tätigkeit qualifiziert werden;
- inwieweit die Tätigkeit der Crowdworker*innen durch „Feedback", Rating- und Reputationssysteme mit Auswirkungen auf weitere Aufträge bewertet wird.

1.2.2. Bewertung der Indizien

Die deutsche Rechtsprechung hatte noch keine Möglichkeit, ein konkretes Crowdworking-Verhältnis arbeitsrechtlich zu bewerten. Allerdings deuten Entscheidungen in vergleichbaren Sachverhalten darauf hin, dass eine Weisungsgebundenheit nicht selbstverständlich angenommen würde. Beispielhaft sei hier auf eine Entscheidung des BAG vom April 2016 über die Einordnung eines mit Telearbeit beschäftigten IT-Mitarbeiters verwiesen:[3]

So sei die Vorgabe, eine bestimmte App oder Software zu verwenden, um eine Weiterverarbeitung der Daten zu ermöglichen, kein Hinweis auf abhängige Tätigkeit; „auch für Selbstständige ist es üblich, dass sie ihre Leistungen im Rahmen der organisatorischen Gegebenheiten des Auftraggebers zu erbringen haben." Maßgeblich sei nicht, ob das Unternehmen „die Möglichkeit hatte zu kontrollieren, wann und in welchem zeitlichen Umfang der [Betroffene] welche Tätigkeiten ausführt, sondern ob [dieser] selbst über den Ablauf bestimmen konnte oder dies [vom Unternehmen] vorgegeben und damit fremdbestimmt war." Auch „Informations- oder Rechenschaftspflichten, insbesondere über den Stand der Tätigkeit und ihre Durchführung, [bestehen] nicht ausschließlich in einem Arbeitsverhältnis."

Auch wettbewerbsgetriebene Bindungen sieht das Gericht als nicht ausreichend an, die Arbeitnehmerstellung zu begründen: „Allein der Umstand, dass es für den Kläger ‚undenkbar' gewesen sein mag, Aufträge abzulehnen, lässt nicht den Rückschluss auf eine für einen Arbeitnehmer typische persönliche Abhängigkeit zu. Grund dafür können auch wirtschaft-

3 BAG, 14.6.2016 – 9 AZR 305/15, BAGE 155, 264ff.

liche Erwägungen sein, wie die Befürchtung, künftig keine oder weniger Aufträge zu erhalten." Ähnliches würde dann auch gelten müssen, wenn der Wettbewerb um die „besten" Jobs und Aufträge einen Druck schafft, Aufgaben zu einem bestimmten Zeitpunkt abzuarbeiten (vgl. Schönefeld in diesem Band, S. 59 ff).

Die Tatsache, dass die Plattformen (oder andere Auftraggeber) tatsächlich meist keine unmittelbaren Weisungen in dem Sinn erteilen, wie sie hier verlangt werden, heißt nicht, dass die Plattformen sich nicht auf andere Weise aktiv bemühen würden, Einfluss auf die Art und Weise der Ausführung des Crowdwork zu nehmen. Dies geschieht allerdings nicht unmittelbar, sondern mittelbar, indem den Crowdworker*innen bestimmte Verhaltensweisen nahegelegt werden. Als indirekte Steuerungsmittel von empirischer und möglicherweise rechtlicher Bedeutung kommen Einführungs-, Qualifizierungs- oder Tutoring-Maßnahmen in Betracht, die Zuordnung der Crowdworker*innen nach Qualifikationsniveau sowie Bewertungs-, Rating- und Feedbacksysteme, verbunden mit einer kontinuierlichen Beobachtung/Überwachung der Arbeitstätigkeit (zu diesen Organisationsprinzipien als „spielerischer Wettbewerb" Vogel 2018, S. 79ff.).

Auf der Basis der herkömmlichen Herangehensweise können diese Kriterien aber nicht für die Bejahung von Weisungsgebundenheit herangezogen werden. Anders als Ratings, denen sich auch Selbstständige typischerweise aussetzen müssen (Waas 2017, S. 152ff.; vgl. Deinert 2015, Rn. 23), sind Schulungs- und Einführungsmaßnahmen zwar typisch für Arbeitsverhältnisse (Wisskirchen / Schwindling 2017, S. 322). Sie sind aber unabhängig von Fragen der Weisungsbindung. Ob die deutsche Rechtsprechung zumindest in bestimmten seltenen Einzelfällen die Arbeitnehmereigenschaft von Crowdworker*innen anerkennen würde, ist damit insgesamt eher zweifelhaft, aber gleichzeitig schwer zu prognostizieren.

1.2.3. Zur Methode der Bewertung

Soweit Stimmen in der Literatur zu einer Bejahung der Arbeitnehmereigenschaft im Crowdworking kommen, wird selten jedes einzelne Indiz ausgewertet; meist wird mit einer Zusammenschau einer Vielzahl von Merkmalen argumentiert – ohne für jedes einzelne Indiz zu prüfen, ob es die Kriterien der Weisungsgebundenheit erfüllt (z.B. Klebe 2017).

Gegen die Herangehensweise der Zusammenschau von Kriterien, die einzeln selbst keine Hinweise auf „Weisungsgebundenheit" liefern, spricht, dass damit letztlich offenbleibt, was die Arbeitnehmerstellung ausmachen soll. Allerdings ist dies lange Zeit ganz üblich gewesen; der Arbeitnehmerbegriff wurde insofern als „Typusbegriff" behandelt, der mit Hilfe von Indizien festgestellt wird, die im Einzelnen selbst keine zwingenden Schlüsse auf Weisungsgebundenheit zulassen, in der Rechtswirklichkeit aber typischerweise mit weisungsgebundener Beschäftigung verbunden, also „arbeitnehmertypisch" (Boemke 1998, S. 324ff.) sind (vgl. Supiot 2001, S. 12).

Dieses Vorgehen verlässt sich letztlich darauf, dass ein Bild vorhanden ist, mit dem das durch die vorliegenden Indizien entstehende Bild abgeglichen werden kann. Dieses Vorgehen setzt also Bilder und Vorstellungen von „typischer" Arbeitnehmer- und Selbstständigentätigkeit voraus, deren Herkunft nicht erläutert oder auch nur erklärt wird, die also intuitiv vermittelt ist (zur Kritik des Typusbegriffs siehe auch Wank 2015, S. 47). Nur sehr selten findet man Autor*innen, die versuchen zu erklären, wie sich einzelne Indizien, die selbst nicht auf Weisungsgebundenheit verweisen (wie z.B. persönliche Leistungserbringung, Ort der Arbeitsleistung, Herkunft der Arbeitsmittel oder Arbeit in Zusammenarbeit mit Personen, die vom Auftraggeber eingesetzt wurden)[4] zum Merkmal der Weisungsgebundenheit verhalten: Wo ein Arbeitgeber das Zusammenwirken vieler Arbeitnehmer*innen im Hinblick auf den von ihm erstrebten Erfolg koordiniere, sei er auf ein Weisungsrecht angewiesen, dieses liege dann nahe (Boemke 1998, S. 324ff.).

Zu einem solchen Typusbegriff gehört notwendig eine gewisse „Grauzone" (Brose 2017, S. 10). In der Praxis scheitert diese Abgrenzung immer öfter; die Gerichte kommen dann zum Ergebnis, ein- und dieselbe Tätigkeit können sowohl im Rahmen eines Arbeitsvertrags als auch im Rahmen eines selbstständigen Dienstvertrags erbracht werden, und in der Literatur wird gleiches für das Crowdworking angenommen (Deinert 2015, Rn. 23). Gemeint ist damit in der Regel: Die Indizien, die für die Organisation der Arbeitstätigkeit vorgebracht werden, zeigen weder eindeutig eine typische Arbeitnehmerstellung noch eine typische Selbstständigenstellung. Weil z.B. vertragliche Weisungen auch in werkvertraglichen Konstellationen sowie in selbstständigen Dienstvertragsverhältnissen möglich sind, hat das BAG sich zuletzt auf Versuche zurückgezogen, „Anweisungen für die Ausführung des Werks" und „Weisungsrechte bezüglich des Arbeitsvorgangs und der Zeiteinteilung" zu unterscheiden[5] – was im Ergebnis nicht überzeugend funktioniert und kaum zu operationalisieren ist. Dies ist der Hintergrund, vor dem in neueren Fällen – im Widerspruch zum Typusbegriff –

4 Siehe § 611a Abs. 2 Satz 2 BGB-E des BMAS-Referentenentwurfs vom November 2015.

5 BAG, 25.9.2013 – 10 AZR 282/12, NZA 2013, 1348.

nur solche Indizien für eine Gesamtbetrachtung in Betracht gezogen werden, die jeweils für sich genommen direkt auf Weisungsabhängigkeit hinweisen.[6]

1.3. … arbeitnehmerähnliche Personen?

Alternativ käme im deutschen Recht eine Einordnung als „arbeitnehmerähnliche Person" in Betracht. Denn die arbeitsrechtliche Einordnung geht bereits seit langem über ein binäres Schema hinaus; einige arbeitsrechtliche Schutzregelungen gelten auch für „arbeitnehmerähnliche" Personen, also für Arbeitskräfte, die „wirtschaftlich abhängig und vergleichbar einem Arbeitnehmer sozial schutzbedürftig sind" (§ 12a Abs. 1 Nr. 1 TVG) (Däubler / Klebe 2015, S. 1036; Krause 2016, B 105).

Regelungen, die an dieser „wirtschaftlichen Abhängigkeit" bzw. „wirtschaftlichen Unselbstständigkeit" (§ 2 S. 2 BurlG, § 5 Abs. 1 S. 2 ArbGG) anknüpfen, finden sich z.B. im Bundesurlaubsgesetz (BUrlG), im Arbeitsschutzgesetz (ArbSchG), im Tarifvertragsgesetz (TVG) und im Arbeitsgerichtsgesetz (ArbGG). Hingegen sind z.B. das Kündigungsschutzgesetz (KSchG) und das Mindestlohngesetz (MiLoG) nicht auf arbeitnehmerähnliche Personen anwendbar.

Überwiegend wird für die wirtschaftliche Abhängigkeit darauf abgestellt, ob die Auftragnehmer*in auf den konkreten Vertrag wirtschaftlich angewiesen ist. Auch bei der Einordnung von Crowdworker*innen wäre deshalb auf den Einzelfall abzustellen; eine generelle Aussage ist nicht möglich (Däubler / Klebe 2015, S. 1036; Deinert 2017, S. 68). Eine wirtschaftliche Abhängigkeit im Verhältnis zu konkreten crowdsourcenden Unternehmen wird dabei jedenfalls im einfachen/Micro-Crowdworking in der Regel nicht vorkommen. In Betracht kommt allenfalls wirtschaftliche Abhängigkeit von der Plattform; dies setzte aber mindestens voraus, dass das Honorar unmittelbar von der Plattform bezogen wird (Waas 2017, S. 160ff.) – was aufgrund der Vertragsgestaltungen z.T. wirtschaftlich oft nicht eindeutig ist (zur vertragsrechtlichen Bewertung siehe auch Kocher 2018).

Entscheidend ist dabei, ob Menschen regelmäßig und gewerbsmäßig über das Crowdwork ihren Lebensunterhalt erzielen. Solche „Supercrowdworker" sind in Deutschland nach wie vor die Ausnahme. Ohnehin wäre es für die Bejahung wirtschaftlicher Abhängigkeit erforderlich, dass die

6 BAG, 14.6.2016 – 9 AZR 305/15, BAGE 155, 264ff.

Crowdworker*in ihre Tätigkeit ausschließlich oder ganz überwiegend auf eine bestimmte Plattform ausrichtet – was in der Praxis nur selten der Fall ist (vgl. Deinert 2015, Rn. 24 (zur Empirie siehe Strube, S. 85 f. und Schwarz, S. 114 ff. in diesem Band).

*1.4. … Heimarbeiter*innen?*

Das Heimarbeitsgesetz (HAG) kennt daneben eine spezifische Regulierung für Personen, die „in selbstgewählter Arbeitsstätte (eigener Wohnung oder selbstgewählter Betriebsstätte) allein oder mit seinen Familienangehörigen (Absatz 5) im Auftrag von Gewerbetreibenden oder Zwischenmeistern erwerbsmäßig arbeitet, jedoch die Verwertung der Arbeitsergebnisse dem unmittelbar oder mittelbar auftraggebenden Gewerbetreibenden überläßt“ (§ 2 Abs. 1 HAG).

Die Definition liest sich auf den ersten Blick so, als sei sie wie geschaffen für das Crowdworking. Eine Einordnung als Heimarbeitsverhältnis brächte es mit sich, dass Heimarbeitskommissionen eingerichtet werden könnten, die Entgeltregelungen aufstellen, deren Einhaltung behördlich überwacht würde (§§ 17ff. HAG). Darüber hinaus ergibt sich ein gewisser Schutz vor Kündigungen (§ 29 HAG) sowie nach § 11 Abs. 1 HAG die Pflicht der Auftraggeber, die Arbeitsmenge „unter Berücksichtigung [der] Leistungsfähigkeit“ gleichmäßig auf die Heimarbeiter*innen verteilen. Bei Betriebszugehörigkeit kommt auch eine Zuständigkeit des Betriebsrats und ein entsprechendes Wahlrecht in Betracht (Giesen / Kersten 2017, S. 110ff.).

In der Literatur wird dennoch meist davon ausgegangen, dass das HAG auf Crowdworking nicht passe. Allerdings ist die Annahme, es sei eine wirtschaftliche Abhängigkeit im Sinne der Definition der arbeitnehmerähnlichen Person erforderlich (Deinert 2015, Rn. 24; Däubler 2018, § 18, Rn. 61; Brose 2017, S. 14), nicht zutreffend: Die erforderliche „Erwerbsmäßigkeit“ der Tätigkeit kann auch bei geringfügigen Nebentätigkeiten gegeben sein (Giesen / Kersten 2017, S. 110ff.).[7]

Ein weiteres Hauptargument gegen die Einordnung als Heimarbeit ist die Annahme, das HAG setze eine „Vergabe“ von Arbeiten voraus, während sich die Beschäftigten beim Crowdworking selbst um Aufträge bewerben müssten (Krause 2016, B 105; Däubler / Klebe 2015, S. 1036; Brose 2017, S. 13; Däubler 2018, § 18, Rn. 62). Zum Teil wird sogar angenommen, die

---

7 BAG, 12.7.1988 – 3 AZR 569/86.

Verwertung der Arbeitsergebnisse sei im Crowdworking nicht den Unternehmen überlassen (Däubler 2018, § 18, Rn. 63). Diese Annahmen widersprechen allerdings den empirischen Abläufen im Regelfall des einfachen Crowdworking. Nicht immer, aber häufig befinden sich die Crowdworker*innen in der Rolle der passiven Auftragsempfänger*innen (Schönefeld u.a. 2017). Auch vertraglich ist dies meist so konstruiert, dass die Plattform Vertragsangebote einstellt, die von Crowdworker*innen anzunehmen sind. Das, was das BAG an „wirtschaftlicher Abhängigkeit" in diesen Fällen verlangt – Vergabe der Aufträge, Preisgestaltung, Nachteile bei Ablehnung von Aufträgen[8] – wird beim einfachen Crowdworking häufig gegeben sein.

Es spricht deshalb viel für die Einordnung des einfachen Crowdworking als Heimarbeit i.S.d. HAG (Giesen / Kersten 2017, S. 110ff.). Die Plattform wäre dann aber wohl Zwischenmeister, womit nicht viel an arbeitsrechtlichem Schutz gewonnen wäre (Waas 2017, S. 170).

2. *„Organisatorische Einbindung"?*

Bevor im Einzelnen auf die Frage eingegangen wird, wie auf der Grundlage dieser Rechtslage eine arbeitsrechtliche Regelung des Crowdworking aussehen müsste, sollen die konzeptionellen Grundlagen der Abgrenzung von „Arbeitsvertrag" und „Selbstständigen" rekonstruiert werden. Denn aktuell wird in der Auslegung des Typusbegriffs „Arbeitnehmer" methodisch ein Idealtypus des Arbeitnehmers mit dem Idealtypus eines Selbstständigen in Beziehung gesetzt, ohne dass diese Figuren konzeptionell begründet würden. Hier wird mit Bildern und Figuren gearbeitet, deren empirische und konzeptionelle Grundlagen nicht aufgedeckt werden.

Zum Zweck der konzeptionellen Rekonstruktion wird im Folgenden zunächst die rechtsdogmatische Diskussion in ihrer ganzen Breite analysiert. Denn schon immer gab es unterschiedliche Meinungen dazu, wie adäquat der Fokus auf „Weisungsgebundenheit" einerseits und „wirtschaftliche Abhängigkeit(en)" andererseits die Problemstellungen und Schutzbedarfe von Beschäftigungsverhältnissen erfassen kann.

8 BAG 3.4.1990 – 3 AZR 258/88; vgl. auch das Kriterium regelmäßig wiederholter Arbeitsvorgänge bei Wank 1999, S. 234.

2.1. Auslegungsspielräume de lege lata

2.1.1. Auslegungsspielräume im deutschen Recht: Der Ansatz von Rolf Wank

Im Spektrum der Auslegungen ist in Deutschland Rolf Wanks Analyse in seiner Habilitationsschrift von 1988 von besonderer Bedeutung (Wank 1988). Ihr lag die Feststellung zugrunde, dass sich viele arbeitsrechtliche Rechtsfolgen (wie z.B. der Kündigungsschutz, aber auch Mindestentgelte und Tarifverträge) letztlich nicht schlüssig aus einer durch Weisungsbindung gekennzeichneten "persönlichen Abhängigkeit" herleiten lassen. Es sei nicht die Weisungsgebundenheit, sondern das Fehlen eigener unternehmerischer Chancen, das viele der Rechtsfolgen des Arbeitsrechts begründe (so jetzt auch wieder Wank 2017, S. 151f.).

Dieser Ansatz ist z.T. als ein Versuch interpretiert worden, den Anwendungsbereich des Arbeitsrechts auf Fälle der wirtschaftlichen Abhängigkeit auszudehnen, also auf Fälle, in denen eine Abhängigkeit sich daraus ergibt, dass der/die Beschäftigte keine Erwerbschancen außerhalb des in Frage stehenden Beschäftigungsverhältnisses hat (Deinert 2015, Rn. 144). Diese Interpretation erfasst jedoch nicht den Kern des Ansatzes. Bei diesem geht es vielmehr darum, Fälle zu identifizieren, in denen innerhalb des fraglichen Beschäftigungsverhältnisses kein Zugang zu eigenen Erwerbschancen besteht; die typische "Fremdbestimmung" des „Arbeitnehmers“ besteht danach in einer organisatorischen Einbindung, die den unmittelbaren Zugang zu den Güter- und Dienstleistungsmärkten versperrt. Entscheidende Kriterien oder Indizien in diesem Sinn sind z.B. die fehlende Verfügung über eigenes Kapital oder eigene unternehmerische Organisation[9] bzw. umgekehrt die organisatorische Eingliederung in eine fremde Organisation.

Die gesetzliche Neuregelung des Arbeitsverhältnisses in § 611a BGB enthält mit dem Begriff der "fremdbestimmten Arbeit" nach wie vor ein Einfallstor für eine Betrachtung, die persönliche Abhängigkeit nicht ausschließlich mit Weisungsbindung gleichsetzt, sondern ein solches Abstellen auf organisatorische Eingliederung ermöglicht (Wank 2017, S. 144; so auch ErfK/Preis 2018, § 611a BGB, Rn. 10). Die Kriterien der Weisungsbindung und der organisatorischen Einbindung können also nach wie vor nebeneinander angewandt werden. Das geltende Recht steht damit auch einer entsprechenden Rekonstruktion des Arbeitnehmerbegriffs nicht entgegen.

---

9 Vgl. BSG, 18.11.2015 – B 12 KR 16/13 R, BSGE 120, 99.

2.1.2. Auslegungsspielräume im Recht der Europäischen Union

Im Recht der europäischen Union gab es lange Zeit im Hinblick auf den Arbeitnehmerbegriff nur wenig Bewegung, nachdem der EuGH für den Anwendungsbereich der Arbeitnehmerfreizügigkeit einmal die oben dargestellte Lawrie-Blum-Formel entwickelt und auf andere Rechtsbereiche übertragen hatte (Kocher 2016, S. 44 ff).

Umso überraschender war es, als der EuGH in einer Entscheidung 2014 plötzlich einen erweiterten Arbeitnehmerbegriff verwandte. Ohne dies selbst explizit zu problematisieren, formulierte er nun Kriterien, die nur in einem (dem ersten) Punkt der Lawrie-Blum-Formel entsprechen: Ein*e Arbeitnehmer*in sei eine Person, die

- nach Weisung ihres Arbeitgebers handelt, insbesondere was ihre Freiheit bei der Wahl von Zeit, Ort und Inhalt ihrer Arbeit angeht,
- nicht an den geschäftlichen Risiken dieses Arbeitgebers beteiligt ist und
- während der Dauer des Arbeitsverhältnisses in dessen Unternehmen eingegliedert ist und daher mit ihm eine wirtschaftliche Einheit bildet.[10]

Die neuen Kriterien erweitern das Verständnis erheblich (Junker 2016, S. 195). In der Folge ist z.B. angenommen worden, dass der EuGH künftig möglicherweise auch wirtschaftlich Abhängige bzw. arbeitnehmerähnliche Personen des deutschen Rechts als „Arbeitnehmer*innen" qualifizieren werde (Temming 2015, S. 509; Junker 2016, S. 195; Wank 2018, S. 2128f.). Dies übersieht aber, dass die Kriterien des EuGH auf andere Aspekte abstellen als diejenigen der wirtschaftlichen Abhängigkeit: Sie betonen gegenüber der Weisungsgebundenheit nun stärker die Eingliederung in eine Organisation des Arbeitgebers.

2.1.3. Ein Blick in andere Rechtsordnungen und Rechtsgebiete

Auch andere Rechtsordnungen beschränken sich bei der Abgrenzung des Arbeitsverhältnisses von der selbstständigen Beschäftigung nicht allein auf die Bewertung der Weisungsgebundenheit.

Die abstrakten Begriffsbestimmungen der Arbeitnehmer*in ähneln sich zwar rechtsvergleichend (Davidov u.a. 2015, S. 128ff.; Rebhahn 2009b).

10 EuGH, 4.12.2014 – C-413/13 (FNV).

Der konkrete Zuschnitt des Arbeitnehmerbegriffs hängt aber oft davon ab, ob die jeweilige Rechtsordnung noch einen Status jenseits der Dichotomie von Arbeitnehmer*in und Selbstständigen kennt, wie z.B. im deutschen Recht die arbeitnehmerähnliche Person. Sehr viele Rechtsordnungen kennen bereits drei Kategorien bzw. nehmen innerhalb der Gruppe der Selbstständigen Differenzierungen vor (Rebhahn 2009a; Freedland / Kountouris 2011a, S. 194ff.; Davidov u.a. 2015). Allerdings erfüllen diese zusätzlichen Kategorien in den einzelnen Rechtsordnungen unterschiedliche Funktionen. So dient der Begriff des „workers“ im Vereinigten Königreich, der auf die persönliche Leistungserbringung abstellt, vor allem dazu, die Schwäche einer zu engen, am Vertrag orientierten Auslegung des Begriffs „employee“ zu kompensieren (Davidov u.a. 2015; Freedland / Kountouris 2011a, S. 194ff.; Sutschet 2016; Pottschmidt 2006, S. 444ff.). In vielen Rechtsordnungen findet ähnlich wie in Deutschland bei wirtschaftlicher Abhängigkeit ein modifizierter arbeitsrechtlicher Schutz Anwendung (Rebhahn 2009a; Borzaga 2012; Wachter 2000; Pottschmidt 2006, S. 425ff.).

Schaut man sich allein die Definitionen an, die für die Abgrenzung des Arbeitsverhältnisses verwendet werden, so finden sich im Detail ebenfalls interessante Differenzierungen. Weisungsgebundenheit, häufig als „Unterordnung“ bezeichnet, steht zwar im Zentrum der meisten Abgrenzungen (Rebhahn 2009b; Rebhahn 2009a; Nogler 2009). Eine Gruppe von Rechtsordnungen legt aber einen Schwerpunkt auf „Kontrolle“ (Davidov u.a. 2015; Waas 2017, S. 150) – eine andere Blickrichtung auf die arbeitsteilige Organisation als „Weisungsbindung“. Und eine dritte Gruppe interessiert sich stärker für die „Integration” (in betriebliche Zusammenhänge) bzw. „Organisation“ (Davidov u.a. 2015). Zudem spielt es in manchen Rechtsordnungen eine wichtige Rolle für die Einordnung als Arbeitnehmer*in, wie langfristig die Bindung angelegt ist (Kezuka 2017, S. 219ff. für das japanische Recht; vgl. auch Liebman / Lyubarsky 2017, S. 89ff. für das US-amerikanische Recht).

2.2. *Rekonstruktion: Markt und Organisation als unterschiedliche Koordinationsmechanismen*

Es fragt sich allerdings, wie „organisatorische Einbindung“ durch Kriterien und/oder Indizien operationalisiert werden könnte. Der Untersuchung liegt insofern die These zugrunde, dass sich die Unterscheidung zwischen Arbeitsverhältnis und Selbstständigkeit als Gegenüber von Organisation und Markt rekonstruieren lasse (vgl. auch den Ansatz von Tomassetti 2016).

2.2.1. Der Idealtypus der durch Hierarchie koordinierenden Organisation

Bezugspunkt der Unterscheidung zwischen Arbeitsverhältnis (Weisungsbindung/Organisation) und Selbstständigkeit (Markt) ist danach die Art und Weise, in der Arbeitstätigkeiten in einen Wertschöpfungszusammenhang eingebunden werden, d.h. die Art und Weise, in der sie in einem arbeitsteiligen Zusammenhang koordiniert und zusammengeführt werden. Diese Koordination kann grundsätzlich entweder durch Organisation erfolgen oder durch Markt.

Der Koordinationsmechanismus der Organisation wird herkömmlich durch Hierarchie und Kooperation, der Koordinationsmechanismus des Marktes wird durch Gleichordnung und Wettbewerb gekennzeichnet (Koch in diesem Band S. 156ff.; Tomassetti 2016, S. 17ff.). Dem entspricht die Unterscheidung zwischen Arbeitsrecht und Wirtschaftsrecht. Diese lässt sich also unter Rückgriff auf soziale Dynamiken der Koordination von Arbeit rekonstruieren: Die Beauftragung von wirtschaftlich selbstständig Tätigen vertraut auf wettbewerbsunterstützende Regelungsmechanismen, d.h. einerseits Vertragsfreiheit, andererseits den Schutz von (Markt-)Transparenz und Wettbewerbsgleichheit. Der Arbeitsvertrag hingegen gewährleistet mit der Weisungsgebundenheit eine Einbindung in hierarchische Zusammenhänge, die häufig in einem räumlich-betrieblichen Kontext stattfinden (vgl. Tomassetti 2016, S. 17ff.).

Dieser Idealtypus der Organisation vermag auch oft die Kriterien zu erklären, die z.T. als Indizien für Weisungsgebundenheit akzeptiert werden, obwohl sie selbst keinen unmittelbaren Schluss auf diese zulassen. So können z.B. persönliche Leistungserbringung oder die Herkunft der Arbeitsmittel ein Indiz dafür sein, dass ein Arbeitgeber das Zusammenwirken vieler Arbeitnehmer*innen im Hinblick auf den von ihm erstrebten Erfolg koordiniert; ist dies der Fall, wird herkömmlich unterstellt, dass dann notwendig Weisungsbefugnisse vorausgesetzt werden können (Boemke 1998, S. 324ff.; Günther / Böglmüller 2015, S. 547; Rebhahn 2009b, S. 154).

2.2.2. Indirekte Steuerung in der digital koordinierten Arbeit

Diese Annahmen bzw. „die traditionelle Begrifflichkeit passt eher auf das klassische, weisungsgebundene Arbeitsverhältnis in Industrie und traditionellen Bereichen der Dienstleistungen (insb. Verkauf)“ – im Gegensatz zu digitalen Arbeitsverhältnissen, die nicht an Orte, Zeiten gebunden sind, und in denen keine fachliche Steuerung stattfindet (ErfK/Preis 2018, § 611a BGB, Rn. 13). Dies spielt darauf an, dass eine hierarchisch strukturierte Organisation heute nicht mehr notwendig erforderlich ist, um einen arbeitsteiligen Wertschöpfungsprozess zu organisieren. Das betriebswirtschaftliche Ziel, über die Arbeitskraft des anderen intensiv verfügen zu können, kann zunehmend auch ohne Weisungsbindung und Direktionsrecht erreicht werden (Rebhahn 2009b, S. 163). Insbesondere kann der Einsatz von Informations- und Kommunikationstechniken die Transaktionskosten für die Beschaffung von Arbeitskraft erheblich senken (Stone 2004; Rebhahn 2009b, S. 163; Tomassetti 2016, S. 63ff.).

Die Übergänge zwischen organisatorischer und marktmäßiger Koordination von Arbeit sind so in den letzten Jahrzehnten fließender geworden. Indirekte Steuerungsmechanismen führen zu loseren Kopplungen als hierarchische Steuerung im engeren Sinn. Es stellen sich deshalb heute an vielen Stellen Fragen der Abgrenzung zwischen der Vergabe von „Arbeit" innerhalb einer (hierarchischen) Organisation und dem Einkaufen von Leistungen als „Produkt" auf einem Markt. Indirekte Mechanismen für die Steuerung von Arbeitskraft, die unabhängig von Hierarchie funktionieren, werden auch in herkömmlichen Arbeitsverhältnissen immer stärker genutzt (Liebman 2017, S. 228f.).

Katherine Stone hat bereits im Jahre 2004 die Kennzeichen der neuen „digitalen" Produktionsweise beschrieben und sie zur „handwerklichen" Produktionsweise (Verkauf von Produkten) sowie zur „industriellen" Produktionsweise (unternehmensinterne Arbeitsmärkte) abgegrenzt. Das neue entgrenzte Beschäftigungsverhältnis („boundaryless workplace") biete Karrieren und Berufswege ohne klare Aufgabenbeschreibungen; Wettbewerbsanforderungen des Marktes würden mehr oder weniger unmittelbar an die Beschäftigten weitergegeben (Stone 2004, S. 13ff.). Seit ihrer Analyse haben sich die digitalen Möglichkeiten der Aufspaltung von Wertschöpfungsbeiträgen in einzelne ortsungebundene Arbeitstätigkeiten noch einmal deutlich erhöht.

2.2.3. *Ein komplexerer Begriff der Organisation: Lernfähigkeit durch Rekursivität*

Organisationsforscher*innen haben die Übergangsbereiche zwischen Markt und Organisation mit dem Begriff des "Netzwerks" zu kennzeichnen versucht (Koch in diesem Band S. 159 f.; vgl. auch Bücker 2016) – ein vermittelnder Begriff, der sich zur Entwicklung rechtlicher Konzepte allenfalls nur sehr begrenzt als geeignet erwiesen hat (Buxbaum 1993, S. 705; für die Vertragstheorie einerseits Teubner 2004, andererseits Grundmann 2007, S. 718). Jochen Koch (in diesem Band) hat nun einen Ansatz entwickelt, der konkreter darlegen kann, wie sich Steuerungsinstrumente zwischen Organisation und Markt genauer verorten lassen. Im Gegensatz zur herkömmlichen Organisationstheorie sieht er die Funktionen von mitgliedschaftlicher Koordination durch Organisation nicht lediglich in der Kontrolle, die mit Hierarchien verbunden ist. Organisationen könnten nicht nur Wertschöpfungsbeiträge integrieren und Transaktionskosten reduzieren, sondern erbrächten auch differenzierende Leistungen in der Koordination. Schon das herkömmliche Bild eines Unternehmens sei schließlich nicht allein durch eine Hierarchie von Beschlüssen und Programmen gekennzeichnet, sondern auch durch differenzierte Zuständigkeiten, strukturierte Arbeitsteilung und Stellen-/Abteilungsbildung.

Ein wichtiger Unterschied zwischen der Koordination auf Märkten und der Koordination in Organisationen besteht danach darin, wie Wissen aufgebaut und geschaffen wird. Während Märkte allein über Mechanismen des Preises, also mit wenig Informationen und damit sehr flexibel koordinieren, können Organisationen komplexe wissensintensive Prozesse gestalten und hierfür organisationale Kompetenzen und organisationales Wissen entwickeln. Zu diesem Zweck legen Organisationen rekursive Prozesse an, um Fähigkeiten und Wissen validieren, reformieren und weiterentwickeln zu können.

Berücksichtigt man nicht nur die integrierenden, sondern auch die differenzierenden Funktionen von Organisation in diesem Sinn, so kann Mitgliedschaft (hier: abhängige Beschäftigung) präziser bestimmt werden als durch einen bloßen Blick auf Hierarchie und Weisungsbindung. Zu berücksichtigen wäre auch das Ausmaß, in dem Personen und ihre Tätigkeiten in die Gestaltung wissensintensiver Koordination durch rekursive Prozesse eingebunden werden.

2.3. Kriterien am Beispiel des einfachen Crowdworking

Um hieraus Kriterien abzuleiten, mit deren Hilfe die Abgrenzung von Organisation und Markt operationalisiert werden könnte, lohnt sich ein Blick auf die Koordinationsmechanismen beim einfachen Crowdworking. Da die Prozesse in der Crowd durch Plattformen strukturiert werden, liegt der Fokus auf der Rolle der Plattformen – und hierbei auf denjenigen Mechanismen, die kennzeichnend für die Steuerung durch Plattformen sind:

2.3.1. *Rating- und Feedbacksysteme*

Die Plattformen verwenden insbesondere Rating- und Feedbacksysteme, um Rekursivität und Wissensproduktion zu gewährleisten. Insofern als es ein einziger Akteur – die Plattform – ist, der die Feedback- und Rating-Kriterien aufstellt, unterscheiden sich diese Mechanismen von herkömmlichen Feedback-Mechanismen des Marktes; sie werden so zu Steuerungsmechanismen und ermöglichen organisationales Lernen.

Das Interessante am Feedback im einfachen Crowdworking ist also weniger seine Funktion, Vorstellungen und Anforderungen der Plattform an die Arbeitstätigkeit zu kommunizieren; zum Teil wird eine solche Kommunikation durch mangelnde Transparenz der Kriterien sogar verhindert. Das Besondere dieses Feedbacks ist es vielmehr (insbesondere wenn es mit einer Beobachtung/Überwachung der Arbeitstätigkeit verbunden wird), dass die Plattform auf diese Weise Informationen erhalten und eine Wissensbasis aufbauen können. Hier finden rekursive Prozesse statt.

2.3.2. *Ausdifferenzierung der Qualifikationen von Crowdworker*innen*

Ein weiterer Unterschied zu marktlichen Koordinationsmechanismen besteht darin, dass viele Plattformen im einfachen Crowdworking sich den alleinigen Zugriff auf eine bestimmte qualifizierte und „geprüfte" Gruppe von Beschäftigten vorbehalten. Sie differenzieren Aufgabenpakete, qualifizieren die Crowdworker*innen durch Einführungen bzw. „Tutorings", ordnen die Crowdworker*innen nach Qualifikationsniveau bestimmten Stufen zu und wählen geeignete Personen für passende Arbeitspakete aus bzw. weisen Aufträge entsprechend zu.

Ein solches Vorgehen ist „typisch" für Organisationen – und damit für Arbeitsverhältnisse (Wisskirchen / Schwindling 2017, S. 322), ohne dass es eine Erscheinungsform von Weisungsgebundenheit wäre. Die Beschreibung von Organisationen als wissensintensive Koordinationsmechanismen, die rekursive Prozesse nutzen, vermag zu erklären, weshalb es dennoch eine typische Verbindung zwischen Organisation und eine Ausdifferenzierung von Beschäftigten und Qualifikationen gibt: So wird organisationales Lernen koordiniert.

2.4. Zwischenergebnis

In den indirekten Steuerungsinstrumenten von Crowdworking-Plattformen „mischen" sich marktliche wie organisationale Steuerungselemente nicht bloß; diese können potentiell wechselseitig in einer Weise interagieren, dass dabei etwas Neues entsteht (Koch in diesem Band S. 169 f.). Nimmt man davon Abstand, für die Einordnung als „Arbeitnehmer*in" Weisungsbindung zu verlangen, lässt man also „Fremdbestimmung" im Sinne einer organisatorischen Einbindung genügen, so wird es leichter, diejenigen Steuerungsmechanismen, die das einfache Crowdworking kennzeichnen, für die arbeitsrechtliche Einordnung zu berücksichtigen (vgl. schon Frantzioch 2000, S. 73ff.; Supiot 2001, S. 14). Dies setzt eine Operationalisierung des Begriffs der Organisation voraus, der den mitgliedschaftlichen Dynamiken Rechnung trägt, an denen der Arbeitnehmerbegriff ursprünglich anknüpft (Brose 2017, S. 12; vgl. auch Brors 2016). Dies leistet die vorgeschlagene Beschreibung von Organisationen als mitgliedschaftlich strukturierte und wissensintensive Formen von Koordination und Wertschöpfung, die durch rekursive Prozesse lernfähig sind.

Die genannten Mechanismen werden allerdings von Crowdworking-Plattformen ganz unterschiedlich genutzt. Es lassen sich eher marktähnliche und eher organisationsähnliche Crowdworking-Plattformen identifizieren – abhängig davon, welche Bedeutung rekursive Prozesse in der Koordination haben und inwieweit die digitale Plattform den Märkten einen unmittelbaren Durchgriff auf die Crowdworker*innen gestattet oder inwieweit sie im Gegenteil mitgliedschaftlich strukturiert ist.

Wie diese Erkenntnisse im Recht angemessen umgesetzt werden können, ist Gegenstand der folgenden Abschnitte.

3. Modelle für die Ausdifferenzierung des Beschäftigtenschutzes

Die ILO-Empfehlung Nr. 198 über das Arbeitsverhältnis schlägt in Nr. 11c) vor: „Um die Bestimmung des Vorliegens eines Arbeitsverhältnisses zu erleichtern, sollten die [Mitgliedstaaten ...] in Erwägung ziehen, [...] zu bestimmen, dass Beschäftigte mit bestimmten Merkmalen allgemein oder in einem bestimmten Sektor entweder als Arbeitnehmer oder als selbstständig Erwerbstätige anzusehen sind." Diese Empfehlung geht von einer Dualität von Begriffen aus, schlägt also eine sektorale Regelung vor, die eine Entscheidung entweder für den Arbeitnehmer*innenbegriff oder die Selbstständigeneigenschaft trifft (vgl. Liebman / Lyubarsky 2017, S. 106ff.).

In der Literatur werden hingegen auch Modelle diskutiert, die differenzierte Rechtsfolgen zwischen oder jenseits der Arbeitnehmer*innen- und Selbstständigenbegriffe begründen:

3.1. Überlegungen zur Anknüpfung

3.1.1. „Kreise" (Supiot, Freedland und Kountouris)

Der Bericht einer vergleichenden Forschungsgruppe aus dem Jahre 2001 („Supiot-Bericht") entwickelte Modelle für weitere Differenzierungen in der Regulierung von Erwerbsarbeit (Supiot 2001, S. 53ff.). Er schlug vor, Erwerbsarbeit in vier Rechtskreisen zu regeln, die sich in der Reichweite des Schutzes unterscheiden sollten, und differenziert insofern wie folgt:

- bezahlte Erwerbsarbeit in persönlicher Abhängigkeit;
- (berufliche) Erwerbsarbeit, für die z.B. Arbeitsschutz zu regeln sei;
- unbezahlte Arbeit, die auf soziale Sicherung angewiesen sei;
- universelle Rechte, die unabhängig vom konkreten Beschäftigungsverhältnis vorgesehen werden müsste, wie z.B. Krankenversicherung oder Weiterbildung (Supiot 2001, S. 55).

Den stärksten Widerhall hat der Vorschlag in dem gefunden, was er als „statut professionel" bezeichnet (Supiot 2001, S. 24ff.), eine Art allgemeiner Beschäftigtenstatus, die mit „Grundrechten der Erwerbsarbeit" als einem innersten Kern für persönlich erbrachte Arbeit zur Existenzsicherung verbunden sein müssten (Arthurs 2011, S. 23f.; Supiot 2001; Perulli 2003).

Dieser Versuch einer Strukturierung durch „Rechtskreise" ist auch ein Versuch, das geltende Recht rechtsordnungsübergreifend systematisch beschreibbar zu machen. Für das deutsche Recht hat der Abschlussbericht der Kommission "Arbeit der Zukunft" der Hans-Böckler-Stiftung das Modell der „Kreise" für das deutsche Recht folgendermaßen übersetzt (Jürgens u.a., S. 29ff.):

- Arbeitnehmer*innen (wobei eine Ausweitung vorgeschlagen wird auf Personen, die nicht persönlich, sondern „sachlich oder wirtschaftlich" abhängig sind oder „kontrolliert" werden);
- arbeitnehmerähnliche Personen, deren Schutz auszuweiten sei;
- ein Schutz, der an Gefahrenquellen (z.B. für Gesundheit und Sicherheit) anknüpfe;

- Schutz des sozialen Zivilrechts für Selbstständige, soweit strukturelle Machtunterlegenheiten bestehen.

Diese Beschreibungen knüpfen am geltenden Recht an – wobei die Grenzen zwischen den Kategorien durch die Ausweitungsvorschläge zu verschwimmen drohen, so dass die rechtsdogmatischen, theoretischen und rechtspolitischen Anliegen im Modell nicht klar genug zu erkennen sind.

Für das englische Recht haben Mark Freedland und Nicola Kountouris ein Modell entwickelt, das nicht mit dem Bild der Kreise arbeitet, sondern mit einem analytisch erarbeiteten Kern des „personal work nexus“, der rechtlich geprägte Verhältnisse der Erwerbsarbeit kennzeichne, und der Ausgangspunkt eines flexiblen Systems von Regelungsmechanismen und Schutzzielen bzw. Kern eines Netzes von rechtlichen Beziehungen sein könne, das sich um die Arbeitstätigkeit spanne (Freedland / Kountouris 2011b, S. 197ff., S. 267ff.; S. 309ff.). Ähnlich wie im Supiot-Bericht steht auch hier ein Kern von Rechten im Zentrum, die für Tätigkeiten, die zum Zweck der Existenzsicherung in Person geleistet werden, "personality in work" („dignity, capability and stability“) gewährleisten sollten (Freedland / Kountouris 2011a, S. 200; Freedland / Kountouris 2011b, S. 24ff.; S. 341ff. für die Entsprechung zum „statut professionel“ Supiots).

3.1.2. Abhängigkeit, Arbeitgeberfunktionen und Macht (Davidov, Prassl, Kocher)

Guy Davidov ordnet anders, wenn er für seinen „purposive approach“ an die Probleme bzw. Gefährdungslagen/“vulnerabilities“ in der Erwerbsarbeit anknüpft. Er orientiert sich dabei an einer normativen Vorstellung dessen, was eine arbeitsrechtliche Regulierung gewährleisten sollte, insbesondere demokratische Partizipation (die durch Unterordnung bzw. Weisungsgebundenheit beeinträchtigt sei) und die Chance, eigene Risiken auf einem Markt zu streuen (die durch wirtschaftliche Abhängigkeit gefährdet sei) (Davidov 2016 und 2017). Bei Vorliegen beider Gefährdungslagen solle Arbeitsrecht angewandt werden. Bei anderer Gelegenheit hat Davidov den Ansatz konkretisiert und um den Aspekt der Abhängigkeit von einem einzigen Arbeitgeber ergänzt (welche die beruflichen Entwicklungsmöglichkeiten beeinträchtige) (Davidov 2016, S. 34ff.).

In eine ähnliche Richtung geht der Vorschlag von Jeremias Prassl, die arbeitsrechtliche Regulierung an Arbeitgeberfunktionen und damit aus der Arbeitgebermacht zu begründen (Prassl / Risak 2016 und 2017; Prassl 2018).

Mein eigenes Modell der Schutzbedürftigkeit in der Arbeit verfolgt ähnliche Anliegen, knüpft aber für die Begründung von Schutzbedürfnissen nicht am Begriff der Arbeit und ihrer institutionellen Einbindung an, sondern umgekehrt an den Rechtfertigungsgründen, die für soziales und zwingendes Privatrecht bereitstehen: Es geht davon aus, dass der normative Regelfall die Koordination über den Markt darstellt und fragt danach, welche sozio-ökonomischen Tatbestände der Macht sich in der Erwerbsarbeit ausmachen lassen, an denen eine Regulierung anknüpfen könnte (Kocher 2015). Organisation und organisatorische Einbindung spielt dabei eine zentrale Rolle; nicht nur aufgrund der Macht, die sich bei Dauerschuldverhältnissen in Folge von Selbstbindung und Hold-up-Positionen, also infolge einer mit spezifischen Investitionen einhergehenden Verengung ökonomischer Optionen bildet, sondern vor allem aufgrund der mit der Koordinationsmacht einhergehenden Herrschaftsmacht.

3.2. *Verfassungsrechtliche Grundlagen, Grund- und Menschenrechte*

Ein solcher Ansatz begründet sich aus der verfassungsrechtlichen Lage in Deutschland heraus. Da die arbeitsrechtliche Regulierung in verrechtlichten Kontexten stattfindet, die sich von Rechtsordnung zu Rechtsordnung zu unterscheiden, wird im Folgenden zunächst lediglich der verfassungsrechtliche Rahmen im deutschen Recht genauer ausgeführt:

3.2.1. *Der allgemeine Gleichheitssatz*

Aus dem allgemeinen Gleichbehandlungsgrundsatz (Art. 3 Abs. 1 GG) ergibt sich zunächst, dass Gruppen von Beschäftigten nicht ohne guten Grund von dem Schutz ausgenommen werden dürfen, den andere Gruppen erhalten. Danach müssen alle diejenigen Beschäftigten arbeitsrechtlichen Schutz erhalten, die sich der Sache nach nicht von Arbeitnehmer*innen im Rechtssinne unterscheiden (Wank 1999, S. 228). Ähnliches gilt für den Status der arbeitnehmerähnlichen Person sowie die Heimarbeit.

3.2.2. *Rechtlicher Schutz bei „strukturellen Ungleichgewichten"*

Jede gesetzlich zwingende arbeitsrechtliche Vorgabe stellt grundsätzlich einen Eingriff in die Privatautonomie und die Vertragsfreiheit dar, der gerechtfertigt werden muss. Das BVerfG leitet aus Art. 2 Abs. 1, Art. 12 GG aber auch Regelungspflichten ab. Im Zusammenhang mit dem Schutz der materiellen Privatautonomie bestünden Pflichten des Staates, bei „strukturellen Ungleichgewichten" in die Vertragsfreiheit einzugreifen und Mindeststandards zu gewährleisten. In der Bürgschafts-Entscheidung wurde dies für eine kredit- und verbraucherrechtliche Konstellation begründet;[11] es gilt aber auch in Feldern der Erwerbsarbeit (vgl. ErfK/Preis 2018, § 611a BGB, Rn. 8).[12]

Anknüpfungspunkte sind dabei Ungleichgewichte bzw. das Fehlen eines annähernden Kräftegleichgewicht der Beteiligten bei Vertragsschluss; mit ihnen ließen sich gesetzliche Beschränkungen der Vertragsfreiheit[13] sowie eine richterliche Kontrolle der einseitig vom Arbeitgeber festgesetzten Arbeitsbedingungen[14] rechtfertigen. In der Handelsvertreterentscheidung wird dies noch allgemein als „soziales und wirtschaftliches" Ungleichgewicht bezeichnet.[15] Die Argumentation im Einzelnen läuft auf eine Anknüpfung an der wirtschaftlichen Abhängigkeit und den Schwächen des Arbeitsmarkts hinaus; diese könnten Arbeitnehmer*innen auch während des Arbeitsverhältnisses an der Durchsetzung von Interessen hindern, weil ihnen die exit-Option faktisch nicht zur Verfügung stehe: „Der einzelne Arbeitnehmer ist typischerweise ungleich stärker auf sein Arbeitsverhältnis angewiesen als der Arbeitgeber auf den einzelnen Arbeitnehmer."[16] Insofern verlange die Verfassung insbesondere, den Moment vertraglicher Unterwerfung unter Macht- und Herrschaftsverhältnisse einschließlich dessen Vorgeschichte und Zukunft in Hinblick auf die tatsächlich bestehenden Möglichkeiten von „voice" und „exit" in den Blick zu nehmen (Kocher 2015).

Was mit den „sozialen Ungleichgewichten" darüber hinaus gemeint sein könnte, wird in der Entscheidung zur kündigungsschutzrechtlichen Kleinbetriebsklausel deutlich, wo das BVerfG dem Art. 12 Abs. 1 GG auch einen rechtlichen Schutz des Arbeitnehmers an einer Erhaltung seines Arbeitsplatzes, oder genauer einen „Mindestschutz des Arbeitsplatzes vor Verlust durch private Disposition" entnimmt, dem der Staat durch Kündigungsschutz Rechnung tragen müsse.[17] In seiner Entscheidung zu § 14 TzBfG er-

---

11 BVerfG, 19.10.1993 – 1 BvR 567, 1044/89, BVerfGE 89, 214 (Bürgschaft).
12 BVerfG, 7.2.1990 – 1 BvR 26/84, BVerfGE 81, 242 (Handelsvertreter).
13 BVerfG, 7.2.1990 – 1 BvR 26/84, BVerfGE 81, 242 (Handelsvertreter).
14 BverfG, 23.11.2006 – 1 BvR 1909/06, NZA 2007, 85.
15 BVerfG, 7.2.1990 – 1 BvR 26/84, BVerfGE 81, 242, Rn 47.
16 BverfG, 23.11.2006 – 1 BvR 1909/06, NZA 2007, 85.
17 BVerfG, 27.1.1998 – 1 BvL 15/87, BVerfGE 97, 169.

weiterte das BVerfG diese Aussagen auf einen verfassungsrechtlich notwendigen Schutz vor Befristung: Die unbefristete Beschäftigung müsse der Regelfall sein.[18] Auch der Bestandsschutz von Arbeitsverhältnissen wird hier verfassungsrechtlich mit der wirtschaftlichen Abhängigkeit und der Position auf dem Arbeitsmarkt begründet, also mit dem Fehlen adäquater Alternativen.

Das BVerfG begründet die Interessen am Bestandsschutz allerdings nicht nur wirtschaftlich, sondern auch sozial („ökonomisches und soziales Beziehungsgeflecht" des Arbeitsplatzes)[19] – ein Hinweis auf die Relevanz der Organisation von Arbeitsteilung bzw. der Koordinationszusammenhänge in der Erwerbsarbeit.

3.2.3. Rechte in der Arbeit und das Recht auf Arbeit

Neben diesen aus der allgemeinen Privatautonomie entwickelten Regulierungsbedarfen ergeben sich aus anderen Grund- und Menschenrechten notwendige Mindestanforderungen an eine Regulierung von Beschäftigung. Dabei soll hier nicht auf allgemeine Grundrechte zum Schutz der Menschenwürde, der Gesundheit, der Familie oder des allgemeinen Persönlichkeitsrechts eingegangen werden, die in der Erwerbsarbeit eine Rolle spielen können. Denn bereits aus Art. 12 GG lassen sich eine Reihe spezifisch arbeitsbezogener Grundrechte entnehmen. Um die Formulierung der Handelsvertreter-Entscheidung umzudrehen: „Die durch Art. 12 Abs. 1 GG gewährleistete berufliche Tätigkeit dient nicht nur der [Möglichkeit von Bürgern, sich eine wirtschaftliche Grundlage ihrer Existenz zu schaffen, sondern auch] der personalen Entfaltung des arbeitenden Menschen in der Gesellschaft" (grundlegend Schneider 1985, S. 13ff.; S. 30ff.).[20]

Aufgrund einer Vermutung für die Richtigkeit vertraglicher Gestaltung müssen gesetzliche Eingriffe sich auch insofern mit konkreten Gefährdungslagen begründen lassen. So bietet dieses Grundrecht einen eigenständigen Begründungszusammenhang für Rechte in der Arbeit. Es misst den sozialen Kontexten der Existenzsicherung der Arbeit grundrechtliche Bedeutung bei: Wenn sich Freiheit unter den Bedingungen der Arbeitsteilung nur in ständiger Interaktion und Kooperation mit anderen Grundrechtssubjekten verwirklichen lässt (Schneider 1985, S. 13ff.), bedarf es

18 BVerfG, 6.6.2018 – 1 BvL 7/14.
19 BVerfG, 27.1.1998 – 1 BvL 15/87, BVerfGE 97, 169.
20 BVerfG, 7.2.1990 – 1 BvR 26/84, BVerfGE 81, 242 (Handelsvertreter).

rechtlicher Gewährleistungen gegen die besonderen Gefährdungen, die durch solche organisatorischen Einbindungen für die Freiheitsausübung entstehen.

3.2.4. Koalitions- und/oder Wettbewerbsfreiheit

Zuletzt seien die verfassungsrechtlichen Rahmenbedingungen für kollektives Handeln und die Tarifautonomie genannt. Im deutschen Recht setzt Art. 9 Abs. 3 GG die völker- und unionsrechtlichen Anforderungen der Vereinigungs- und Gewerkschaftsfreiheit um.

Die Legitimation dieser Gewährleistungen ist ein widerkehrendes Thema in arbeitsrechtlichen Debatten. Die Gewährleistung von demokratischen Werten und Partizipation spielt hierbei keine kleine Rolle. Im deutschen Arbeitsrecht werden Kollektivverhandlungs- und Arbeitskampffreiheiten vor allem mit ihren Funktionen einer autonomen „Gestaltung der Arbeits- und Wirtschaftsbeziehungen" begründet.[21] Der Schwerpunkt liegt dabei rechtlich oft auf den wirtschaftlichen Funktionen für die Gestaltung der Arbeitsmärkte: Die Kollektivvereinbarungen sollen insofern (strukturelle) Machtungleichgewichte durch entsprechende Machtgleichgewichte auf kollektiver Ebene kompensieren.[22] Hier wird die Kollektivvereinbarungs- und Kollektivhandlungsfreiheit vor allem als funktionales Äquivalent zu einer Regelung von Arbeitsbedingungen über Wettbewerb und Markt konstruiert.[23]

3.3. Zwischenergebnis

Es gibt also unterschiedliche Modelle, in denen sich arbeitsrechtliche Rechtsfolgen rechtfertigen lassen. Der verfassungsrechtliche Kontext in Deutschland liefert insofern zwei Begründungsmuster für arbeitsrechtliche Regulierung: „strukturelle Ungleichgewichte" auf Arbeitsmärkten und Rechte auf personale Entwicklung in der Arbeit andererseits. Aus Art. 9

---

21 Siehe insbesondere BVerfG, 20.10.1981 – 1 BvR 404/78, BVerfGE 58, 233 (248 f.); BVerfG, 24.2.1999 – 1 BvR 123/93, BVerfGE 100, 214 (223).

22 Siehe z.B. BVerfG, 27.2.1973 – 2 BvL 27/69, BVerfGE 34, 307 (316); BVerfG, 24.5.1977 – 2 BvL 11/74, BVerfGE 44, 322; BVerfG, 26.6.1991 – 1 BvR 779/85, BVerfGE 84, 212 (229).

23 Vgl. EuGH, 21.9.1999 – C-67/96 (Albany), C-115-117/97 (Brentjens') und C-219/97 (Drijvende Bokken); EuGH, 4.12.2014 – C-413/13 (FNV).

Abs. 3 GG leitet sich darüber hinaus eine Berechtigung für autonomes, kollektiv organisiertes Handeln – als das wichtigste Instrument, um Ungleichgewichte auszugleichen und Rechte in der Arbeit zu gewährleisten.

In der verfassungsrechtlichen Debatte ist die Frage einer Regulierung zum Zweck der Kompensation von Organisationsmacht noch kaum ein Thema gewesen. Dies heißt aber nicht, dass neben dem mit Ungleichgewichten des Marktes begründeten „Existenzschutz" nicht auch der „Berufsschutz", der aus „Organisationsrisiken" entsteht (Zu den Begriffen Wank 1999, S. 227; Wank 1988), einer Regelung zugänglich und durch Art. 12 GG geschützt sei. Denn aus der sozialen Kooperation entsteht Herrschaftsmacht für Institutionen und Organisationen, die durch die Personenbezogenheit von Arbeit ihren besonderen Charakter erhält (Kocher 2015 m.w.N.).

*4. Der Status von Crowdworker*innen: Eine sektorale Regelung auf der Basis einer Rekonstruktion der Grenzen des Arbeitsrechts*

Unter 1. und 2. wurde die These entwickelt, dass sich die spezifische Organisationsform des Crowdworking verstehen lässt, wenn man den Begriff der Organisation nicht eng an Weisungsgebundenheit anknüpft, sondern andere Merkmale der Organisation, insbesondere deren Wissensintensivität und Rekursivität, mit in die Betrachtung einbezieht. Im vorigen Abschnitt 3. wurde darauf hingewiesen, welche Modelle es für eine Ausdifferenzierung des Arbeitnehmerschutzes gibt, und dafür plädiert, an Tatbeständen sozioökonomischer Macht anzuknüpfen, die bestimmte Gefährdungslagen mit sich bringen.

Dabei geht es in der Sache um eine Auseinandersetzung mit dem „Status" – denn der Arbeitnehmerbegriff stellt nichts anderes als einen Statusbegriff dar, da mit ihm ein ganzes Bündel an Rechten verknüpft ist (Freedland / Kountouris 2011b; Kahn-Freund 1967; vgl. Rebhahn 2009b, S. 162; Frantzioch 2000, S. 84). Zur Diskussion stehen allgemein eine „Neudefinition des Arbeitnehmerbegriffs" (Risak / Lutz 2017) oder seine Anpassung auf das Crowdworking – oder ein spezifischer Status mit spezifischen Rechtsfolgen für das Crowdworking (so das US-amerikanische Hamilton Project von 2015, siehe Liebman / Lyubarsky 2017, S. 106ff.).

4.1. Argumente gegen einen neuen (weiteren) Status

Gegen Ausdifferenzierungen beim Status ist eingewandt worden, eine Einführung weiterer Vertragsformen und Status würde Arbeitgeber*innen weitere Ausweich- und Umgehungsmöglichkeiten anbieten (Davidov 2011, S. 176f.; Langille 2011, S. 107ff.; Castel 2011, S. 106f.; Initiativstellungnahme des Europäischen Wirtschafts- und Sozialausschusses vom 19.1.2011), und das Normalarbeitsverhältnis könnte so noch stärker unter Druck geraten (Biegoń u.a. 2017, S. 8 zur Debatte anlässlich des Grünbuchs der Europäischen Kommission, KOM 2006; ähnlich Risak 2017; Liebman / Lyubarsky 2017, S. 106ff.). Diese Argumentation hat in der Sache nicht den Schutz der Crowdworker*innen im Blick; ihr geht es vielmehr um den Wettbewerb der Beschäftigungssysteme, der durch solche Beschäftigungsmodelle eröffnet wird, also um die Aus- und Rückwirkungen, die Beschäftigungsverhältnisse in der Gig-Economy auf „Normalarbeitsverhältnisse", die Arbeitsmärkte, die Koalitionsfreiheit und die nationalen Systeme der sozialen Sicherung haben können.

Die Erfahrungen mit der Kategorie der arbeitnehmerähnlichen Person (einem weiteren „Status") in Deutschland und Österreich können hier nur teilweise Entwarnung geben (so aber vor dem österreichischen Hintergrund Risak / Lutz 2017). Formal dient dieser Status dazu, dort ein Mindestmaß an Schutz gewährleisten, wo das Arbeitsverhältnis nicht hinreicht. Jedenfalls in Deutschland scheinen die Figuren der arbeitnehmerähnlichen Person bzw. der Heimarbeiter*in jedoch von den Gerichten auch als Ausweichstrategie genutzt zu werden (vgl. auch Freedland / Kountouris 2011b, S. 436).[24]

Die Attraktivität einer solchen Ausweichstrategie rührt z.T. aber auch daher, dass herkömmliche Einordnungen für die Rechtspraxis oft nicht passgenau erscheinen. Auch unsere Untersuchung hat gezeigt, dass sich die organisatorischen Gestaltungen im Fall des Crowdworking von herkömmlichen Vorstellungen eines Arbeitsverhältnisses unterscheiden – es handelt sich nicht lediglich um neue, moderne Formen altbekannter Probleme wie Scheinselbstständigkeit und Missbrauch von Leiharbeit.

Problematisch wird es vor allem, wo die Rechtsfolgen des Arbeits- oder Sozialversicherungsrechts nicht zu passen scheinen.[25] Die dargestellten

---

24 Vgl. BAG, 15.11.2005 – 9 AZR 626/04, ZTR 2006, S. 390ff.; BAG, 14.6.2016 – 9 AZR 305/15, BAGE 155, 264ff.

25 Zu den Schwierigkeiten einer Umsetzung der Sozialversicherungspflicht des § 12 Abs. 2 SGB IV im Crowdworking etwa Giesen / Kersten 2017, S. 114ff.

Theorien zur Ausdifferenzierung des Status beruhen insofern auf der Grundthese, dass die Elemente des Arbeitnehmer- und Beschäftigtenschutzes auf unterschiedliche Schutzbedarfe bzw. Gefährdungslagen und Machtverhältnisse reagieren. Deshalb wird im Folgenden ein Überblick über mögliche Rechtsfolgen für das Crowdworking und die möglichen Anknüpfungsüberlegungen gegeben werden – mit einem besonderen Fokus auf der Frage, inwieweit der Schutz auf die Machtungleichgewichte reagiert, die durch organisatorische Einbindung entstehen.

4.2. Ein Bündel von Rechten: Zielsetzungen und Regelungsbedarfe im Crowdwork

Für Crowdworker*innen sind ganz unterschiedliche Rechtsfolgen bzw. unterschiedlicher sozialer Schutz vorgeschlagen worden sind: Ein „Mindestschutz, etwa für Entgelt, Arbeitserholung, Arbeitsschutz sowie Vertragsbeendigung" (Beschluss I. 2.a) 71. DJT 2016) ist etwas anderes als „Entgelt", „Zugang zu sozialer Absicherung", „Transparenz", „Schlichtung" und „eine neue Gelegenheit für die Beförderung einer »kooperativen Wende« in den Arbeitsbeziehungen" (Frankfurter Erklärung 2016).

Die Forderung nach Einbeziehung neuer Beschäftigungsformen in die *Sozialversicherung* ist weit verbreitet und bereits ausführlich begründet (Frankfurter Erklärung 2016; Waltermann 2010; BMAS 2017, S. 12, 167, 171f.; Beschlüsse des DJT 2016, S. 12; Vorschlag von 2015 im Hamilton Project (vgl. Liebman / Lyubarsky 2017, S. 106ff.). Da sich die Zielsetzungen des Sozialversicherungsrechts und des Arbeitsrechts ohnehin unterscheiden, spricht einiges dafür, den Anwendungsrecht von Arbeits- und Sozialrecht auch im deutschen Recht noch stärker voneinander zu entkoppeln, als dies ohnehin schon der Fall ist. (Solo-)Selbstständigen eine rechtliche Verantwortung für die eigene Risikovorsorge zuzuweisen, entspricht nicht in erster Linie deren eigener Schutzbedürftigkeit, sondern vor allem Interessen der Allgemeinheit (Brose 2017, S. 8; Waltermann 2010).

Dass im Crowdworking nicht selten ein Einkommen unterhalb des niedrigsten tariflich vorgesehenen *Entgelts* verdient wird, wird weithin als Problem gesehen, dem mit gesetzlichen Regelungen begegnet werden sollte (Frankfurter Erklärung 2016; Beschluss I. 2.a) 71. DJT 2016; Liebman / Lyubarsky 2017, S. 129ff.; Prassl / Risak 2016; Prassl / Risak 2017; Davidov 2016, S. 73ff.). Das geltende Recht knüpft in MiLoG, §§ 17ff. HAG und § 92a Abs. 1 Satz 1 HGB an der persönlichen oder der wirtschaftlichen Abhängigkeit von einem Arbeit-/Auftraggeber an.

Ein anderer Ansatz stützt sich auf die Personengebundenheit der Existenzsicherung, also die „persönliche Leistungserbringung" und begründet ein Mindestentgelt für Solo-Selbstständige unabhängig von bestehenden Abhängigkeiten.[26] Eine solche Regelung könnte Zielsetzungen ähnlich der sozialen Sicherung verfolgen, also einen fairen Wettbewerb der Beschäftigungsformen sowie einen Schutz der sozialen Sicherungssystemen; sie müsste dann wirtschaftlich dem Mindestlohn für andere Arbeitnehmer*innen entsprechen.[27]

Ein ganz anderes Ziel verfolgt die von Prassl vorgeschlagene Normierung eines "surge price"/dynamischen Preises (Prassl 2018, S. 105ff.): Je weniger Aufträge verbindlich angeboten werden könnten, desto höher müsse das Entgelt für den einzelnen Auftrag sein. Diese Regelung knüpft an eine wirtschaftliche Abhängigkeit von einer einzelnen Plattform an und erklärt bestimmte Verdiensterwartungen auf dieser Grundlage für legitim.

Auch Regelungen zum Schutz von *Sicherheit und Gesundheit* sind für das Crowdworking gefordert worden (Beschluss I. 2.a) 71. DJT 2016; Liebman / Lyubarsky 2017, S. 129ff.). Das Arbeitsschutzrecht erfasst in der Sache z.T. bereits heute die selbstständige Erwerbsarbeit. Der Europäische Ausschuss für Soziale Rechte hatte bereits 2013 die Bundesrepublik Deutschland gerügt, weil bestimmte Kategorien von Solo-Selbstständigen nicht ausreichend von Arbeitsschutzregelungen erfasst seien (Conclusions XX-2 (2013), S. 7). Hier finden sich häufig Regelungen, die organisatorischen Einbindungen und Vorgaben anknüpfen.

Ein Schutz bei/vor *Vertragsbeendigung* ist ebenfalls schon Gegenstand der Debatte um die Regelung des Crowdworking gewesen (Siehe Forderung in Beschluss I. 2.a) 71. DJT 2016). Mit einem Kündigungsschutz würden unterschiedliche Zielsetzungen bzw. Schutzbedarfe erfüllt (Davidov 2016, S. 98ff.): Zum einen reagiert Kündigungsschutzrecht darauf, dass Arbeitnehmer*innen sozial und wirtschaftlich von der Erwerbsarbeit abhängig sind.[28] Zum anderen aber geht es gerade im Kündigungsschutzrecht auch immer um die Gewährleistung von Würde und Fairness im Verhältnis Arbeitgeber*in/Arbeitnehmer*in (Davidov 2016, S. 98ff.). Kündigungsschutzrecht bedeutet deshalb in allen Rechtsordnungen vor allem, dass Arbeitgeber*innen einen guten Grund für die Kündigung nennen müssen – also einen Schutz vor willkürlichen Vertragsbeendigungen (Siehe auch ILO-

---

26 Siehe auch das polnische Gesetz über das Mindestentgelt, das seit seiner Änderung durch Gesetz vom 22.7.2016 auch für bestimmte Solo-Selbstständige gilt.

27 Auf Grenzen stößt ein solcher Ansatz im globalen Wettbewerb der Crowdworker*innen; zu empirischen Grundlagen Schönefeld u.a. 2017.

28 BVerfG, 27.1.1998 – 1 BvL 15/87, BVerfGE 97, 169; BVerfG, 6.6.2018 – 1 BvL 7/14.

Konvention 158 zum Kündigungsschutz; vgl. Davidov 2016, S. 98ff.), der letztlich auf die Organisationsmacht des Arbeit- und Auftraggebers reagiert.

Auf einer ganz anderen Ebene bewegen sich Vorschläge, die eine rechtliche Stärkung des *kollektiven Handelns* der Crowdworker*innen zum Ziel haben (Hensel 2017, S. 913; Davidov 2016, S. 85ff.; Prassl / Risak 2017; Prassl 2018, S. 105ff.). Dieses bietet einen Ausgleich für die Ungleichgewichte auf dem Arbeitsmarkt, die sich im Vertragsverhältnis spiegeln; es soll Austauschgerechtigkeit auf kollektiver Ebene gewährleisten. Die Kollektivautonomie bietet darüber hinaus auch Formen der demokratischen Mitgestaltung und einen sozialen Raum für Bürger*innen in der Erwerbsarbeit.

An speziellen Regelungen ist schon vorgeschlagen worden, Möglichkeiten von Crowdworker*innen, sich auszutauschen, sich zu beschweren und zu solidarisieren, zu schaffen (Krause 2016, B 107) – oder allgemeiner „eine neue Gelegenheit für die Beförderung einer »kooperativen Wende« in den Arbeitsbeziehungen“ (Frankfurter Erklärung 2016; vgl. Al-Ani 2015, S. 47ff.). Darüber hinaus bedarf es eines Schutzes kollektiver Aktionen vor möglichen Sanktionen der Arbeitgeber-/Auftraggeberseite (Hirsch / Seiner 2018, S. 1727f.; Liebman / Lyubarsky 2017, S. 115ff.). Und für den Fall, dass aus dem kollektiven Handeln Vereinbarungen mit Plattformen entstehen,[29] ist von Interesse, ob diese sich vor allem vor der Wettbewerbsfreiheit rechtfertigen lassen bzw. gegen das Kartellrecht „immunisiert“ (Bayreuther 2017) werden können (Hirsch / Seiner 2018, S. 1727f.; Liebman / Lyubarsky 2017, S. 106ff.).

Entsprechende Regelungen bezwecken in aller Regel einen Ausgleich von fehlender Marktmacht an; bei Erweiterungen geht es deshalb um wirtschaftlich abhängige Personen.[30] Soweit es hingegen um die Gewährleistung von Mitwirkung und Mitbestimmung im Sinne von demokratischer Partizipation geht, spricht allerdings mehr für eine Anknüpfung an der Organisationsmacht von Unternehmen.

Andere Regelungsvorschläge richten sich auf einen Schutz allgemeiner *Grundrechte vor arbeitsspezifischen Gefährdungen*. Insbesondere Vorschläge für den Schutz der Familie, wie z.B. Mutterschutz oder Elternurlaub knüp-

---

29 Ministerkomitee des Europarats, Recommendation CM/Rec(2018)2 vom 7.3.2018, 1309th meeting, Punkt 2.2.2..

30 § 12a TVG; EuGH, 4.12.2014 – C-413/13 (FNV).

fen insofern an der allgemeinen Problematik der Vereinbarkeit von informeller Sorgearbeit und Erwerbsarbeit an.[31]

Ein weiteres Bündel an Rechten lässt sich dem Ziel der *„Fairness"* (Stone 2004, S. 96ff.) zuordnen: Fragen der Streitschlichtung und der Rechtsdurchsetzung (Liebman / Lyubarsky 2017, S. 129ff.; Davidov 2016, S. 224ff.; vgl. auch Frankfurter Erklärung), insbesondere Zugang zu effektivem Rechtsschutz und entsprechenden fair ausgestalteten Konfliktlösungssystemen, unter Beteiligung von Organisationen, die sämtliche Interessen der „Nutzer*innen" von Plattformen repräsentieren.[32] Der *Schutz vor Diskriminierung* wegen sozialer Merkmale, wie z.B. des Geschlechts, rassistischer Diskriminierung, Diskriminierungen wegen einer Behinderung ist nicht zufällig auch heute bereits in selbstständigen Beschäftigungsformen vorgesehen.[33] Das Ministerkomitee des Europarats empfiehlt darüber hinaus allgemein, dass digitale Plattformen Mechanismen zur Bewertung der Geschäftstätigkeit im Hinblick auf die Auswirkungen auf *Menschenrechte* installieren („due diligence assessments").[34]

Eine Reihe von Forderungen betrifft in der Sache nicht marktkorrigierende, sondern marktschaffende oder marktunterstützende Mechanismen – d.h. Regelungen über *(Markt-)Transparenz* und den *Marktzugang*, unabhängig von der Beschäftigungsform.[35] Thematisiert werden solche Rechte häufig über den Bereich der Erwerbsarbeit hinaus für digitale Plattformen im Allgemeinen (siehe z.B. Martini 2017, S. 1019ff.; Research group on the Law of Digital Services 2016; BMWi 2017). Am umfassendsten sind mögliche Pflichten wahrscheinlich in der Empfehlung des Ministerkomitees des Europarats über die Rolle und die Verantwortlichkeiten von Internetplattformen ausformuliert.[36]

Hier wie auch beim Schutz von *nicht-arbeitsbezogenen (Grund-)Rechten* wie dem Datenschutz oder dem Schutz von Urheber- und gewerblichen

---

31 Vgl. Art. 8 der Richtlinie 2010/41/EU; siehe auch das italienische Gesetz No. 81/2017 vom Juni 2017.

32 Punkt 2.5. der Empfehlung des Ministerkomitees des Europarats, über die Rolle und die Verantwortlichkeiten von Internetplattformen (Recommendation CM/Rec(2018)2 vom 7.3.2018, 1309th meeting).

33 EU-Richtlinien 2000/43/EG, 2000/78/EG und 2006/54/EG.

34 Ministerkomitee des Europarats, Recommendation CM/Rec(2018)2 vom 7.3.2018, 1309th meeting.

35 Entschließung vom 19.1.2017 zu einer europäischen Säule sozialer Rechte (2016/2095(INI)) 5. b).

36 Ministerkomitee des Europarats, Recommendation CM/Rec(2018)2 vom 7.3.2018, 1309th meeting, Punkt 2.2.

Schutzrechten, der Sicherung fairer Zahlungs- und Vertragsbedingungen[37] wäre jeweils im Einzelnen zu fragen, inwieweit diese auf arbeitsspezifische Gefährdungslagen, insbesondere Machtverhältnisse in organisatorischen Einbindungen reagieren.

Sehr deutlich auf diese Machtverhältnisse bezieht sich die Debatte über Rechte auf *berufliche Entfaltung und Weiterentwicklung*; in diesem Kontext lassen sich Forderungen nach einer Übertragbarkeit von Bewertungen und Ratings (Prassl 2018, S. 105ff.) verorten. Stone identifiziert in ihrer Analyse von entgrenzten Beschäftigungsverhältnissen in der digitalen Arbeitsgesellschaft solche Gewährleistungen: Das Rechte müsse legitime Erwartungen auf individuelle Entwicklungsmöglichkeiten und neue Fähigkeiten, Qualifizierungsmöglichkeiten und Sicherheit in der Beschäftigungsfähigkeit absichern (Stone 2004, S. 112f.; vgl. Freedland / Kountouris 2011a, S. 208f.).

4.3. Argumente für eine spezielle Regelung

Die Tatsache, dass Recht an unterschiedlichen Gefährdungslagen und Machtstrukturen anknüpfen, muss nicht zwangsläufig zu unterschiedlichen Anknüpfungskriterien führen. Der Arbeitnehmerbegriff ist ein Beispiel dafür, dass eine Bündelung von Rechten an einem charakteristischen Merkmal den Markt effektiv gestalten kann.

Dies setzt aber voraus, dass die Rechtsfolgen für die erfassten Fallgestaltungen einigermaßen passgenau sind. Die Gesamtheit des Arbeits- oder Sozialversicherungsrechts müsste jedoch erheblich angepasst werden, um die tatsächlichen Regelungsfragen im Crowdworking beantworten zu können. Besonders deutlich ist dies beim Sozialversicherungsrecht (siehe z.B. die Hinweise von Giesen / Kersten 2017, S. 114ff), sowie bei der betrieblichen Mitbestimmung und dem kollektiven Handeln, die auf räumlich-betriebliche Zusammenhänge zugeschnitten sind (Neugebauer / Klebe 2014; Al-Ani 2015, S. 44f.). Es gibt jedenfalls in diesen Bereichen gute Argumente für eine auf das Crowdworking zugeschnittene Regelung.

4.4. Anknüpfungsmomente für Arbeitsrechte im Crowdworking

Arbeitsrechtlich zwingende Regelungen funktionieren nur, wenn das Anknüpfungsmoment des Statusbegriffs auf einem Merkmal beruht, das

---

37 Vgl. Italienisches Gesetz No. 81/2017 vom Juni 2017.

nicht einseitig gestaltbar ist und das deshalb Umgehungen zumindest erheblich erschwert (siehe § 611a Abs. 1 Satz 6 BGB) (siehe auch Kocher 2018). Das Weisungsrecht hat sich lange Zeit als Ausgangspunkt des Arbeitnehmer-Status geeignet, da in fordistischen Produktionssystemen davon ausgegangen werden konnte, dass ein Arbeitgeber (d.h. der Koordinator eines arbeitsteiligen Wertschöpfungsprozesses) auf das Weisungsrecht angewiesen war, um die Vorteile der organisatorischen Integration zu erreichen (siehe oben S. 188).

Für eine Rekonstruktion und Weiterentwicklung ist ein allgemeiner Begriff der „sozialen Schutzbedürftigkeit" nicht geeignet (Frantzioch 2000, S. 71f.; Boemke 1998, S. 299), genauso wenig wie eine Bewertung der wirtschaftlich-sozialen Existenzbedingungen sowie des Selbstverständnisses von Beschäftigten auf Grundlage soziologischer Daten (so aber Rancke 1979, S. 9ff.). Auch wenn die soziale Autonomisierung von Arbeitsverhältnissen durch sozioökonomische Prozesse getrieben ist (Freedland / Kountouris 2011b, S. 112ff.), muss die begriffliche Erfassung auf einer rechtlichen und wertenden Rekonstruktion beruhen.

Auch um vertraglichen Umgehungen zwingenden Rechts effektiv zu begegnen, bedarf es insofern einer Anknüpfung an tatsächlichen Organisationsverhältnissen (vgl. auch Freedland / Kountouris 2011a, S. 202ff.), die für das Crowdwork konkret zu beschreiben und in einem System arbeitsrechtlicher Anknüpfung und Rechtsfolgen zu verorten sind. Die Verortung im bestehenden System bringt dabei unter Geltung des Gleichbehandlungsgrundsatzes die Anforderung mit sich, die Vergleichbarkeit mit bestehenden Konzepten der persönlichen und wirtschaftlichen Abhängigkeit im Blick zu behalten.

In Bezug auf das einfache Crowdworking sind dabei zwei Faktoren entscheidend, die als „Fremdbestimmung" einer Organisation und damit als persönliche Abhängigkeit umschrieben werden können:

- Crowdworker*innen erhalten keinen unmittelbaren Zugang zu den Güter- und Dienstleistungsmärkten; die Verwertung ihrer Arbeitsergebnisse ist der Plattform überlassen, die den Marktzugang organisiert. Diese Merkmale führen dazu, dass es sich in der Regel bereits nach geltendem Recht um Heimarbeitsverhältnisses i.S.d. § 2 HAG handeln wird (siehe oben S. 183 f.). Jedenfalls wäre eine sektorale Regulierung mindestens analog zur Heimarbeit zu gestalten (Krause 2016, B 106f.; BMAS 2017, S. 175; Waas 2017, S. 177ff.; Liebman / Lyubarsky 2017, S. 129ff.; Brose 2017, S. 14; Preis 2017, S. 173; Prassl 2018, S. 74ff.).
- Die meisten einfachen Crowdworking-Verhältnisse bringen darüber hinaus noch eine weitergehende Einbindung mit sich. Wo Qualifizie-

rungs-, Einstufungs- und Ratingmechanismen zusammenkommen, befinden sich die Crowdworker*innen in einer Interaktions- und Kommunikationsstruktur, die nicht nur strukturell einem betrieblich-räumlichen Zusammenhang gleicht, sondern organisatorische Einbindungen mit sich bringt, welche die wirtschaftlichen Handlungsmöglichkeiten der Crowdworker*innen erheblich beschränkt. Anders z.B. als beim Feedback eines echten Marktes haben die Crowdworker*innen nicht die Freiheit, selbst zu bestimmen, welches Feedback sie für die Bewertung ihrer Arbeit akzeptieren wollen. Mit einer Anknüpfung an solchen Kriterien der organisatorischen Einbindung wird ein weiteres Feld für eine sektorale Regelung eröffnet, das eher auf Analogien zur Fremdbestimmung i.S.d. § 611a Abs. 1 BGB abzielt.

Eine sektorale Regelung würde es auch ermöglichen, für diejenigen Regelungsprobleme des Crowdworking, die nicht an Fremdbestimmung oder organisatorischer Einbindung ansetzen, Lösungen zu finden, um wirtschaftliche Abhängigkeit, die Fairness von Vertragsgestaltung und Fragen des Lauterkeits- oder Kartellrechts zu adressieren (vgl. Zatz 2011; Tomassetti 2016, S. 29ff.). Diese Fragen sind Gegenstand des Beitrags von Isabell Hensel in diesem Band.

4.5. Das Dreiecksverhältnis: Aktivität und Passivität von Plattformen

Die Debatte um die Zuweisung von rechtlicher und sozialer Verantwortung muss sich auch dazu verhalten, dass die meisten Plattformen sich stärker wie Vermittler*innen und Agenturen als wie eigenständige Unternehmen präsentieren. In Hinblick auf das Dreiecksverhältnis sind auch schon Analogien zur Leiharbeit/Arbeitnehmerüberlassung gezogen worden (Prassl / Risak 2017; Biegoń u.a. 2017, S. 9f.). Bezieht man die Betrachtung in diesem Sinn auf den einzelnen Auftrag, den Crowdworker*innen ausführen, und nicht auf den Rahmenvertrag mit der Plattform (Risak 2017), stellen sich die Vertragsverhältnisse als fragmentiert und sehr kurz andauernd dar – was Branchenlösungen oder stärkere Verzahnungen mit dem Sozialversicherungsrecht nahelegen würde (Risak / Lutz 2017).

Das Verständnis dieser Prozesse wird auch dadurch erschwert, dass die Organisationstheorien schon immer die Organisationsformen von Dienstleistungssektoren vernachlässigt haben (Tomassetti 2016, S. 56ff.). Neuansätze, die Phänomene der Verflüssigung der digital koordinierten Organisation berücksichtigen, können demgegenüber erklären, weshalb und wie sich jenseits von Hierarchie, Weisungsgebundenheit und den Zielsetzungen der Transaktionskostenreduzierung Organisationsformen ausbilden, die zu wirtschaftlichen Vorteilen einerseits und Handlungsbeschränkungen der Mitglieder andererseits führen. An diesen kann die arbeitsbezogene Regulierung anknüpfen.

Spezifische Verantwortungsbeziehungen, mit denen sich die Zuweisung von Verantwortlichkeiten und Risiken begründen lässt (Hensel 2017, S. 907ff., 911),[38] setzen insofern voraus, dass die Vermittler*innen sich nicht auf Vermittlung und eine „neutrale Stellung"[39] beschränken, sondern im Hinblick auf die Leistungen und/oder Verträge, die sie zu vermitteln beanspruchen, eine „aktive Rolle"[40] einnehmen bzw. inwiefern sie aus Sicht eines „sorgfältigen Wirtschaftsteilnehmers" hätte aktiv werden müssen.[41] Hier kann die Dogmatik zu Crowdworking-Plattformen ebenfalls an der Debatte zu Regulierung von Plattformen im Allgemeinen anschließen.

Unsere Untersuchung hat deutlich gemacht, dass Kriterien dafür, eine Plattform als „aktiv" im Sinne einer organisatorischen Einbindung von Beschäftigten zu bewerten, sich insbesondere aus Feedback- und Ratingmechanismen sowie Zuweisungspraktiken anhand von Qualifikation ergeben.

5. Zusammenfassung/Fazit

Mit den herkömmlichen Abgrenzungen zwischen Arbeitnehmer*in und Selbstständigen (und den Kategorien der arbeitnehmerähnlichen Person und der Heimarbeit) können für das Crowdworking keine zufriedenstellenden und konsistenten Ergebnisse für Einzelfälle erzielt werden. Der US-amerikanische Richter Chhabria hat dies im Fall Lyft auf den Punkt gebracht:

> „The jury in this case will be handed a square peg and asked to choose between to round holes. The test the […] courts have developed over the 20th century for classifying workers isn't very helpful in addressing

38 BVerfG, 8.4.1987 – 2 BvR 909, 934, 935, 936, 938, 941, 942, 947/82, 64/83 und 142/84, BVerfGE 75, 108, 146f. (Künstlersozialversicherungsgesetz).

39 BGH, 19.3.2015. I ZR 94/13, BGH JZ 2016, 677 (zu § 2 Abs. 1 Nr. 3 UWG) m. zust. Anm. Paal 2016, S. 681.

40 EuGH, 12.7.2011 – C-342/09 (L'Oréal); vgl. EuGH, 7.7.2016 – C-494/15 (Tommy Hilfiger); EuGH, 13.5.2014 – C-131/12 (google Spain).

41 EuGH, 12.7.2011 – C-342/09 (L'Oréal).

> this 21st century problem. Some factors point in one direction, some point in the other, and some are ambiguous."[42]

In dieser Situation scheint jedenfalls die deutsche Rechtsprechung aktuell zu kapitulieren – jedenfalls in Fallgestaltungen, die ebenfalls in einem „Graubereich“ zwischen Arbeitnehmer*innen- und Selbstständigenstellung verortet sind. Wenn aber jede Leistung rechtlich sowohl in einem Arbeitsverhältnis als auch in einem selbstständigen Dienstverhältnis organisiert werden kann und die Einordnung letztlich von der vertraglichen Gestaltung der Weisungsbeziehungen abhängt, steigt die Fähigkeit von Unternehmen, selbst über die Rechtsgrundlage der Beschäftigung zu disponieren (Däubler 2010, 142f.) – ein Ergebnis, das den Zielen der Regulierung und der völkerrechtlichen Empfehlung in jeder Hinsicht widerspricht.

Um die Akteure einschließlich der Gerichte in die Lage zu versetzen, die organisatorischen Gestaltungen im einfachen Crowdworking im Hinblick auf den arbeitsrechtlichen Schutz addressieren zu können, muss die Betrachtung an organisatorischen Gestaltungen anknüpfen. Hierfür kann auf neuere organisationstheoretische Ansätze Bezug genommen werden, wie sie im hier vorgestellten Projekt entwickelt wurden. Diese stellen sich unabhängiger von rechtlichen Annahmen dar als herkömmliche Konzepte der Organisation, die mit Begriffen von property rights, employment und contract arbeiten (Tomassetti 2016, S. 58ff. zur Coase-Theorie). Ein Verständnis von Organisation als wissensintensiver Koordination kann insofern Ausgangspunkt einer Reformulierung der „Fremdbestimmung“ sein, an die auch Regulierung anknüpfen kann – ob dies nun im Rahmen von Soft Law, Vertragsbedingungen oder Zertifizierung (Al-Ani 2015, S. 46f.), eines „Crowdwork-Gesetzes“ (Risak / Lutz 2017) oder einer EU-Rahmenrichtlinie zu arbeits- und sozialrechtlichen Mindeststandards in der Plattformökonomie (Biegoń u.a. 2017, S. 10f.; ähnlich Risak 2018) stattfindet (zu solchen umfassenderen Regelungskonzepten siehe auch Hensel in diesem Band).

Ein „soziales Recht“ (historisch: Eichenhofer 2012; Seifert 2011) der Gegenwart muss von solchen Rekonstruktionen und Ausdifferenzierungen ausgehen und neuen Formen der Koordination von Arbeit in einer Weise gerecht werden, die allen Beschäftigten einen Ort in der Erwerbsgesellschaft gewährleistet. Eine „Reinstitutionalisierung des Arbeitsverhältnisses“ muss sich der Vielfältigkeit von Beschäftigung annehmen (Castel 2011, S. 111).

---

42 Cotter v. Lyft Inc., 60 F.Supp.3d 1067, 1078 (N.D. Cal. 2015), zitiert von Liebman 2017, S. 229.

Literatur

Al-Ani, Ayad (2015): Arbeiten in der Crowd. Generelle Entwicklungen und gewerkschaftliche Strategien. Berlin.

Arthurs, Harry (2011): Labour Law After Labour. In: The idea of labour law. Guy Davidov / Brian Langille (Hg.). Oxford: Oxford University Press, S. 13–29.

Bayreuther, Frank (2017): Entgeltsicherung Selbstständiger. In: Neue Juristische Wochenschrift, S. 357.-361

Biegoń, Dominika / Kowalsky, Wolfgang / Schuster, Joachim (2017): Schöne neue Arbeitswelt? Wie eine Antwort der EU auf die Plattformökonomie aussehen könnte.

Bundesministerium für Arbeit und Soziales (2017): Weißbuch – Arbeiten 4.0. Berlin.

Bundesministerium für Wirtschaft und Energie (2017): Weißbuch – Digitale Plattformen.

Boemke, Burkhard (1998): Neue Selbständigkeit und Arbeitsverhältnis – Grundsatzfragen sinnvoller Abgrenzung von Arbeitnehmern, Arbeitnehmerähnlichen und Selbständigen. In: Zeitschrift für Arbeitsrecht, S. 285–326.

Borzaga, Matteo (2012): Wirtschaftlich abhängige Selbständige in Italien und Deutschland: eine rechtsvergleichende Analyse. In: Übergänge im Arbeitsleben und (Re)Inklusion in den Arbeitsmarkt. Symposium für Wolfhard Kohte. Dörte Busch / Kerstin Feldhoff / Katja Nebe (Hg.). Baden-Baden: Nomos, S. 99–112.

Brors, Christiane (2016): Schöne, neue Arbeitswelt – ist der Arbeitsvertrag dafür zu "altbacken"? Zugleich eine Stellungnahme zu Bücker (2016): Arbeitsrecht in der vernetzten Arbeitswelt. In: Industrielle Beziehungen, 23, 2, S. 226–235.

Brose, Wiebke (2017): Von Bismarck zu Crowdwork: Über die Reichweite der Sozialversicherungspflicht in der digitalen Arbeitswelt. In: Neue Zeitschrift für Sozialrecht, S. 7–14.

Bücker, Andreas (2016): Arbeitsrecht in der vernetzten Arbeitswelt. In: Industrielle Beziehungen, 23, 2, S. 187–225.

Buxbaum Richard M. (1993): Is “Network” a Legal Concept?, In: Journal of Institutional and Theoretical Economics, 149, S. 698-705.

Castel, Robert (2011): Die Krise der Arbeit. Neue Unsicherheiten und die Zukunft des Individuums. Hamburg: Hamburger Edition, HIS.

Däubler, Wolfgang (2010): Die offenen Flanken des Arbeitsrechts, In: Arbeit und Recht 2010, S. 142–148.

Däubler, Wolfgang (2018): Digitalisierung und Arbeitsrecht. Internet, Arbeit 4.0 und Crowdwork, 6. Auflage. Frankfurt am Main: Bund-Verlag.

Däubler, Wolfgang / Klebe, Thomas (2015): Die neue Form der Arbeit – Arbeitgeber auf der Flucht?. In: Neue Zeitschrift für Arbeitsrecht, 17, S. 1032–1041.

Davidov, Guy (2011): Re-Matching Labour Laws with Their Purpose. In: The idea of labour law. Guy Davidov / Brian Langille (Hg.). Oxford: Oxford University Press, S. 179–189.

Davidov, Guy (2016): A Purposive Approach to Labour Law. Oxford: Oxford University Press.

Davidov, Guy (2017): The Status of Uber Drivers: A Purposive Approach. In: Spanish Labour Law and Employment Relations Journal, 6, 1-2, S. 6-15.

Davidov, Guy / Freedland, Mark / Kountouris, Nicola (2015): The Subjects of Labor law: "Employees" and Other Workers. In: Research Handbook in Comparative Labor Law. Matthew Finkin / Guy Mundlak (Hg.). Cheltenham: Edward Elgar, S. 115-131.

Deinert, Olaf (2015): Soloselbstständige zwischen Arbeitsrecht und Wirtschaftsrecht. Zur Notwendigkeit eines erweiterten Sonderrechts für Kleinunternehmer als arbeitnehmerähnliche Personen. Baden-Baden: Nomos.

Deinert, Olaf (2017): Neuregelung des Fremdpersonaleinsatzes im Betrieb. In: Recht der Arbeit, S. 65–82.

Deutscher Juristentag (2016): Beschlüsse, Bonn: Deutscher Juristentag e.V.

Eichenhofer, Eberhard (2012): Soziales Recht – Bemerkungen zur Begriffsgeschichte. In: Soziales Recht, S. 76–83.

Europäische Kommission (2006): Grünbuch – Ein modernes Arbeitsrecht für die Herausforderungen des 21.Jahrhunderts, KOM(2006) 708 endgültig, Brüssel.

Frantzioch, Petra (2000): Abhängige Selbständigkeit im Arbeitsrecht. Eine Untersuchung der rechtlichen Stellung von Selbständigen in persönlicher oder wirtschaftlicher Abhängigkeit. Berlin: Duncker & Humblot.

Freedland, Mark R. / Kountouris, Nicola (2011a): The Legal Characterization of Personal Work Relations and the Idea of Labour Law, In: The idea of labour law. Guy Davidov / Brian Langille (Hg.). Oxford: Oxford University Press, S. 190–208.

Freedland, Mark R. / Kountouris, Nicola (2011b): The Legal Construction of Personal Work Relations. Oxford, New York: Oxford University Press.

Giesen, Richard / Kersten, Jens (2017): Arbeit 4.0. Arbeitsbeziehungen und Arbeitsrecht in der digitalen Welt. München: C.H.Beck.

Grundmann Stefan (2007): Die Dogmatik der Vertragsnetze, In: Archiv für civilistische Praxis, 207, S. 718-767.

Günther, Jens / Böglmüller, Matthias (2015): Arbeit 4.0 – Arbeitsrechtliche Herausforderungen in der vierten industriellen Revolution. In: Neue Zeitschrift für Arbeitsrecht, 17, S. 1025–1031.

Hensel, Isabell (2017): Soziale Sicherheit für Crowdworker_innen? Zu Regulierungsproblemen am Beispiel der Alterssicherung für Selbstständige, In: Sozialer Fortschritt, 66, S. 897–918.

Hirsch, Jeffrey M. / Seiner, Joseph (2018): A Modern Union for the Modern Economy. In: Fordham Law Review, 86, 4, S. 1727-1783.

IG Metall u.a. (2016): Frankfurter Erklärung zu plattformbasierter Arbeit: Vorschläge für Plattformbetreiber, Kunden, politische Entscheidungsträger, Beschäftigte und Arbeitnehmerorganisationen. Kopenhagen u.a.

Junker, Abbo (2016): Die Einflüsse des europäischen Rechts auf die personelle Reichweite des Arbeitnehmerschutzes. Der Arbeitnehmerbegriff in der Rechtsprechung des Europäischen Gerichtshofs. In: Europäische Zeitschrift für Arbeitsrecht, 9, 2, S. 184–206.

Jürgens, Kerstin / Hoffmann, Reiner / Schildmann, Christina (2017): Arbeit transformieren! Denkanstöße der Kommission "Arbeit der Zukunft". Bielefeld: transcript Verlag.

Kahn-Freund, Otto (1967): A Note on Status and Contract in British Labour Law, In: Modern Law Review, 80, S. 635–644.

Kezuka, Katsutoshi (2017): Crowdwork and the Law in Japan. In: Crowdwork. A Comparative Law Perspective. Bernd Waas / Wilma B. Liebman / Andrew Lyubarsky / Katsutoshi Kezuka (Hg.). Frankfurt a. M.: Bund-Verlag, S. 188–254.

Klebe, Thomas (2017): Arbeitsrecht 4.0: Faire Bedingungen für Plattformarbeit, In: Wirtschafts- und Sozialpolitik Direkt, 22, Bonn: Friedrich-Ebert-Stiftung.

Kocher, Eva (2015): Private Macht im Arbeitsrecht. In: Private Macht. Florian Möslein (Hg.). Tübingen: Mohr Siebeck, S. 241–280.

Kocher, Eva (2016): Europäisches Arbeitsrecht, Baden-Baden: Nomos.

Kocher, Eva (2018): Die Spinnen im Netz der Verträge – Geschäftsmodelle und Kardinalpflichten von Crowdsourcing-Plattformen, In: Juristen Zeitung, 18, S. 862–870.

Kocher, Eva / Hensel, Isabell (2017): Herausforderungen des Arbeitsrechts durch digitale Plattformen – ein neuer Koordinationsmodus von Erwerbsarbeit. In: Neue Zeitschrift für Arbeitsrecht, 16, S. 984–990.

Krause, Rüdiger (2016): Digitalisierung der Arbeitswelt – Herausforderungen und Regelungsbedarf. Gutachten B. In: Verhandlungen des 71. Deutschen Juristentags Essen 2016. Deutscher Juristentag (Ständige Deputation) (Hg.). München: C.H.Beck.

Langille, Brian (2011): Labour Law's Theory of Justice. In: The idea of labour law. Guy Davidov / Brian Langille. Oxford: Oxford University Press, S. 101–120.

Liebman, Wilma B. (2017): Debating the Gig Economy, Crowdwork and New Forms of Work. In: Soziales Recht, 6, S. 221–238.

Liebman, Wilma B. / Lyubarsky, Andrew (2017): Crowdworkers, the Law and the Future of Work: The U.S.In: Crowdwork. A Comparative Law Perspective. Bernd Waas / Wilma B. Liebman / Andrew Lyubarsky / Katsutoshi Kezuka (Hg.). Frankfurt a. M.: Bund-Verlag, S. 24–140.

Lingemann, Stefan / Otte, Jörn (2015): Arbeitsrechtliche Fragen der „economy on demand". In: Neue Zeitschrift für Arbeitsrecht, 17, S. 1042–1047.

Martini, Mario (2017): Algorithmen als Herausforderung für die Rechtsordnung, In: Juristen Zeitung, 21, S. 1017-1025.

Müller-Glöge, Rudi / Preis, Ulrich / Schmidt, Ingrid (Hg.) (2018): Erfurter Kommentar, 18. Auflage, München: Beck-Verlag.

Neugebauer, Julia / Klebe, Thomas (2014): Crowdsourcing. Für eine handvoll Dollar oder Workers of the crowd unite? In: Arbeit und Recht, 62, 1, S. 4–7.

Nogler, Luca (2009): The concept of "subordination" in European and comparative law. Trento: University of Trento.

Paal, Boris P. (2016): Anmerkung zu BGH, Urteil vom 19.3.2015 – I ZR 94/13 (Hotelbewertungsportal), In: Juristen Zeitung, 13, S. 681-685.

Perulli, Adalberto (2003): Travail économiquement dépendant / parasubordination: les aspects juridiques, sociales et économiques, http://www.metiseurope.eu/content/pdf/n8/7_parasubordination.pdf.

Pottschmidt, Daniela (2006): Arbeitnehmerähnliche Personen in Europa. Die Behandlung wirtschaftlich abhängiger Erwerbstätiger im Europäischen Arbeitsrecht sowie im (Arbeits-)Recht der EU-Mitgliedstaaten. Baden-Baden: Nomos.

Prassl, Jeremias (2018): Humans as a Service. The Promise and Perils of Work in the Gig Economy. Oxford: Oxford University Press.

Prassl, Jeremias / Risak, Martin (2016): Uber, Taskrabbit & Co: Platforms as Employers? Rethinking the Legal Analysis of Crowdwork. In: Comparative Labor Law & Policy Journal, 37, 3, S. 619–651.

Prassl, Jeremias / Risak, Martin (2017): The Legal Protection of Crowdworkers: Four Avenues for Workers' Rights in the Virtual Realm, In: Policy Implications of Virtual Work. Pamela Meil / Vassil Kirov (Hg.), Cham: Springer International Publishing, S. 273–295.

Preis, Ulrich (2017): Heimarbeit, Home-Office, Global Office – das alte Heimarbeitsrecht als neuer Leitstern für die digitale Arbeitswelt? In: Soziales Recht, S. 173–182.

Rancke, Friedbert (1979), Arbeitnehmerbegriff und sozio-ökonomischer Strukturwandel – Eine Analyse der Rechtsprechung des Bundesarbeitsgerichts, In: Arbeit und Recht, S. 9–17.

Rebhahn, Robert (2009a): Arbeitnehmerähnliche Personen – Rechtsvergleich und Regelungsperspektive. In: Recht der Arbeit, S. 236–253.

Rebhahn, Robert (2009b): Der Arbeitnehmerbegriff in vergleichender Perspektive. In: Recht der Arbeit, 62, 3, S. 154–175.

Rebhahn, Robert (2012): Die Arbeitnehmerbegriffe des Unionsrechts, In: Europäische Zeitschrift für Arbeitsrecht, S. 3-34.

Research group on the Law of Digital Services (2016): Discussion Draft of a Directive on Online Intermediary Platforms, In: Journal for European Consumer and Market Law, S. 164-169.

Risak, Martin (2017): Kapitel 3 – (Arbeits-)Rechtliche Aspekte der Gig-Economy, In: Arbeit in der Gig-Economy. Rechtsfragen neuer Arbeitsformen in Crowd und Cloud. Martin Risak / Doris Lutz (Hg.). Wien: ÖGB-Verlag.

Risak, Martin (2018): Fair working conditions for platform workers. Possible regulatory approaches at the EU level, Berlin: Friedrich-Ebert-Stiftung.

Risak, Martin / Lutz, Doris (2017): Kapitel 14 – Gute Arbeitsbedingungen in der Gig-Economy – was tun?, In: Arbeit in der Gig-Economy. Rechtsfragen neuer Arbeitsformen in Crowd und Cloud. Martin Risak / Doris Lutz (Hg.). Wien: ÖGB-Verlag.

Schneider, Hans-Peter (1985): Artikel 12 GG – Freiheit des Berufs und Grundrecht der Arbeit. In: Veröffentlichungen der Vereinigung deutscher Staatsrechtslehrer, 43, S. 7–47.

Schönefeld, Daniel / Hensel, Isabell / Koch, Jochen / Kocher, Eva / Schwarz, Anna (2017): Jobs für die Crowds. Werkstattbericht zu einem neuen Forschungsfeld. Frankfurt (Oder).

Seifert, Achim (2011): "Von der Person zum Menschen im Recht". Zum Begriff des sozialen Rechts bei Hugo Sinzheimer. In: Soziales Recht, S. 62–73.

Stefano, Valerio de (2016): Crowdsourcing, the Gig-Economy and the Law (Introduction). In: Comparative Labor Law & Policy Journal, 37, 3, S. 1–10.

Stone, Katherine V.W. (2004): From Widgets to Digits. Employment Regulation for the Changing Workplace. Cambridge: Cambridge University Press.

Supiot, Alain (2001): Beyond Employment. Changes in Work and the Future of Labour Law in Europe. A report prepared for the European Commission. Oxford: Oxford University Press.

Sutschet, Holger (2016): Neuere Tendenzen zur personellen Reichweite des Arbeitnehmerschutzes im englischen Arbeitsrecht. In: Europäische Zeitschrift für Arbeitsrecht, 9, 2, S. 171–183.

Temming, Felipe (2015): Zum Anwendungsbereich der Vorschriften über die internationale Zuständigkeit für individuelle Arbeitsverträge. In: Praxis des Internationalen Privat- und Verfahrensrechts (IPRax), 6. S. 509-516.

Teubner, Gunther (2004): Netzwerk als Vertragsverbund, Baden-Baden: Nomos.

Tomassetti, Julia (2016): Does Uber Redefine the Firm? The Postindustrial Corporation and Advanced Information Technology. In: Hofstra Labor and Employment Law Journal, 34, S. 1–78.

Vogl, Elisabeth (2018): Crowdsourcing-Plattformen als neue Marktplätze für Arbeit. Die Neuorganisation von Arbeit im Informationsraum und ihre Implikationen. Augsburg, München: Rainer Hampp Verlag.

Waas, Bernd (2017): Crowdwork in Germany, In: Crowdwork. A Comparative Law Perspective. Bernd Waas / Wilma B. Liebman / Andrew Lyubarsky / Katsutoshi Kezuka (Hg.). Frankfurt a. M.: Bund-Verlag, S. 142–186.

Wachter, Gustav (2000): Arbeitnehmerähnliche Personen im österreichischen Arbeits- und Sozialrecht. In: Zeitschrift für ausländisches und internationales Arbeits- und Sozialrecht, S. 250–265.

Waltermann, Raimund (2010): Welche arbeits- und sozialrechtlichen Regelungen empfehlen sich im Hinblick auf die Zunahme Kleiner Selbstständigkeit?, In: Recht der Arbeit, S. 162–170.

Wank, Rolf (1988): Arbeitnehmer und Selbständige. München: C.H. Beck.

Wank, Rolf (1999): Telearbeit. In: Neue Zeitschrift für Arbeitsrecht, S. 225–233.

Wank, Rolf (2015): Die Auslegung von Gesetzen, 6. Auflage, München: Vahlen.

Wank, Rolf (2016): Die personelle Reichweite des Arbeitnehmerschutzes aus rechtsdogmatischer und rechtspolitischer Perspektive. In: Europäische Zeitschrift für Arbeitsrecht, 9, 2, S. 143–170.

Wank, Rolf (2017): Der Arbeitnehmer-Begriff im neuen § 611a BGB. In: Arbeit und Recht, S. 140–153.

Wank, Rolf (2018): Neues zum Arbeitnehmerbegriff des EuGH. In: Europäische Zeitschrift für Wirtschaftsrecht, S. 2128–2132.

Wisskirchen, Gerlind / Schwindling, Jan 2017. Crowdworking im Lichte des Arbeitsrechts. In: Zeitschrift für Europäisches Sozial- und Arbeitsrecht, S. 318–323.

Zatz, Noah (2011): Beyond Misclassification: Tackling the Independent Contractor Problem Without Redefining Employment. In: ABA (American Bar Association) Journal of Labor & Employment Law, 26, 2, S. 279-294.

Ziegler, Katharina (2011): Arbeitnehmerbegriffe im Europäischen Arbeitsrecht. Baden-Baden: Nomos.

Die horizontale Regulierung des Crowdworking: Wer bestimmt die Regeln?

Isabell Hensel

Die dem Crowdworking typischen Leistungsbeziehungen sind, wenn sie nicht dem Arbeitsrecht unterfallen, von den Begriffen der Selbstständigkeit und des Marktes her zu analysieren. Crowdworker*innen, die nicht als Arbeitnehmende zu qualifizieren sind (dazu Kocher in diesem Band; Kocher / Hensel 2016), agieren als selbstständige Unternehmer*innen. Für diese setzen Plattformen und Crowdsourcer*innen in weiten Teilen die Markt- und Beschäftigungsbedingungen des Crowdworking, ohne dass die vermeintlich selbstständigen Crowdworker*innen hierauf einen gestaltenden Einfluss hätten. Die Selbstbestimmung der Betroffenen wird dadurch gerade beim einfachen Crowdworking wesentlich beschnitten. Die horizontale Regelungsdynamik jenseits staatlicher Regulierung ist typisch für die gegenwärtige Ordnung des Internet (statt vieler Hoffmann-Riem 2016a). Bei der rechtlichen Bewältigung dieser Herausforderung zeigt sich nun aber, dass die klassischen Verfahren der Vertrags- und Wettbewerbskontrolle Probleme haben, das für diese Konstellation typische Zusammenspiel verschiedenster Steuerungsphasen, -ebenen und -mechanismen adäquat zu erfassen. *Daher, so meine These, sind eine stärkere Verzahnung der vertrags- und wettbewerbsrechtlichen Kontrollinstrumente und die prozedurale Weiterentwicklung der herkömmlichen Schutzinstitute angezeigt.*

Um meine These zu entfalten, werde ich zunächst (hierzu 1.) die Schwierigkeiten darstellen, die sich bei einer Anwendung der klassischen Ausgleichsmechanismen des Vertragsrechts ergeben, um in einem zweiten Schritt (hierzu 2.) die durch das Wettbewerbsrecht gezogenen Grenzen der horizontalen Gestaltungsfreiheit daraufhin zu überprüfen, inwieweit sie die von den Plattformen ausgehenden Gefährdungen der Privatautonomie erfassen können. In einem letzten Schritt (hierzu 3.) sollen die Konturen eines prozeduralen Rechts der digitalen Beschäftigung skizziert werden, das Elemente aus Vertrags- und Wettbewerbsrecht vereint, um nicht nur auf die crowdworking-typische Gefährdungskonstellation zu reagieren, sondern die die Crowdworker*innen ermächtigt, ihre Arbeitsbedingungen selbstbestimmt und in kollektiven Organisationsformen mitzugestalten.

1. *Vertragsrechtliche Korrektur der Crowdworking-Verträge?*

Crowdworking ist ein global und sektional wachsender und damit auch zunehmend umkämpfter Markt (Schönefeld / Hensel in diesem Band). Die Auftraggeber*innen haben steigenden Bedarf, fremde Arbeitsleistungen einzukaufen. Damit expandiert auch der Plattformmarkt und treibt eine Vielzahl sehr unterschiedlicher Geschäftsmodelle hervor,[1] die ihrerseits ganz eigene Regelungs- und Steuerungssysteme entwickeln.

Für Crowdworking-Verträge gibt es bisher weder im nationalen Recht noch in transnationalen Rechtsordnungen, d.h. insbesondere weder im supranationalen Recht der EU noch im internationalen Recht, explizit ausbuchstabierte gesetzliche Vorgaben. Das bedeutet freilich nicht, dass das Crowdworking in einem extrajuridischen Bereich stattfände. Im deutschen Recht (zu kollisionsrechtlichen Fragen etwa Däubler 2015, S. 265) gilt bezogen auf die Crowdworker*innen neben flankierenden Regelungen etwa aus dem Urheber-, Persönlichkeits-, Diskriminierungs-, Datenschutz- und Deliktsrecht das allgemeine Vertragsrecht, das sich je nach Vertragstyp im Hinblick auf Regelungen wie Zahlungsmodalitäten, Fälligkeit, Störung des Leistungsaustausches, Nachbesserungs- und Zurückweisungsrechte, Vertragsbeendigungsmöglichkeiten unterscheidet. Neben Primäransprüchen etwa aus Dienst- (§§ 611ff. BGB) oder Werkvertrag (§§ 631ff. BGB) bestehen auch Sekundäransprüche. So lassen sich neben leistungsbezogenen Schadensersatzansprüchen auch Schutzpflichten aus dem Plattformnutzungsvertrag schon für die Phase der Vertragsanbahnung und -verhandlung (§ 311 II BGB) ableiten. Hierbei werden für Plattformen aufgrund ihrer sachwalterartigen Position, der Wissensasymmetrie und des Nähe- und Vertrauensverhältnisses der Parteien umfassende Informations-, Treue-, Aufklärungs- und Fürsorgepflichten angenommen (zur Sachwalterhaftung Hauck / Blaut 2018, S. 1.425; Engert 2018, S. 334ff.). Allerdings handelt es sich bei all diesen Regelungen nicht um zwingende, dem Umgehungsverbot unterfallende Rechtsnormen, sondern um dispositives Gesetzesrecht von dem nach dem Grundsatz der Vertragsfreiheit (zur Bedeutung vor allem bei Plattformverträgen Maultzsch 2018) durch individuelle Vereinbarung oder in Allgemeinen Geschäftsbedingungen (AGB) abgewi-

---

1 Aufgrund dieser Vielzahl beschränken sich die folgenden Aussagen darauf, typische Regelungsmuster des einfachen und kreativen (nicht kollaborativen) Crowdworking (zu dieser Unterscheidung Schönefeld / Hensel in diesem Band) zu beschreiben. Dies ist Ergebnis einer umfassenden Analyse der AGB der vor allem in Deutschland aktiven Plattformen.

chen werden kann. Davon machen die Plattformen umfassend Gebrauch und vorformulieren eigene AGB.

Eine solche AGB-förmige Abbedingung des allgemeinen Zivilrechts ist nicht grenzenlos zulässig. Die Grenzen der Abdingbarkeit werden hierbei über die allgemeinen zivilrechtlichen Schutzinstrumente entwickelt, insbesondere indem mittels einer vertraglichen Inhaltskontrolle unausgewogene Verträge korrigiert werden. Die Effektivität dieser Schutznormen ist aber angesichts der komplexen vertraglichen Struktur der Crowdworking-Verträge mehr als eingeschränkt. Das gilt sowohl für die AGB-Kontrolle als auch für die auf die zivilrechtlichen Generalklauseln gestützte Kontrolle.

1.1. Vertragliche Inhaltskontrolle

Über Allgemeine Geschäftsbedingungen (AGB) können Plattformen ohne individuelle Aushandlung (die aber sowohl in mündlicher als auch schriftlicher Form Vorrang hätten, vgl. § 305 b BGB) mit den Vertragspartner*innen detaillierte und funktionale Regeln für eine Vielzahl von Verträgen (‚Massengeschäfte') festsetzen und damit autonome Regelungen schaffen. Es entspricht gängiger Praxis, dass auf den Plattformen die (explizite oder konkludente) Einwilligung der Crowdworker*innen als Voraussetzung der Nutzung eingefordert wird. Auch wenn die Regelungsschwerpunkte je nach Crowdworking-Modell (dazu Schönefeld / Hensel in diesem Band) variieren, zeigt sich doch einheitlich, dass die Klauseln der Plattformen auf die Sicherung der Flexibilität der Plattformen und Crowdsourcer*innen und die Kontrolle der Crowdworker*innen gerichtet sind. So finden sich in den AGB typischerweise detaillierte Regelungen im Hinblick auf u.a. Zugangsbedingungen, Qualifikationsanforderungen, Angebotsstrukturen, Qualitätskontrollen, teils obligatorische Weiterbildungsangebote durch die Plattformen, Entscheidungen über vertragsgemäße Leistungen, Sanktionierungen, Kontaktsperren zu anderen Crowdsourcer*innen, Übertragungen der Nutzungsrechte, einseitige Änderungsrechte der AGB sowie technische Nutzungsbedingungen bis hin zur Erlaubnis einseitiger Abschaltungen der Plattformen sowie zur Accountkündigung und zur Rechtswahl (dazu umfassend Kocher / Hensel 2016).

Hierbei vom dispositiven Gesetzestext abweichende AGB unterliegen einer Klauselkontrolle nach §§ 307 – 309 BGB. Diese zielt auf den Schutz der Vertragspartei, die die Verwendung von AGB akzeptieren muss. Die Crowdworking-Verträge sind hierbei im Hinblick auf eine Reihe von Gesichtspunkten mehr als problematisch. So finden sich regelmäßig Klauseln, die nach den §§ 305ff. BGB als unwirksam zu werten sind (ausf. vor allem Däubler / Klebe 2015, S. 1037ff.; Däubler 2015, S. 250ff.):

- *Individualabreden*: Ein Verstoß gegen § 305 b BGB liegt vor, wenn nur schriftliche (und nicht auch mündliche) Individualabreden Vorrang vor den AGB haben sollen.
- *Leistung nach ‚Preisausschreiben'*: Klauseln, die eine Vergütung für vereinbarte Arbeitsleistung nur denen zusprechen, die die beste Leistung erbracht haben, sind nach § 307 II Nr. 1 BGB wegen der Unvereinbarkeit mit wesentlichen gesetzlichen Grundgedanken (etwa Abnahme- und Vergütungspflicht im Werkvertragsrecht, §§ 640 I, 641 I BGB) unwirksam.
- *Nachbesserungsfristen*: Grundlos zu kurze Nachbesserungsfristen benachteiligen die Crowdworker*innen gem. 307 I S. 1, II BGB unangemessen und laufen dem gesetzlichen Grundgedanken des § 323 BGB (angemessene Nachfristsetzung) zuwider.
- *Plattformzugang*: Ein Verstoß gegen § 307 I S. 1 und S. 2 BGB liegt vor, wenn sich die Plattform das Recht vorbehält, ihre Dienste jederzeit einzuschränken oder zu reduzieren.
- *AGB-Änderung*: Klauseln, in denen sich die Verwendenden jederzeit und grundlos mit oder ohne Ankündigungsfrist Änderungen der AGB vorbehalten, verstoßen insbesondere gegen das Transparenzgebot des § 307 I 2 BGB.
- *Nutzungsrechte*: Auch nicht mit dem wesentlichen Grundgedanken des Gesetzes vereinbar sind Klauseln, die eine Übertragung der Nutzungsrechte auch an solchen Arbeitsleistungen vorsehen, die nicht angenommen und vergütet werden. Dies widerspricht § 11 S. 2 UrhG, wonach die Urheber*in angemessen wirtschaftlich an ihrem Werk beteiligt werden soll (vgl. Dreier / Leistner 2014, S. 17).
- *Kontaktsperren*: Klauseln, die Kontaktsperren zwischen Crowdworker*innen errichten, sind nicht mit den Persönlichkeitsrechten vereinbar und daher nichtig.

Über den Individualschutz der AGB-Kontrolle hinaus sind die Crowdworking-Verträge auch an den Generalklauseln der §§ 134, 138 BGB zu messen, die die allgemeinen Missbrauchsgrenzen der Vertragsfreiheit festlegen. Nach § 134 BGB führt ein Verstoß gegen ein gesetzliches Verbot zur Nichtigkeit bzw. zu Teilnichtigkeit und zur Vertragsanpassung, wobei im Hinblick auf das Crowdworking vor allem drei Konstellationen denkbar sind: (1) In extremen Fällen kann der strafrechtliche Wuchertatbestand gem. § 291 StGB einschlägig sein. (2) Es kann unter Umständen gegen das Verbot der Schwarzarbeit gem. § 1 II Nr. 2 SchwarzArbG (zum Problem der

Schwarzarbeit bei Plattformarbeit auch Europäisches Parlament 2017a und b) verstoßen werden. (3) Auch das Diskriminierungsverbot aus § 19 AGG i.V.m. dem völkerrechtlichen Diskriminierungsverbot aus der ILO-Kernarbeitsnorm Nr. 2d (hierzu Senghaas-Knobloch 2005, S. 106) kann verletzt sein, insbesondere wenn der Plattformzugang diskriminierend ausgestaltet ist.

Die Crowdworking-Verträge können aber nicht nur gegen Verbotsgesetze i.S.d. § 134 BGB, sondern auch gegen die guten Sitten i.S.d. § 138 BGB verstoßen, wenn eine Gesamtwürdigung von Inhalt, Beweggründen, Zustandekommen und Zweck des Vertrages ergibt, dass eine grobe Interessenverletzung von erheblichem Gewicht vorliegt, die subjektiv vorwerfbar ist. In diesem Zusammenhang hat die Rechtsprechung entsprechende Fallgruppen – sittenwidrige Vergütung, Knebelung und Machtmissbrauch, unzulässige Mankoabreden (Däubler 2015, S. 261; Maschmann / Heise / Belovitzer 2017, S. 217) – entwickelt, deren Anwendung auf Crowdworking-Verträge theoretisch möglich, in der Praxis aber mit großen Nachweisschwierigkeiten behaftet ist.

1.2. Grenzen der Inhaltskontrolle

Insgesamt gesehen kann die zivilrechtliche Vertragskontrolle im Einzelfall zur Korrektur unausgewogener Crowdworking-Verträge führen. Die Relevanz der vertraglichen Inhaltskontrolle für die Regulierung des Crowdworking ist bislang allerdings gering, denn der Mechanismus der Vertragskontrolle ist bei Crowdworking-Verträgen grundlegenden Schwierigkeiten ausgesetzt, die die Effektivität der Kontrolle untergraben und die im Folgenden kurz darzustellen sind: (1) Crowdworker*innen sind regelmäßig keine Verbraucher*innen. (2) Crowdworking-Verträge sind Netzwerkverträge. (3) Crowdworking-Verträge sind in algorithmische Prozesse eingebunden. (4) Die Inhaltskontrolle kommt strukturell spät und ist dysfunktional individualbezogen.

*1.2.1. AGB-Kontrolle als Verbraucher*innenschutz*

Die zivilrechtliche Vertragskontrolle unterscheidet systematisch zwischen Unternehmer*innen und Verbraucher*innen. Crowdworker*innen sind in den überwiegenden Fällen keine Verbraucher*innen, sondern Unternehmer*innen, da sie die Tätigkeit planmäßig, auf eine gewisse Dauer und nicht nur gelegentlich ausüben (vgl. § 14 BGB). Eine AGB-Kontrolle ist nach § 310 I, III BGB aber eingeschränkt, wenn die AGB gegenüber Unternehmer*innen verwendet werden, da sie in diesem Fall nicht der Inhaltskontrolle nach den § 305 II und III, § 308 Ziff. 1, 2 bis 8 und § 309 BGB unterliegen. Zwar ermöglicht § 307 BGB eine Korrektur im Hinblick auf „Treu und Glauben" (§ 307 I BGB) bzw. bei einem Abweichen von „wesentlichen Grundgedanken der gesetzlichen Regelung" (§ 307 II BGB) und auch die Inhaltskontrolle nach den Generalklauseln der §§ 134 und 138 BGB ist unabhängig von der Einordnung als Verbraucher*in.

Die AGB-Kontrolle ist in diesem Fall aber weniger detailliert, was insgesamt zu dem „etwas überraschenden Ergebnis" führt (Däubler / Klebe 2015, S. 1037), dass Crowdworker*innen, die nur gelegentlich auf Plattformen aktiv sind, als Verbraucher*innen besser geschützt sind als Crowdworker*innen, die planmäßig, auf Dauer und aus beruflichen Gründen tätig werden und existentiell von diesen Verträgen abhängig sind: „Bei den sozialpolitisch wichtigsten Fällen, in denen [die Arbeiter*innen] von dem Entgelt aus [ihren] Aufträgen leben [müssen], kommt das AGB-Recht also lediglich in der Form zur Anwendung, die zwischen Unternehmer[*innen] gilt. Dies lässt sich nur insoweit abmildern, als bei der Inhaltskontrolle nach § 307 I BGB auf derartige Umstände Rücksicht genommen wird" (Däubler / Klebe 2015, S. 1037ff.).

Zwar sind dementsprechend einseitige Leistungsablehnungsrechte, Kontaktverbote zwischen Crowdworker*innen und auch die exklusive Gewähr der Gegenleistung an Sieger*innen in „Windhundwettbewerben" offensichtlich rechtswidrig und über die vertraglichen Kontrollmechanismen zu korrigieren (Däubler / Klebe 2015, S. 1037ff.). Damit vermag man aber nur offensichtliche und qualifizierte Abweichungen zu korrigieren (dazu oben 1.1.). Für einen sehr großen Teil der die Crowdworker*innen benachteiligenden AGB greift der Korrekturmechanismus aber ins Leere.

1.2.2. Crowdworking-Verträge als atypische Netzwerkverträge

Der Grund dafür liegt aber nur teilweise in der mangelnden Verbraucher*inneneigenschaft der Crowdworker*innen. Denn im Hinblick auf die Effektivität der Schutzgewähr wird auch eine weitere Strukturbesonderheit der Crowdworking-Verträge relevant. Ihre besondere Gefährlichkeit ergibt sich nicht lediglich aus einer bilateralen Vertragsbeziehung, die sich an klassischen Formtypen des Zivilrechts orientiert, sondern ist Folge davon, dass die Verträge regelmäßig atypisch und in ein Netz von Verträgen eingewoben sind.

Insofern lässt sich für viele Klauseln ein direkter Vergleichsmaßstab für die Einordnung des Vertrages als treu- und sittenwidrig nicht im Gesetz finden, weil die Problematik der Regelung nicht aus einer Abweichung vom Normaltypus eines Vertrages, sondern aus der Vertragskette entspringt. Wenn § 307 II Nr. 2 BGB Zweck und Natur des Vertrages als Orientierungspunkte für die Wertung angibt, führt dies bei Crowdworking-Verträgen zu besonderen Problemen, weil es sich regelmäßig um atypische Verträge handelt, bei denen es schwer ist, den *einen* Vertragszweck zu bestimmen (dazu Teubner 2004, insb. S. 120ff.). Stattdessen sind für diese Verträge eine Vielzahl sich bedingender Vertragsinteressen und -logiken charakteristisch, die zudem einer ganz eigenen und neuartigen Dynamik, einer ‚Netzwerklogik' unterliegen.

Die vertraglichen Arrangements kombinieren hierbei regelmäßig verschiedene Vertragselemente etwa aus Subunternehmer-, Vermittlungs-, Werk-, Dienst-, Gebrauchsüberlassungs-, Nutzungs-, Auftrags-, Projekt- und teilweise auch gesellschaftsrechtlichen Kooperationsverträgen, deren Durchmischung und gegenseitige Bedingtheit erst die Eigenart der Crowdworking-Verträge ausmachen und die sich einer Einordnung in etablierte Vertragstypologien widersetzen.[2] Eine Vielzahl der Gefährdungen wird gerade erst aus der Logik der Verkettung der Leistungsbeziehungen und den Weitergabezwecken verständlich (dazu Kocher 2018, S. 863, 868f.). So gerät etwa der urheberrechtliche Verwertungsbegriff bei einer breit angelegten, netzwerkartigen Werknutzung an seine Grenzen (zu Quasi-Ausschließlichkeiten, Dreier / Leistner 2014, S. 14ff., 24ff.). Eine isolierte Betrachtung der Vertragsverhältnisse zwischen Crowdworker*innen und Plattformen zur Bestimmung der Hauptleistungspflichten ist daher wenig ergiebig.

1.2.3. Einbindung der Verträge in algorithmische Prozesse

Hinzukommt, dass sich die atypischen Vertragsnetze regelmäßig nicht darin erschöpfen, bi- bzw. multilaterale Beziehungen zwischen Rechtssubjekten zu regeln und eine Dreiecksbeziehung von Crowdworker*innen, Crowdsourcer*innen und Plattformen zu stabilisieren. Vielmehr sind die Vertragsnetzwerke in algorithmische Prozesse eingebettet.

Algorithmen werden etwa eingesetzt bei der Verarbeitung der Zugangsdaten und der Zuordnung in Qualifizierungsstufen, bei der Angebotsein-

2 Vgl. etwa BGH zur gemischten Rechtsnatur von Internetverträgen, BGH, Urt. v. 4.3.2010 – III ZR 79/09.

grenzung, bei der Zerlegung der Aufträge und Erstellung der Arbeitsaufträge, bei der Auswertung, der Erstellung des Reputationsprofils usw. (vgl. Leimeister u.a. 2016, S. 42; Al-Ani / Stumpp 2018, S. 247f.; zur Wirkungsweise des digitalen Codes Teubner 2003, S. 21ff., 24; Vesting 2004a; Hildebrandt 2016). Der Algorithmus hat einen besonderen Bedarf an persönlichen Daten,[3] den er durch Rückgriff auf den Datenpool der eigenen Kommunikationsräume (Chats, Foren, Überwachung der Arbeitsprozesse etc.) abdeckt. Steuerungsqualität erlangt der Algorithmus vor allem dadurch, dass er neben der Datensammlung auch entscheidet, wer, wann, welche Daten sieht und erhält, wie Wissen vernetzt wird, etwa Bewertungssysteme geschlossen oder geöffnet werden. Das exklusive Wissen und die Macht über Daten dient als Grundlage für die Weiterentwicklung des Geschäftsmodells (Schweitzer u.a. 2016, S. 15) und führt insgesamt zu einer effizienzsteigernden Steuerung und Kontrolle der Crowdworker*innen. Diese Kontrollmöglichkeit schafft Wettbewerbsvorteile und ermöglicht den exklusiven Zugriff auf die Daten der Crowdworker*innen.

Gleichzeitig ist der Algorithmus radikal auf die Durchsetzung seiner programmierten Logik gerichtet. Beschäftigungsverhältnisse werden nur in ihrer wirtschaftlichen Dimension reflektiert. Das zeigt sich vor allem in den rigiden binären Entscheidungssystemen der Algorithmen, die nur zwischen regelkonformem und nicht regelkonformem Verhalten unterscheiden. Daneben gibt es keinen Raum für Billigkeitserwägungen, für die Berücksichtigung des Einzelfalls oder für die Artikulation von Widersprüchen. Die Prozesse und Entscheidungskriterien sind von außen schwer zu durchschauen oder gar zu kontrollieren (zum Diskriminierungspotential Paal 2015, S. 999; Martini 2017, S. 1021). Die typischen Gefahren entstehen dabei nicht erst durch individualisierbares Fehlverhalten, sondern durch den Betrieb des Algorithmus und die durch ihn angestoßenen digitalen Prozesse und Kommunikationen, die eine eigene internetspezifische Wirkmacht und informationstechnische Risiken entfalten (Gruber 2014).

Gesteigert wird diese Lage noch dadurch, dass die Algorithmen intransparent arbeiten, wegen der Berufung auf Geschäftsgeheimnisse nur schwer überprüfbar und als Verantwortliche nur schwer direkt adressierbar sind (zu diesem Problem Teubner 2018b), so dass Rechtsschutz gegen die durch Algorithmen evozierten Gefahren nur schwer möglich ist.

3 Bei Crowdworking-Plattformen trägt die gängige Unterscheidung transaktionszentriert/datenzentriert nicht mehr. Zu dieser Differenzierung der Plattform-Idealtypen, Engelhardt / Wangler / Wischmann 2017.

1.2.4. Strukturelle Grenzen richterlicher Vertragsinhaltskontrolle

Hinzu kommt schließlich ein viertes zentrales Strukturproblem der Inhaltskontrolle von Crowdworking-Verträgen: Die AGB-Kontrolle durch die Gerichte kann systematische Verschiebungen, Ausschlüsse, Dynamiken durch das Geschäftsmodell und die Spezifika der digitalen Arbeit nicht hinreichend erfassen. Das liegt nicht nur daran, dass die mangelnde Verbraucher*inneneigenschaft der Crowdworker*innen einer effektiven Inhaltskontrolle im Wege steht, dass es sich um atypische, netzwerkförmige Verträge handelt, die in algorithmische Prozesse eingebettet sind, sondern gerade auch daran, dass die Gerichte regelmäßig einen personifizierenden Zugang zu diesen Fragen wählen, der schon im Ausgang auf die Geltendmachung persönlicher Betroffenheit angewiesen ist. Die fehlende Verbraucher*inneneigenschaft der Crowdworker*innen kommt hier ein weiteres Mal zum Tragen, weil damit der Weg über eine strukturell wirkende Verbandsklage der Verbraucher*innenverbände versperrt ist. Die Problemlage kann aus einer individualrechtlichen Perspektive nur inadäquat reformuliert und der sozialstrukturelle Konflikt nicht erfasst oder gar aufgelöst werden.

Das wird insbesondere deutlich bei der Behandlung der ‚gestörten Vertragsparität' – eine verfassungsrechtlich indizierte Vertragskontrolle, die bei strukturellen Asymmetrien der Vertragspartner*innen eingreift. Rechtsprechung und Literatur lösen diese Fälle gestörter Vertragsparität in der Regel über die mittelbare Grundrechtswirkung, die zur Inhaltskontrolle von Verträgen verpflichtet, wenn Grundrechte betroffen sind. In diesen Fällen werden die tatsächlichen Bedingungen der vermeintlich selbstbestimmten Vertragsschlüsse überprüft. Die Grundrechtswirkung kann dann zur Nichtigkeit der Verträge führen.[4] Das ist zunächst einmal ein begrüßenswerter Versuch, zur Korrektur eines übersteigerten formalen Rechtsbegriffs zu kommen und die materialen Kontexte von Vertragsbeziehungen in die Betrachtung einzubeziehen.

In diesem Passepartout gilt es dann im Bereich des Crowdworking, die strukturell unterlegenen Crowdworker*innen gegenüber den überlegenen Plattformen und Crowdsourcer*innen zu schützen (Däubler / Klebe 2015, S. 1038).

Das strukturelle Problem dieser Rechtsprechung liegt nun aber darin, dass paritätische Verhandlungsgewichte schwer messbar sind – gerade wenn man es mit netzwerkförmigen Vertragsketten in polygonalen Kon-

4 BVerfGE 89, 214 – Bürgschaftsvertrag.

stellationen zu tun hat, in denen sich nicht einfach zwei Vertragsparteien gegenüberstehen, die wie im Kontext der AGB-Kontrolle durch deutlich sichtbare Asymmetrien (vgl. das Verhältnis der AGB-verwendenden Unternehmen auf der einen und der Verbraucher*innen auf der anderen Seite) in einer Gesellschaftssphäre charakterisiert sind. Die Rechtsprechung zur gestörten Vertragsparität übersimplifiziert diese Konstellationen, indem sie Rollenasymmetrien in einer Gesellschaftssphäre (wirtschaftliche Ungleichgewichte) verabsolutiert und den gerichtlichen Korrekturmechanismus so kalibriert, dass die Komplexität der sozialen Komponenten der Vertragsbeziehung reduziert und die Rechtsfrage auf die Feststellung einer vermeintlich unparitätischen Wirtschaftsbeziehung reduziert wird. Die Gefahren der neuartigen Intermediationsmacht für die Crowdworker*innen, den Arbeitsmarkt, die Versicherungssysteme, die Lebensmodelle, die Persönlichkeitsstrukturen – um nur einige zu nennen – entziehen sich dem Blick der vertraglichen Paritätskontrolle.

Das verkennt die Komplexität der Sozialkonflikte (so explizit Teubner 2012, S. 33) und führt zu einer „grotesken Juridifizierung“ sozialer Verhältnisse (Teubner 2000, S. 396). Überlässt man es den Gerichten, die Schutzbedürftigkeit von Crowdworker*innen auf dieser Folie zu entwickeln, werden nicht demokratische und soziale Kollektivprozesse über die Zukunft der Arbeit entscheiden, sondern Gerichte. Hierbei droht eine die realgesellschaftliche Gefährdungslage verfehlende Juridifizierung der digitalen Beschäftigung, der es bereits im Ausgang nicht wird gelingen können, die soziale Responsivität der digitalen Beschäftigungsverhältnisse zu gewährleisten.

1.3. Zwischenfazit: Grenzen der Vertragskontrolle

Die Entscheidungs- und Setzungsmacht der Plattformen und die dahinterstehende Selbstregulierungsdynamik des Geschäftsmodells kann über die gerichtliche Inhaltskontrolle nur unzureichend erfasst werden. Das vermag die Entscheidungsgewalt der Plattformen und die spezifischen Gefahren der algorithmischen Prozesse im gesamten Arbeitsprozess nicht zu durchbrechen (zu den Grenzen der AGB-Kontrolle im transnationalen Recht, Teubner 2003, S. 23; Maurer 2010; Meder 2009, S. 111ff.).

Die vertragsrechtlichen Kontrollen können im Einzelfall diskriminierende, ungleiche Vertragskonstellationen korrigieren. Das Zusammenwirken der verschiedenen Akteur*innen, die Netzwerkphänomene, die Auswirkungen der spezifischen algorithmischen Prozesse insbesondere auf die Sozialbereiche und die Wettbewerbsebenen können so nicht hinreichend erfasst werden.

2. *Wettbewerbskontrolle des Crowdworking*

Die Dynamiken des Crowdworking-Marktes reichen über die einzelnen Vertragsverhältnisse hinaus. Damit wird insbesondere das Wettbewerbsrecht relevant, das in einer Gesamtschau Vertrags- und Organisationsaspekte in den Blick nimmt und auf den Ausgleich bzw. die Mobilisierung von Marktkräften zur Sicherung eines natürlichen Wettbewerbs gerichtet ist, indem es im Spannungsverhältnis von Ermöglichung und Intervention agiert (Busch u.a. 2016, S. 787; DICE 2018, S. 30). Soweit es um die Verhinderung von Machtmissbrauch und die Sicherung von Zugangschancen geht, können auch die Beschäftigungsbedingungen des Crowdworking erfasst werden.

2.1. *Plattformregulierung durch Kartellrecht*

Das Wettbewerbsrecht wurde mit der 9. Novelle des Gesetzes gegen Wettbewerbsbeschränkungen (GWB) für digitale Märkte angepasst (zu den Motiven BR-Drs. 606/16 v. 14.10.2016; dazu Körber 2015, S. 120; Pohlmann / Wismann 2016, S. 555). Nunmehr können auch die für den digitalen Markt typischen direkten und indirekten Netzwerkeffekte zur Bewertung der Marktstellung von Digitalunternehmen herangezogen werden. Allerdings ist es gerade in diesem Feld besonders schwierig, zwischen erlaubtem Leistungswettbewerb und wettbewerbsverhinderndem Verhalten zu unterscheiden (dazu Mestmäcker / Schweitzer 2014, § 4 Rn. 114; zum Crowdworking Biegoń u.a. 2017, S. 6). Bezeichnend dafür ist die Vielzahl der Verfahren zu Fragen digitaler Marktmacht vor dem Bundeskartellamt und der Europäischen Kommission.[5]

Da die selbstständigen Crowdworker*innen sowie die unabhängigen ebenfalls digitale Services anbietenden Selbstständigen jenseits der Plattformen vom funktionalen Unternehmensbegriff des Kartellrechts umfasst

5 Statt vieler: Europäische Kommission, Entscheidung v. 27.6.2017, Case AT.39740, Az. C(2017) 4444, Google Shopping; BKartA, Beschl. v. 4.12.2017, B6-132/14-2, CTS Eventim; BKartA, Beschl. v. 20.12.2013, B9-66/10, HRS; Beschl. v. 22.12.2015, B9-121/13, Booking.com.

sind, sofern sie selbstständig wirtschaftlich tätig sind und keine Einheit mit der Plattform bilden,[6] stellen sich im Hinblick auf das Crowdworking eine Reihe wettbewerbsrechtlicher Fragen, die unmittelbar den Schutz der Crowdworker*innen betreffen. Umstritten ist etwa, wie die Nichtaufnahme von Crowdworker*innen auf Plattformen, die Beeinflussung von Rankings, die Steuerung der Arbeitsprozesse, die unentgeltliche Verwertung von Produkten oder etwa Ausschließlichkeitsvereinbarungen oder sonstige Bindungen kartellrechtlich zu bewerten sind. Dabei sind mindestens vier Märkte gleichzeitig zu berücksichtigen: (1) der Markt zwischen Crowdsourcern und Plattformen, (2) der Markt zwischen den digitalen Plattformen, (3) der Markt zwischen Plattformen und Crowdworker*innen und (4) der Markt zwischen den über die Plattformen vermittelten Crowdworker*innen und den aus dieser Perspektive ‚externen' digitalen Selbstständigen. Obwohl für jede Marktbeziehung eine eigene Prüfung und Marktbestimmung erfolgen muss, sind vor allem die Wechselwirkungen zwischen den Märkten prägend für die besondere Dynamik des Crowdworking. Einige mögliche Anknüpfungspunkte für eine kartellrechtliche Bewertung werden im Folgenden skizziert.

2.1.1. Verbot des Missbrauchs der marktbeherrschenden Stellung

Das GWB schützt den natürlichen Leistungswettbewerb gegen missbräuchliche Marktausnutzung. So untersagt § 19 GWB genau wie Art. 102 AEUV[7] die missbräuchliche Ausnutzung einer marktbeherrschenden Stellung. Grundsätzlich könnte der Missbrauchs-Tatbestand einschlägig sein, wenn die jeweilige Plattform durch ihre Positionierung zwischen Crowdsourcern und Crowdworker*innen den Markt bestimmt und über eine Schließung einen Wettbewerb zwischen den Plattformen sowie zu unabhängigen digitalen Selbstständigen verhindert. In Abgrenzung zu den Vertragskontrollen ist hierbei eine Gesamtschau der Plattformaktivitäten und

---

6 Vgl. zum Unternehmensbegriff des Kartellrechts, EuGH, 23.4.1991, Rs. C-41/90, Höfner und Elser v. Macotron, Slg. 1991, I-1979, Rn. 21; EuGH, 24.10.2002, C-82/01, Aéreoports de Paris v. Komm., Slg. 2002, I-9297, Rn. 79. Insbesondere zum Begriff kleiner abhängiger Unternehmen BGH, 19.1.1993 – KVR25/91 = GRUR1993, S. 592, 594. Dazu Mestmäcker / Schweitzer 2014, § 8 Rn. 5; Busche / Röhling 2017, § 20 Rn. 6ff.

7 Art. 3 I S. 2 VO 1/2003 verpflichtet die Mitgliedstaaten zur parallelen Anwendung der Vorschriften. Zum Verhältnis nationalen und europäischen Wettbewerbsrechts, Mestmäcker / Schweitzer, § 6 Rn. 4ff., 21ff.

Interessen vorzunehmen.[8] Typische Missbrauchspraktiken sind: Der Wettbewerb wird durch Vermittlungsstrategien, neue Abhängigkeiten, Wechselprobleme behindert (§ 19 II Nr. 1 1. Alt. GWB) oder andere digitale Selbstständige werden vom Zugang ausgeschlossen und ungleich behandelt (§ 19 II Nr. 1 2. Alt. GWB). Vergütungen und sonstige Geschäftsbedingungen werden festgesetzt, „die von denjenigen abweichen, die sich bei wirksamem Wettbewerb mit hoher Wahrscheinlichkeit ergeben würden" (§ 19 II Nr. 2 GWB), bzw. bei der Vergütung werden ungerechtfertigte Unterschiede gemacht (§ 19 II Nr. 3 GWB) und Zugänge zu den Daten etwa der Crowdsourcer*innen auch gegen Entgelt versagt. Dadurch könnten informelle Abhängigkeit entstehen (§ 19 II Nr. 4 GWB) oder etwa solche Vertragskonditionen abverlangt werden, die gesetzliche Mindestvorgaben und -standards unterschreiten (zum Konditionenmissbrauch Franck 2016, S. 151f., 153ff.).

2.1.1.1. Missbrauchstatbestand

Der Missbrauchs-Tatbestand fordert hierbei, dass gerade die Stellung am Markt ausgenutzt wird, um den Wettbewerb zu behindern oder auszuschalten. Erst bei Vorliegen dieser besonderen Marktposition entsteht eine wettbewerbsrechtliche Verantwortung, deren Verletzung eine Intervention der Wettbewerbskontrolle erlaubt.[9] Gem. § 18 I Nr. 2 GWB besteht eine marktbeherrschende Stellung, wenn das betreffende Unternehmen keinem wesentlichen Wettbewerb ausgesetzt ist oder im Verhältnis zu seinen Wettbewerbern eine überragende Marktstellung hat. Bei einem Marktanteil von 40 % wird diese gem. § 18 IV GWB vermutet (statt vieler Gersdorf / Paal 2018, Art. 101 Rn. 18ff.).

Dazu muss zunächst der relevante Markt abgegrenzt werden, der sich nach § 19 II S. 1 GWB „räumlich" und „sachlich" bestimmt und gem. § 19 II S. 3 GWB nicht an nationale Grenzen gebunden ist. Teilweise wird vorgeschlagen, die Crowdworking-Märkte über die Sprache, insbesondere den deutschen und englischen Sprachraum abzugrenzen, weil diese bei der Arbeitsausführung grundsätzlich relevant sei (so Däubler 2015, S. 263). Dagegen spricht, dass die nationalen Sprachen im digitalen Raum nicht hermetisch gegeneinander abgeschlossen sind. Zwar ist für einige Jobs und

8 So auch BGH, Urteil vom 7. Juli 2016 – KZR 6/15 = SchiedsVZ 2016, S. 218, 224f.
9 Zu diesem Kriterium im EU-Recht EuG, Urteil v. 14.9.2017, Rs. T-751/15, Contact Software, Rn. 76 ff.

spezielle Plattformen, die sich auf Textarbeit spezialisiert haben, Sprache durchaus relevant (dazu Schönefeld u.a. 2017, S. 14ff.), daneben zeichnen sich Kommunikationsströme aber eher durch eine Öffnung aus. Zum einen ist Englisch die zentrale Kommunikationssprache im digitalen Raum nicht nur im Kreativ- und Techniksektor. So gibt es oft englische Versionen der Homepages und AGB der deutschen Plattformen. Zudem können Sprachbarrieren durch Rückgriff auf Übersetzungsdienste leicht überwunden werden. Eine Abgrenzung über Sprache würde zudem der eigentlichen Dynamik nicht gerecht, dass nämlich Plattformen global agieren und damit gerade in nationale Märkte hineinwirken und neue Konkurrenzen schaffen. Plausibler ist es, angesichts der Vielfalt der Plattformen, die sich oft nach ihrer besonderen Angebotsstruktur ausgestalten, die Märkte nach solchen Produkten, Leistungen und Tätigkeiten zu bestimmen, die gegeneinander austauschbar wären, unabhängig von ihrer digitalen oder analogen Organisation (ähnlich Europäisches Parlament 2017b, Nr. 42f., 72). Fraglich ist allerdings, wie mit der eher flexiblen und immer breiter werdenden Angebotspalette vor allem der marktdominanten Plattformen umgegangen wird und wie sich andere Unterschiede etwa in den Geschäftsmodellen der Plattformen auf den Marktbegriff auswirken.

Zudem besteht die große Frage, wie sich digitale Plattformmärkte zu analogen Märkten und weiter zu weniger organisierten Selbstständigenmärkten verhalten. Unklar ist ferner, was Bezugspunkt der Marktbestimmung ist – die Plattform oder die durch die Plattform bestimmte Arbeitskraft der Crowdworker*innen? – und wie die Vermittlungstätigkeit der Plattformen bei der Marktbestimmung zu berücksichtigen ist. Denn die mehrseitigen Plattformen produzieren ineinander übergreifende Märkte. Die Plattformtätigkeiten haben Auswirkungen auf all diese Märkte, wenn Abhängigkeiten etwa von positiven Rankings in alle Richtungen entstehen oder die Zugangsanforderungen auch auf die Selbstständigenmärkte rückwirken. Die strategische, über eine einfache Vermittlungstätigkeit hinausgehende Mittlerrolle der Plattformen entfaltet hier eine spezifische Intermediationsmacht (DICE 2018, S. 66ff.; zu diesem Problem am Beispiel Facebook Podszun / Schwalbe 2017, S. 102).

Aufgrund dieser Wechselwirkungen ist nicht nur die Marktabgrenzung, sondern auch die Bewertung der Marktmacht (der Beherrschungsgrad) schwierig (so auch DICE 2018, S. 31ff.; Paal 2015, S. 1000f.). Denn die Stellung der Plattformen zeichnet sich gerade dadurch aus, dass sie gleichzeitig in mehrere Märkte hineinwirken und diese nach ihrem Belieben koppeln – ‚matchen' können. Gleichzeitig ist aber auch die Position der Plattformen auf dem Plattformmarkt umkämpft. Die gesamte Plattformökonomie steht unter einem solchen Innovationsdruck, dass selbst kleine Veränderungen etwa durch technische Neuerungen große und unvorhersehbare Veränderungen in den Marktanteilen mit sich bringen können. Die Dynamik in der Entwicklung der Regulierungsweisen der Plattformen lässt sich gerade darauf zurückführen, dass sich selbst die großen Plattformen stetig am schnelllebigen und globalen Markt behaupten müssen und sich nicht auf gesicherte Positionen zurückziehen können. Das führt dazu, dass Preissetzungsmacht kein adäquates Kriterium mehr dafür ist, die Marktstellung zu bestimmen, weil sich durch die Wechselbeziehungen des zweiseitigen Marktes die Marktanteile schnell verändern können (zu solchen ‚Spiraleffekten' und dem Problem der Ermittlung von ‚Kreuzpreiselastizitäten'; DICE 2018, S. 31; positiver AK Kartell 2015, S. 18). Auch die bisherigen Verfahren wie der hypothetische Monopolistentest (HMT) oder der SSNIP-Test können keine verlässlichen Aussagen mehr treffen (vgl. auch Podszun / Schwalbe 2017, S. 102). Vor allem können sie die subtilen Steuerungsdynamiken und Wirkungen etwa von strategisch angelegten unentgeltlichen Leistungsbeziehungen oder sonstigen Bindungen nicht hinreichend registrieren. Dabei ist noch völlig unklar wie Vermittlungsangebote und -wirkungen erfasst und operationalisiert werden können (DICE 2018, S. 32 m.w.N.).

2.1.1.2. GWB-Novelle: Einbeziehung von Netzwerkeffekten

Fraglich ist, ob hier die durch die 9. GWB-Novelle eingeführten internetspezifischen Kriterien zur Bestimmung der Marktmacht einen Mehrwert bringen. Zum einen sollen gem. § 18 II a GWB auch unentgeltliche Leistungen in die Bewertung der Marktstellung einfließen, wenn Angebot und Nachfrage in einem monetär betriebenen geschäftlichen Verkehr aufeinandertreffen (dazu Gersdorf / Paal 2018, § 18 GWB Rn. 6; Paal / Hennemann 2017, S. 1699). Unabhängig von der Preisstruktur und etwaiger Provisionsvereinbarungen können darüber grundsätzlich auch Vermittlungsleistungen der Plattformen einbezogen werden. § 18 III a GWB konkretisiert diese neuen Kriterien weiter, indem typische Phänomene digitaler Märkte aufgegriffen werden (dazu BKartA 2016, S. 5 m.w.N). So sollen nach Nr. 1 direkte und indirekte Netzwerkeffekte und nach Nr. 3 Größenvorteile in diesem Zusammenhang berücksichtigt werden.

Unter direkten Netzwerkeffekten werden solche verstanden, durch die der Nutzen für die Akteur*innen durch die steigende Nutzer*innenzahl (Netzwerkeffekt) zunimmt. Indirekte Netzwerkeffekte bestehen, wenn bei unterschiedlichen Nutzer*innengruppen der Nutzen für die eine Gruppe durch die steigende Nutzer*innenzahl in der anderen Gruppe zunimmt.

Mit diesen Kriterien sollen wettbewerbsrechtlich die besonderen Gefahren digitaler Unternehmen erfasst werden, viele Dienste in einem Unternehmen zusammen zu führen und eine möglichst große, wachsende Nutzer*innengruppe an sich zu binden (zur Tippinggefahr hochkonzentrierter Märkte statt vieler Schweitzer u.a., 2016, S. 43ff., 58).

Beim Crowdworking gibt es insbesondere hohe indirekte Netzwerkeffekte, wenn die Qualität und Preise der abgefragten Dienste und Werke zunehmen, je größer die Crowd ist. Vor allem größere Plattformen haben die Kapazität und die Ressourcen, eine große Crowd über direkte und indirekte Steuerung an sich zu binden und so ihre Angebotspalette zu erweitern. In eine ähnliche Richtung geht Kriterium Nr. 2 nachdem die „parallele Nutzung mehrerer Dienste und der Wechselaufwand für Nutzer" in die Bewertung einfließen sollen. Die Plattformstrategien der Verhinderung von Multihoming etwa durch spezifische und geschlossene Qualifikationssysteme, eigene Bearbeitungsregeln und -programme, die hohe Lernkosten erfordern, genauso wie bewusst eingebaute Wechselschwierigkeiten durch subtile Bindungen und Hürden wie insbesondere der Verlust der Reputation, unsichere Urheberpositionen und die fehlende Möglichkeit von den Qualifikationen über die Plattformen hinaus zu profitieren führen zu Lock-in-Effekten, die geeignet sind, bestehende Marktmacht durch die Verhinderung von Wettbewerb abzusichern. Ein weiterer Effekt, der nun über § 18 IIIa Nr. 4 GWB auch in die Bewertung einbezogen werden soll ist, dass über die Stellung und Tätigkeitsbereiche der digitalen Unternehmen auch ein „exklusiver" (zur Ergänzung des Kriteriums, Podszun / Schwalbe 2017, S. 101) Zugang zu wettbewerbsrelevanten Daten möglich ist. Viele Geschäftsmodelle, so auch die Crowdworking-Plattformen sind darauf angelegt, große Mengen an Daten der Nutzer*innen zu sammeln, zu analysieren, auszuwerten, um sie bestmöglich abschöpfen und ‚matchen' zu können und um ihre eigene Innovationsfähigkeit aufrecht zu halten. Über die persönlichen Daten hinaus haben die Crowdworking-Plattformen z.B. ein großes Interesse an Informationen zum Arbeitsverhalten, um den Markt besser lenken zu können. Getrieben werden diese Plattformen von dem Innovationsdruck, ihr Geschäftsmodell am Markt zu halten. Das soll nun über § 18 IIIa Nr. 5 GWB berücksichtigt werden.

Noch offen ist, wie sich diese Kriterien zu den größenmäßig geforderten Marktanteilen bei der Bestimmung der Plattformstellung verhalten. Denn sie zielen nicht zwangsläufig (außer Nr. 3) auf die Größe der digitalen Unternehmen. Die Interventionsschwelle von 40 % ist hierbei offensichtlich zu hoch angesetzt, um die spezifische Gefährdung durch Internetunternehmen wie die Tipping- oder Intermediationsgefahr frühzeitig erfassen zu können (dazu auch DICE 2018, S. 40ff.). Denn hier zählt weniger die anteilige Größe, als die strategische Ausrichtung des Geschäftsmodells. Es entstehen Abhängigkeiten und Wettbewerbsverfälschungen noch unter der Schwelle einer Angebotsmacht. Statt der Feststellung der Marktstellung über ein ‚starres' Kriterium des Marktanteils müsste daher in einer ‚Schadenstheorie' auf die Bewertung der wettbewerbsbeschränkenden Wirkung des konkreten Marktverhaltens abgestellt werden (so Podszun / Schwalbe 2017, S. 103 m.w.N. auch zur US-Praxis; skeptisch, DICE 2018, S. 35ff.; EAGCP 2005, S. 4). Über ein Monopolisierungsverbot hinaus, das wie beispielsweise das US-amerikanische Recht vor allem ‚abgeschlossene' Monopole erfasst und damit eine ebenso hohe Interventionsschwelle wie das bestehende deutsche Kartellrecht schafft (vgl. DICE 2018, S. 43f.), sollten schon Prozesse der Monopolisierung und Marktmachtentfaltung erfasst und auch die durch die Ausnutzung von Informationsasymmetrien entstehenden Wettbewerbsverzerrungen und Verdrängungswirkungen einbezogen werden.

2.1.1.3. Zwischenfazit: Schwieriger Nachweis der Marktbeherrschung

Zwar kann man, wenn gezielt Wettbewerbseingriffe bewertet werden, verschiedene Formen von Marktversagen erfassen, allerdings ist es in der Praxis schwierig, die Wirkung der subtilen Steuerungsformen zu messen und nachzuweisen. Zudem ist es auch hier jeweils im konkreten Fall geboten und wegen der Komplexität der Märkte sehr schwer durchführbar, die Stellung am Markt zu ermitteln, etwa um die verdrängende Wirkung der Vermittlungsleistung von Crowdworking-Plattformen nachweisen zu können. Das bereitet also insgesamt weniger rechtliche Probleme als vielmehr faktische Nachweisschwierigkeiten, die die Effektivität des Schutzes aus § 19 GWB und Art. 102 AEUV letztlich nicht selten untergraben.

2.1.2. Verbot der Ausnutzung relativer Marktmacht

Alternativ dazu bzw. bei einem Fehlen einer eindeutigen Marktmacht ist an eine Erweiterung des Schutzbereichs von § 20 GWB zu denken (DICE 2018, 47ff.). § 20 I i.V.m. § 19 I, II Nr. 1 GWB untersagt die missbräuchliche Ausnutzung relativer Marktmacht in Form einer unmittelbaren oder mittelbaren Behinderung oder ungerechtfertigten Diskriminierung von abhängigen kleinen oder mittleren Unternehmen, die keine „ausreichende und zumutbare Möglichkeit [haben], auf andere Unternehmen auszuweichen" (zum Unternehmensbegriff oben).

Obwohl § 20 GWB bisher nur geringe praktische Relevanz hatte, weil wegen der bilateralen Schutzrichtung ein öffentliches Interventionsinteresse meist verneint und auf private Durchsetzung gesetzt wird, könnte er für die Erfassung digitaler Marktgefährdungen an Bedeutung gewinnen (DICE 2018, S. 48). Denn der Tatbestand erlaubt Interventionsmöglichkeiten unterhalb der Interventionsschwelle des § 19 GWB, weil keine marktbeherrschende Stellung erforderlich ist. Die Schutzdimensionen sind vielfältig, weil sowohl der Wettbewerb auf der Stufe des abhängigen als auch auf der Stufe des missbrauchenden Unternehmens geschützt wird. Dabei spielt der Grad der tatsächlichen Abhängigkeit eine Rolle. Ohne die Ermittlungsprobleme im Rahmen des § 19 GWB werden in einer Einzelfallbetrachtung des bilateralen Verhältnisses nicht der abstrakte relevante Markt, sondern tatsächliche Abhängigkeiten und konkrete Ausweichmöglichkeiten bewertet (dazu AK Kartell 2015, 28ff.).

Die Rechtsprechung hat hierbei verschiedene Fallgruppen der Abhängigkeit entwickelt – wie die sortimentsbezogene Abhängigkeit, die unternehmensbedingte, knappheitsbedingte Abhängigkeit oder die relative Nachfragemacht (dazu Busche / Röhling 2017, § 20 Rn. 13-24), an die hinsichtlich der Beziehungen zwischen Crowdworking-Plattformen und Crowdworker*innen angeknüpft werden kann. Plattformen steuern und kanalisieren die Nachfrage und bestimmen, was auf dem Markt zu welchen Konditionen angeboten wird: sie fungieren als Gatekeeper, die Zugänge zu den Crowdworking-Märkten bestimmen und gestalten. Crowdworker*innen sind auf Plattformen angewiesen, um auf dem Markt für digitale Dienstleistungen und Produkte bestehen zu können (vgl. DICE 2018, S. 51). Digitale Beschäftigte haben oft keine Ausweichmöglichkeit, um ihre Arbeitskraft anzubieten. Plattformen haben etwa strategische, informationelle und technische Ressourcen, um Kunden erreichen und aquirieren zu können. Sie verfügen über die Absatzkanäle sowie das nötige Kundenwissen, können Angebote bündeln und am Markt platzieren (dazu AK Kartell 2015, S. 31). Die Plattformen bestimmen die Bedingungen der digitalen Märkte, gerade in dem sie über das Wissen und die Daten verfügen, Angebots- und Nachfrageseite effektiv zusammenbringen können.

Die Plattformen nutzen ihre besondere Daten-, Intermediations- und Marktmacht um Abhängigkeiten zu schaffen und dadurch etwa Teilnahmeregeln setzen, die Wettbewerbsform festlegen, Arbeitszeiten vorgeben, Leistungskriterien und Bewertungsverfahren setzen, bestimmte Qualifizierungsverfahren fordern, Kontrollen einbauen etc. zu können. Diese Abhängigkeiten evozieren Preis- und Zeitdruck und können Crowdworker*innen u.a. zwingen, ihr Wissen zu übertragen, Urheber*innenschaften abzugeben, sich verfügbar zu halten (zu mögl. Kausalitätsproblemen Körber 2017, S. 100). Damit erschweren sie zudem ein Multihoming und einen Wechsel auf andere Plattformen (siehe unter 2.1.1.2.).

Über § 20 I i.V.m. § 19 I, II GWB hinaus kann auch § 20 III GWB einschlägig sein (Busche / Röhling 2017, § 20 Rn. 29ff.). Untersagt ist hierbei eine unbillige Behinderung kleinerer und mittlerer Unternehmen durch Unternehmen mit überlegener Marktmacht. Aufgrund dieser sehr geringen Interventionsschwelle wird die Generalklausel aber nur sehr restriktiv angewendet, um den Gefahren der Verhinderung des Wettbewerbs zwischen großen Unternehmen und eines dysfunktionalen Bestandsschutzes für kleinere Unternehmen zu begegnen. Nur bei einer Verdrängungsabsicht und einer nachhaltigen Beeinträchtigung des Wettbewerbs[10] – also nur bei aggressiven Verdrängungsstrategien gegen innovative kleinere Unternehmen soll die Unbilligkeitskontrolle zugunsten kleiner und mittlerer Unternehmen greifen (DICE 2018, S. 55ff.).

Die systematische Verdrängung anderer unabhängiger digitaler Beschäftigter vom Markt etwa durch die informationelle Schlüsselstelle der Plattformen, die „nicht nur gelegentliche“ Unterbietung der Preise für Arbeitskraft (vgl. Regelbeispiel § 20 III S. 2 Nr. 2 GWB) können im Einzelfall eine im Sinne von § 20 III GWB relevante strukturelle Behinderung durch überlegene Marktmacht darstellen. Aber auch hier sind die Nachweis- und Interventionshürden in der Praxis hoch.

2.1.3. Verbot wettbewerbsbeschränkender Vereinbarungen

Schließlich könnte das Verbot wettbewerbsbeschränkender Vereinbarungen gem. § 1 GWB sowie Art. 101 AEUV einschlägig sein (vgl. Mestmäcker / Schweitzer 2014, Kap. 3). Unzulässig sind danach solche Vereinbarungen und abgestimmte Verhaltensweisen zwischen Unternehmen, die auf eine Einschränkung, Verhinderung oder Verfälschung des Wettbewerbs gerichtet sind oder diese bewirken.

Die Vereinbarungen zwischen den Crowdworker*innen und den Plattformen legen bestimmte Verhaltensformen, Arbeitsbedingungen fest und gewähren den Crowdworker*innen solche ‚exklusiven‘ Vergünstigungen (Zugänge, Ressourcen, Daten/Wissen etc.), die geeignet sind, andere digitale Beschäftigte vom Markt auszuschließen. Diese Vereinbarungen fungie-

10 BGH, Urt. v. 4.4.1995 – KZR 34/93 = WuW/E BGH 2977, 2981.

ren als Marktzutrittsschranken, indem sie Marktgrenzen definieren, Marktkonditionen. Arbeitsbedingungen und Preise festsetzen (vgl. die Regelbsp. von § 101 I AEUV). Damit verfälschen und hemmen sie den Wettbewerb. Soweit es sich allerdings um rein unilaterales Vorgehen handelt, können diese Verhaltensweisen erst bei Vorliegen einer marktbeherrschenden Stellung erfasst werden, was insgesamt wiederum zu dem Problem führt, dass „unter den Gegebenheiten der digitalen Ökonomie [...] bestimmte unilaterale unternehmerische Verhaltensweisen mit hohem Wettbewerbsgefährdungspotenzial systematisch erst zu spät erfasst werden können" (m.w.N. DICE 2018, S. 40; Schweitzer u.a. 2016, S. 55ff.).

2.2. *Kritik, Reformansätze und Grenzen des Kartellrechts*

Zwar kann das Wettbewerbsrecht auf die spezifischen Netzwerkdynamiken digitaler Märkte reagieren, läuft aber ebenso wie das Vertragsrecht auf die komplexen und mehrdimensionalen Wirkmechanismen der algorithmischen Prozesse auf (dazu oben 1.2.4.). Um die neuen Gefahren adäquater erfassen zu können, ist es angezeigt, das Konzept relativer Marktmacht des § 20 GWB aus seiner bilateralen Schutzrichtung zu lösen und weiterzuentwickeln. Insbesondere sollten die Kriterien der Intermediations- und spezifischen Datenmacht in § 18 I, III a GWB und in § 20 I GWB ergänzt werden, um gezielter gegen die Verhinderung von Multihoming und Wechseln vorgehen zu können (vgl. etwa DICE 2018, S. 72f., 76, 78ff.). Einen wichtigen Schritt schlägt hier die Europäische Kommission im Rahmen ihrer „Strategie für den digitalen Binnenmarkt" vor, in dem sie in einem Verordnungsentwurf mehr Transparenz für gewerbliche Nutzer*innen von Plattformen zu schaffen und dazu Plattformen zur Offenlegung von Geschäftsbedingungen zu verpflichten sucht (Europäische Kommission 2018).

Die gegenwärtigen Reformentwürfe eines europäischen ‚Wettbewerbs- und Kartellrechts 4.0' mit präventiven Eingriffskompetenzen und beschleunigten Verfahren zielen zwar ebenfalls auf eine Rekalibrierung vorhandener Figuren des Wettbewerbsrechts (zu den Reformplänen, wie etwa Transparenzpflichten BMWi 2017; CDU u.a. 2018, Z. 2755ff., 2764ff.; BKartA 2016).[11] Sie setzen aber recht einseitig darauf, einen global anschlussfähigen Plattformmarkt zu schaffen und Hemmnisse abzubauen

11 Zur Einsetzung einer ‚Kommission Wettbewerbsrecht 4.0' siehe Pressemitteilung des BMWi v. 10.9.2018, abrufbar unter: https://www.bmwi.de/Redaktion/DE/Pres

(vgl. Europäisches Parlament 2017b, Nr. 14ff., 21; Europäische Kommission 2016a und 2016b, S. 4). Ein spezifischer Schutz vor digitalen Risiken auch kleinerer Wettbewerbsteilnehmer*innen wie etwa den Crowdworker*innen als kleinste wirtschaftliche Einheit des Crowdworking-Systems ist nicht vorgesehen. Im Gegenteil wird sogar gefordert, den aktuell in § 20 GWB noch bestehenden Schutz gesonderten ‚kleiner und mittlerer Unternehmen' aufzuheben und durch einen allgemeinen Schutz für Plattformen zu ersetzen (DICE 2018, S. 56f.). Plattforminnovationen sollen nicht durch spezifischen Bestandsschutz gehemmt werden. Problematisch ist, dass dabei die Pluralität der wirtschaftlichen Handlungsformen zugunsten des Wachstums des Plattformmarktes aufgegeben wird.

Daher ist fraglich, wie die fehlende soziale Dimension (Biegoń u.a. 2017, S. 5) und damit auch eine Beschäftigungsperspektive in das Wettbewerbsrecht eingebracht bzw. gestärkt werden können. Das größte Defizit ist, ähnlich wie auch für das Vertragsrecht beschrieben (dazu 1.2.4.), dass das Wettbewerbsrecht nicht in der Lage ist, strukturelle Ungleichgewichte über die Wirkungen konkreter marktmächtiger Unternehmen im Einzelfall hinaus zu erfassen. Zwar gibt es durchaus eine Tendenz im Wettbewerbsrecht, auch andere Belange wie etwa Datenschutz- und Verbraucherrechtsbelange (und letztere auch grundlegend über die sektorübergreifenden Untersuchungskompetenzen nach § 32 e V GWB) zu berücksichtigen (dazu Schweitzer u.a. 2016, S. 17; allgemein Damm / AKom 1987, § 134 Rn. 93; kritisch Körber 2017, S. 100f.). Dennoch können solche Belange nur indirekt über die Sicherung der Funktionsfähigkeit der Märkte und immer nur für den Einzelfall eingebunden werden, also nur insoweit sie Wettbewerbsfaktoren in konkreten bilateralen Beziehungen sind (zur Relevanz der Kommodifizierungsthese Polanyis für den europäischen Markt, Joerges / Falke 2011).

3. *Prozedurales Recht der digitalen Beschäftigung*

Die Defizite der vertrags- und wettbewerbsrechtlichen Kontrolle machen deutlich: Es bedarf eines Ansatzes, der die sozialen Kontexte des Marktes in die rechtliche Bewertung einbeziehen und die soziale Responsivität der Digitalbeschäftigung gewährleisten kann. Eine Möglichkeit, diesen Ansatz zu konturieren, ist es, das Wettbewerbsrecht im Bereich des Crowdworking-

semitteilungen/2018/20180910-bmwi-setzt-kommission-wettbewerbsrecht-4-0-ein.html (Stand November 2018).

Rechts so an der vertragsrechtlichen Öffnung für die soziale Bedingtheit wirtschaftsrechtlich relevanten Verhaltens partizipieren zu lassen, dass die verschiedenen Funktionen von Vertrags- und Wirtschaftsrecht verzahnt (zum Zusammenspiel DICE 2018, S. 104f., 197; zum Begriff Teubner 2014, S. 740; so auch Damm / AKom 1987, § 134 Rn. 17) und die Regulierung des Crowdworking auf diese Weise für soziale Belange geöffnet wird. Statt einer Entscheidung zwischen kartellrechtlicher Regulierung und Deregulierung des Plattformmarktes geht es in einer solchen Perspektive darum, ein prozedurales Modell umzusetzen, das sowohl die Selbstregulierungspotentiale des Marktes als auch die Berücksichtigung von nicht-warenförmigen Belangen der Crowdworker*innen erfassen kann und der es den Crowdworker*innen ermöglicht, ihrer Tätigkeit selbstbestimmt und sozial abgesichert nachzugehen. Im Gesetz gegen den unlauteren Wettbewerb (UWG) ist der individuelle Schutz bereits in ähnlicher Weise mit der institutionellen Dimension verwoben und nur in und mit ihr entfaltbar. Der Schutz der Wettbewerbsbeteiligten und der Marktordnung bedingen sich wechselseitig. Das UWG löst diese Aufgabe über eine Prozeduralisierung: Geschützt wird die Wahl- und Teilnahmemöglichkeit am Verbraucher*innenmarkt. Dazu werden etwa Täuschungs- und Irritationsverbote, Informationspflichten und Vertragsbeendigungsrechte normiert. Während das Kartellrecht Störungen des Wettbewerbs sanktioniert, stellt das UWG Regelungen für einen leistungsfähigen Wettbewerb auf, ist also insofern aktivierendes Recht.

3.1. Regulierte Selbstregulierung des Crowdworking

Generalisiert man diese prozedurale Sicherungsweise und respezifiziert sie auf das Crowdworking-Recht, wäre es vorrangige Aufgabe eines ‚Wirtschaftsermöglichungsrechts' der Digitalisierung, den Wettbewerb der selbstständigen Crowdworker*innen dahingehend zu schützen, dass sie ihre selbstständige Wirtschaftstätigkeit ungehindert ausüben können (vgl. Uffmann 2016, S. 981; Hoffmann-Riem 2016b, S. 503). Eine gesellschaftsadäquate Juridifizierung setzt dabei voraus, dass das Recht an systemische Standardsetzungsprozesse und ‚korrigierende Selbstregulierungsmechanismen' anschließt und gesellschaftliche Anforderungen aus diesen Verhältnissen heraus entwickelt (Teubner 2000, S. 395f., 399; Teubner 1978).

Eine ganze Reihe jüngerer Urteile betont hierbei die Horizontaldimension der Grundrechte und setzt an grundrechtstypischen Gefährdungslagen an, um private Selbstregulierung grundrechtsgebunden auszugestalten. Dabei geht es nicht darum, staatsgerichtete Grundrechte nun privat auszurichten. Die Herausforderung ist vielmehr, die grundrechtliche Bindung aus der gesellschaftlichen Praxis selbst abzuleiten. So entwickelt das BVerfG[12] aus der Horizontalwirkung des Verbots willkürlicher Ausschlüsse des Art. 3 I GG Einschränkungen des privaten Hausrechts (zur horizontalen Wirkung der Grundrechte gegenüber Privaten, Hensel / Teubner 2014) und setzt bei der Maßstabsentwicklung an wettbewerbsrechtlichen Kernfragen an, indem auf die Einhegung der Entscheidungsmacht überlegener, monopolartiger privater Parteien abgestellt wird. Indem das Gericht fordert, dass auch Ausschlüsse von Privatveranstaltungen auf sachliche Gründe gestützt und Betroffene vorher angehört werden müssen, prozeduralisiert es die Zugangsordnung und zwingt die Beteiligten zum Diskurs (Grünberger 2018). Damit vermeidet es das BVerfG selbst Zugangsvoraussetzungen zu normieren und private Akteur*innen zur Öffnung zu verpflichten. Vielmehr wird ein prozeduraler Rechtfertigungszwang für Ungleichbehandlungen geschaffen. Durch den Ausbau bereits existierender Organisationsstrukturen sollen Entscheidungsprozesse garantiert und dadurch transparent und gleich ausgestaltet werden. Das ist auf das Crowdworking, das eine Reihe von Organisationsmerkmalen ausgebildet hat (Koch in diesem Band), insoweit übertragbar, also die Judikatur an der Verbandsmacht und der Eigennormativität von zivilgesellschaftlichen Zugangsregelwerken ansetzt, um prozedurale Teilnahmeregeln zu entwickeln. Die Frage der Zugangsrechte zum Crowdworking-Markt stellt sich insoweit strukturanalog.[13]

So gefasst stützt die grundrechtliche Betrachtung Forderungen, die prozedurale Pflichten gegenüber den Betroffenen aus der besonderen Rolle und Organisationsmacht der Plattformen ableiten (vgl. Hollenders 2012). Denn durch den Betrieb der Plattformen werden grundrechtstypische Ge-

12 BVerfG, Beschl. 11.4.2018 – 1 BvR 3080/09 – Stadionverbot.

13 Genau in diese Richtung weist auch die Entscheidung ‚google spain' des EuGH zum ‚Recht auf Vergessen'. Danach haben die Plattformen eine Pflicht zur Ausbildung von Inhaltsüberprüfungs-, Anhörungs-, Widerspruchs- und Löschungsverfahren im Rahmen ihrer technischen Möglichkeiten (zur Kenntnisnahme) – siehe EuGH, Urt. v. 13.5.2014 (Az: C 131/12), hier insb. Rn. 38, 80, 83 = EuGH MMR 2014, 455 – Google Spain; bzgl. Metasuchmaschinen: EuGH MMR 2014, 185 – Innoweb; auch LG Hamburg, Urt. 7.11.2014 – Az: 324 O 660/12; BGH, Urteil vom 12. Juli 2012 – I ZR 18/11, BGHZ 194, 339 Rn. 21 ff. – Alone in the Dark; EGMR, Beschw.-Nr. 64569/09, Urt. v. 10.10.2013 – Delfi gegen Estland. Zur Haftung der Plattformen für Verletzungen des UWG wegen falscher Inhaltseinstellung schon OLG Köln, Urteil vom 26.9.2014, Az. 6 U 56/14; auch KG Berlin, Urt. v. 21.6.2017, Az. 5 U 185/16.

fahrenlagen hervorgerufen, die entsprechend rechtlich eingehegt werden müssen (dazu auch Gruber 2014; Paal 2018, S. 3, 42).

Nicht die Teilnahmebedingungen, Unternehmensentscheidungen, -motive oder -ethiken sind dabei von den Gerichten zu überprüfen. Die (prozedurale) Frage ist vielmehr, ob ausreichender Schutz der beeinträchtigten bzw. betroffenen Interessen und ausreichende Begründungen durch die Organisation gesichert sind, also ob der/die private Akteur*in die selbst gesetzte Gefahr willkürlicher Ungleichbehandlung selbst verhindern kann.[14] Die Verfahrensvorgaben ziehen die privaten Akteur*innen in die Verantwortung, gleiche Teilnahmevoraussetzung zu ermöglichen. Dieser ‚relative' Kooperationszwang eigener Art unterscheidet sich von den ‚gemeinwohlverpflichtenden Kontrahierungszwängen' im Rahmen der Daseinsvorsorge (dazu etwa Busche 1999). Es wird zur Selbstkontrolle im Rahmen der eigenen Risikosetzung und Handlungsmöglichkeiten verpflichtet.

Solche Konzepte regulierter (kontrollierter) Selbstregulierung finden sich bereits im Ansatz. Beispielhaft seien § 38a BDSG und Art. 40 II Datenschutzgrundverordnung genannt, die die Setzung von Verhaltensregeln durch Berufsverbände vorsehen oder die viel diskutierte private Einrichtung ‚Internet Corporation for Assigned Names and Numbers' (ICANN), die die Domainvergabe für das Internet horizontal reguliert (dazu Voegeli 2006; Viellechner 2013, S. 134ff., 147ff.).

Insbesondere im digitalen Raum besteht ein „soziales Potential für eine verstärkte nichthierarchische Koordination im Netz" durch neue Akteur*innen und neue Kommunikationswege (Ladeur 2007; Vesting 2004b; Fuchs 2015; Hoffmann-Riem 2016a). Damit können dynamische, schnelllebige Gesellschaftsbereiche erfasst werden. Zudem besteht so die Chance, passgenaue Rechtsmodelle zu schaffen. Für das Crowdworking könnte das bedeuten, dass ein plattformspezifisches Recht über regulierte Selbstregulierung denkbar ist. Ein solches netz- und genauer plattformadäquates Recht müsste dieses Potential freisetzen und Selbstregulierung ermöglichen. Dazu können die spezifischen Verhandlungsräume des Internet genutzt und eigene Standardsetzungsprozesse angestoßen werden (zum Internet als eigener Sozialraum Gruber 2017, S. 122; zum Selbstregulierungspotential der Plattformen schon Europäisches Parlament 2017b, Nr. 14, 26; Das Acevedo 2016, S. 12).

Auf die Crowdworking-Plattformen gewendet, geht der haftungsauslösende Vorwurf auf ein Organisationsdefizit, wenn trotz technischer und organisatorischer Möglichkeit versäumt wird, ein effektives und transparen-

14 So auch EuGH, 17.4.2018 – C-414/16 – Egenberger.

tes Kontroll-, Anhörungs- und Widerspruchssystem einzurichten, um die digitale Kommunikation und Beschäftigungsdimension des Crowdworking zu reflektieren und gleiche Beschäftigungschancen zu ermöglichen. Neben einem Recht auf willkürfreien Zugang erfordert das vor allem ein Recht auf Wahlfreiheit, also auch das Recht nicht auf digitalen Plattformen ‚mitzumachen' und sich dennoch am digitalen Markt zu betätigen. Plattformen dürfen nicht die einzige Alternative sein. Dazu müssen sie auch verhandelbar sein. Das bedeutet, ihre Konditionen müssen transparent und überprüfbar sein. Eine solche grundrechtliche Rückbindung weist über bloße Fairnessregeln für Selbstständige hinaus. Der Selbstbestimmungsgrundsatz entfaltet sich in *drei Dimensionen: Wahlfreiheit, Verhandlungsfreiheit und Zugangsfreiheit* (in diese Richtung auch Greef / Schroeder 2017, S. 77). In diesem Rahmen ist auch die *Sicherung* der Beschäftigungsfähigkeit, also etwa Gesundheits-, Sozial- und Arbeitsschutz als Teilnahmevoraussetzungen zu gewährleisten.

3.2. *Prozedurale Sicherung von (Nicht-)Teilnahmechancen*

Es finden sich zahlreiche Ansätze, die bereits in die Richtung einer regulierten Selbstregulierung von Online-Plattformen weisen und geeignet sind, die horizontalen Standardsetzungsprozesse unter hoheitlicher Aufsicht voran zu treiben. Diese lassen sich auch für die rechtliche Fassung von Crowdworking-Plattformen fruchtbar machen. Die zentralen Anknüpfungspunkte für ein reguliertes selbstregulatives Crowdworking-Recht zur Sicherung der Wahl-, Zugangs- und Verhandlungsfreiheit werden im Folgenden kurz benannt.

Auf die Ermöglichung der Wahlfreiheit zielen die folgenden Maßnahmen:

- *Zulassung der Datenportabilität:* Die Wechsel zu anderen Plattformen müssen durch die Übertragbarkeit von Bewertungen und Ratings erleichtert werden (auch Prassl 2018, S. 105ff.; Todolí-Signes 2017, S. 202; Europäisches Parlament 2017b, Nr. 33, 43).
- *Verbot von Wettbewerbsverboten:* Es dürfen keine unverhältnismäßigen Wettbewerbsverbote durch die Plattformen verhängt werden.[15]
- *Beschränkung der Verwertungsrechte der Plattformen*: Die Eigentumspositionen der Crowdworker*innen an ihren Werken müsste gesichert wer-

15 Zur Unzulässigkeit bei fehlender Entschädigung, BverfG, Beschl. v. 7. Februar 1990, 1 BvR 26/84 – BVerfGE 81, 242. Dazu Bayreuther 2017, S. 358.

den, etwa indem die Plattformen dazu verpflichtet werden, technische Schutzmaßnahmen hinsichtlich der urheberrechtlichen Positionen der Crowdworker*innen zu errichten (dazu allgem., Dreier / Leistner 2014, 20). Denkbar ist, dass Zugänge eingegrenzt werden, so dass der konkrete Verwertungsrahmen absteckbar ist und eine angemessene Vergütung der Urheber*innen bzw. eine auf Lizenzen beruhende Abgabe berechnet werden kann.

Den Zugang sollen folgende Rechte sichern:

- *Forderung eines willkürfreien Zugang*: Der Zugang zu den Plattformen und zu den Jobs muss willkürfrei gewährt werden. Dazu bedarf es geeigneter und transparenter Prüfungsverfahren.
- *Regulierung der Kündigung- und Änderungsrechte:* Pendant dieser Zugangsrechte wäre, dass Änderungen und Kündigungen des Accounts nur in zuvor festgesetzten und begründeten Fällen und nur unter Darlegung der Gründe erfolgen darf (so Europäische Kommission 2018, Art. 3, 4; Drahokoupil / Fabo 2016, S. 5).
- *Ausgestaltung eines Bewertungssystems*: Die Reputationssysteme der Plattformen müssten fair und transparent ausgestaltet sein (dazu Das Acevedo 2016, S. 12ff.; Europäisches Parlament 2017b, Nr. 12, 21, 43 und 2017b, Nr. 29). Teilweise wird weniger weitreichend eine Vermutungsregel für die Einhaltung der ‚beruflichen Sorgfalt' vorgeschlagen.
- *Forderung von Monitoring-Stellen:* Auch ein ‚Algorithmus-Audit' durch spezifische öffentliche Stellen ist einzuführen (vgl. Busch 2018, S. 11; AK Kartell 2015, S. 29; Mittelstadt 2016).[16]

---

16 Eine vergleichbare Rechenschaftspflicht trifft bereits bestimmte große Unternehmen, die Angaben zu nichtfinanziellen und die Diversität betreffenden Tätigkeiten etwa im Bereich der Menschenrechte und des Arbeitsschutzes machen müssen. Vgl. dazu RL 2014/95/EU des Europäischen Parlaments und des Rates v. 22.10.2014; Ministerkomitee des Europarats, Recommendation CM/Rec(2018)2 vom 7.3.2018, 1309th meeting.

Den Schutz der Verhandlungspositionen avisieren folgende Vorschläge:

- *Einführung von Informationspflichten bei Aufnahme der Tätigkeit*: Vergleichbar den Einwilligungstatbeständen der DSGVO etwa in Art. 7 ff. und den zum Verbraucherschutz vorgesehenen Informationspflichten insbesondere beim Online-Abschluss von Verbraucherverträgen (statt vieler Spindler 2012, S. 46ff., 76ff. m.w.N.), sollten die Plattformen besondere Informationspflichten haben (Europäisches Parlament 2017a, Nr. 48; Cherry 2016; Waas 2017, S. 174f.; De Stefano 2016, S. 22f.).
- *Regulierung der Ausbildung:* Gute digitale Beschäftigung setzt gleiche digitale Ausbildungschancen und eine hinreichende Aufklärungspolitik voraus (dazu auch Europäisches Parlament 2017a, Nr. 44, 53; 2017b, Nr. 66).
- *Einführung interner Streitschlichtungs- und Beschwerdeverfahren*: Zur Effektuierung bedarf es interner oder staatlich gesteuerter (Cherry / Poster 2016) Widerspruchsverfahren, die ein Recht auf Berichtigung etwa negativer Bewertungen, auf Gegendarstellung und auf Unterlassen beinhalten (vgl. Europäisches Parlament 2017b, Nr. 46; Europäische Kommission 2018, Art. 9-11; Ministerkomitee Europarat 2018, Punkt 2.5.; IG Metall u.a. 2016; Liebman / Lyubarsky 2017, S. 129ff.). Vorbilder könnten die Schlichtungsstellen nach § 36a UrhG, die nach dem EU-Verbraucherrecht geforderten Online-Streitbeilegungsplattformen (vgl. Europäisches Parlament 2013) und die von der IG Metall eingerichteten Ombudsstellen[17] sein.

Die Sicherung der Beschäftigungsfähigkeit suchen diese Forderungen zu leisten:

- *Regulierung der Haftung der Plattformen*: Aufgrund ihrer aktiven wirtschaftlichen Rolle sollten Plattformen anders als reine technische Vermittlungsplattformen[18] keine Haftungsprivilegierung genießen (für eine Klarstellung Europäisches Parlament 2017a, Nr. 25 und 2017b, Nr. 29) und für die Verwendung falscher Angaben und Bewertungen ihrer Nutzer*innen haften, wenn sie keine ausreichenden Maßnahmen zur Verhinderung getroffen haben (vgl. Research Group 2016, Art. 9,

17 Nähere Informationen dazu abrufbar unter: https://ombudsstelle.crowdwork-igmetall.de/de.html (Stand November 2018).

18 Dazu RL 2000/31/EG des Europäischen Parlaments und des Rates über bestimmte rechtliche Aspekte der Dienste der Informationsgesellschaft, insbesondere des elektronischen Geschäftsverkehrs im Binnenmarkt, v. 8.06.2000.

16-19; Ministerkommitee des Europarats, Punkt 2.2.; statt vieler auch Busch 2018, S. 12f.).

- *Sicherung des Arbeitsschutzes:* Es scheint auch angemessen, eine Verantwortung der Plattformen für die Arbeitsbedingungen der Crowdworker*innen zu fordern. Arbeitsschutz für Selbstständige ist bereits in einigen Branchen vorgesehen bzw. angestrebt, in denen vergleichbar zu Arbeitnehmer*innen gerade wegen der Veränderung der Arbeitsorganisation ein erhöhtes Risiko für die Gesundheit besteht (vgl. Baustellenrichtlinie 92/57/EWG; Richtlinie für selbstständige Kraftfahrer 2002/15/EG; Bildschirmrichtlinie 90/270/EG).[19] Anhaltspunkte für ein Schutzniveau lassen sich aus der ebenfalls auch auf Selbstständige anwendbaren Arbeitsstätten-Verordnung ziehen.
- *Soziale Sicherung*: Neben der Schaffung ausreichender Vergütungs- und Durchsetzungsstrukturen zur Ermöglichung der sozialen Absicherung gibt es Überlegungen zu einer Pflichtversicherung von Soloselbstständigen unter Einbeziehung der Crowdworker*innen (BMAS 2016, S. 172) sowie zur Einrichtung einer der Künstlersozialkasse ähnlichen EU-Sozialkasse für alle Beschäftigungsformen mit einer Beitragspflicht für Plattformen (statt vieler Biegoń 2017, S. 9; Hensel 2017 m.w.N.).[20]

*3.3. Zusammenspiel verschiedener Akteur*innen des Crowdworking*

Zur Umsetzung dieser Regelungsvorschläge ist es wichtig, die verschiedenen Regelungsordnungen, -ebenen und Akteur*innen miteinander zu verzahnen. Nur im Verbund können Gesetzgeber, Gerichte, neue Prüfstellen, Gewerkschaften, Plattformen und Crowdworker*innen die *lex crowdworking* effektiv und sozial responsiv ausgestalten. Bei diesem Mix aus Selbstverpflichtungen, gesetzlichen und tariflichen Regelungen ist zunächst der *Gesetzgeber* gefragt, den Rahmen der Selbstregulierung abzustecken, Mindestbedingungen zu formulieren und die horizontale Regulierung anzustoßen. Neben der Schaffung von Anreizmechanismen etwa durch steuerli-

19 Siehe dazu Mitteilung der Kommission, Sicherere und gesündere Arbeitsbedingungen für alle – Modernisierung der Rechtsvorschriften und Maßnahmen der EU im Bereich Sicherheit und Gesundheitsschutz am Arbeitsplatz, COM(2017) 12 final; Empfehlung des Rates zur Verbesserung des Gesundheitsschutzes und der Sicherheit Selbstständiger am Arbeitsplatz, 2003/134/EG, v. 18.02.2003.

20 Eine Beitragspflicht der Plattformen für die Berufsunfallversicherung regelt etwa das Französische Gesetz über die Arbeit, die Neugestaltung der Sozialpartnerschaft und die Sicherung des beruflichen Werdegangs, Nr. 2016-1088, 8.08.2016.

che Vergünstigungen für transparente und faire Plattformorganisation kann der Gesetzgeber Verhandlungsräume schaffen bzw. zulassen und Verfahren und Institutionen normieren, die diese Marktprozesse kontrollieren. Im Unterschied zur autoritären Setzung materieller Vorgaben (für einen zurückhaltenden Gesetzgeber plädieren etwa Das Acevedo 2016; Kennedy 2015, S. 1ff.) ginge es dann darum, die Regelungsdynamiken des Marktes zu überwachen (zum Erfordernis des Monitorings, Europäisches Parlament 2017a, Nr. 40) und indirekt über prozedurale Vorgaben zu lenken.

Als Vorbild hinsichtlich ihrer Regelungswirkung könnte zum einen § 92a I 1 HGB dienen, der u.a. dem Bundesministerium für Justiz die Möglichkeit einräumt, in besonderen Fällen die untere Grenze der vertraglichen Leistung der selbstständigen Unternehmerin festzusetzen, „um die notwendigen sozialen und wirtschaftlichen Bedürfnisse dieser Handelsvertreter oder einer bestimmten Gruppe von ihnen sicherzustellen." Über diese Regelungsidee ließen sich möglicherweise Mindestteilnahme- und Beschäftigungsbedingungen formulieren. Im Sinne eines prozeduralen Rechts könnte vergleichbar zu § 1 I Arbeitnehmerüberlassungsgesetz oder Art. 29 Europäische Grundrechtecharte das Crowdworking-Recht als Erlaubnisvorbehalt ausgestaltet werden, das den Betrieb von Plattformen unter bestimmte Bedingungen (etwa der Offenlegung des Algorithmus oder der Garantie bestimmter Verfahren, s.o.) erlaubt. Dann bedürfte es Prüfstellen, die die Einhaltung der Bedingungen kontrollieren.

In diesem Zusammenhang ist die Rolle des *Kartellamtes* weiterzudenken. Die bisweilen erhobene Forderung, dessen Prüfungskompetenz auf Verbraucher*innenbelange auszuweiten, scheint dann nicht ausreichend. Effektiver ist es, eine ausdrückliche Prüfungskompetenz für die Marktbedingungen der Crowdworker*innen zu schaffen, die als Wettbewerbsteilnehmer*innen schon jetzt von dem Anwendungsbereich erfasst sein müssten. Es wäre zu prüfen, inwieweit das Kartellamt in der Lage wäre, etwa Reputationssysteme abzunehmen oder Beschwerdeverfahren für Crowdworker*innen bereit zu stellen. Alternativ bedürfte es hier neuer Institutionen.

Daneben wird den *kollektiven Interessenvertretungen* wie Gewerkschaften und Verbänden eine besondere Funktion zukommen, diese Prozesse zu kontrollieren und zu lenken (dazu Pongratz / Abbenhardt 2018; Bayreuther 2018, S. 66; Krause 2016, B 107). Denn in besonderer Weise sind solche Institutionen in der Lage, Aufmerksamkeit für bestimmte Probleme zu schaffen (dazu auch Däubler 2016b, S. 43). Sei es durch medienwirksame Inszenierung oder durch die Organisation von Protest können sie insbesondere dort ansetzen, wo es derzeit am meisten fehlt: am Problembewusstsein der Crowdworker*innen. Kollektive Institutionen sind in der Lage, Gegennarrative zu formulieren und damit den Plattformen nicht die Deutungshoheit über digitale Beschäftigung zu überlassen. Sie können über Information und Austausch Verhandlungsdruck aufbauen (vgl. Lutz / Risak 2017, S. 73f.). Gerade jenseits eines betrieblichen Rahmens bedarf es neuer Solidarisierungswege, die die Crowdworker*innen aus ihrer Anonymität und Vereinzelung herausholen und in ihrer Selbstständigkeit stärken.

In diese Richtung gehen bereits zahlreiche Bemühungen von ver.di und IG Metall, die sich auch für Solo-Selbstständige geöffnet haben (dazu Pongratz / Bormann 2017, S. 174; zu Entwicklungen im europäischen Gewerkschaftsbund Degryse 2016, S. 71) und sich etwa dafür einsetzen, dass über Arbeitsstandards kommuniziert und diskutiert werden kann, dass die Plattformen ihre Verantwortung in Selbstverpflichtungen anerkennen, dass digitale Beschäftigte aufgeklärt, geschult, rechtlich und finanziell unterstützt werden. Nach dem Beispiel der externen Bewertungsplattform Turkopticon (dazu etwa Felstiner 2011, S. 199) haben sie eigene Reputationsplattformen etabliert, um Informationsfluss, Kommunikationsraum und Transparenz herzustellen. Darüber hinaus ist es der gewerkschaftlichen Interessenvertretung teilweise gelungen, über diese neuen Kontrollmechanismen einige Plattformen zu Selbstverpflichtungen für faire digitale Arbeit zu drängen (Benner 2015; Benner in diesem Band).

Die Arbeit der Gewerkschaften in diesem Bereich hat eine andere Qualität und Stoßrichtung als die klassische auf Repräsentation gerichtete kollektive Interessenvertretung. Sie ist verstärkt auf die Ermächtigung zur Selbstvertretung gerichtet. Das soll durch Maßnahmen erreicht werden, die die Konfliktfähigkeit der Crowd steigern. In diese Richtung geht der Aufbau kommunikativer Strukturen zur Vernetzung der Crowdworker*innen (zum Kommunikationsbedürfnis der Crowd, Durward / Blohm 2017).[21] Bereits praktiziert wird die Verknüpfung mit sozialen Medien und speziellen Kampagnenplattformen, um Proteste anzustoßen (Benner 2015, S. 289ff.; Cohen 2015, S. 303), die sich etwa in technischem oder kommunikativem Boykott ausdrücken können. Die Gewerkschaften zielen darauf, Räume, Strukturen und Ausdrucksformen für Proteste zur Verfügung zu stellen und so das Konfliktpotential zu lenken (etwa durch die Initiierung

21 U.a. der Verband der Gründer und Selbstständigen Deutschland e.V. (vgsd) hat die Gründung einer Bundesarbeitsgemeinschaft Selbstständigenverbände (BAGSV) angestoßen, mehr dazu abrufbar unter: https://www.vgsd.de/bagsv 2/ (Stand November 2018).

von Kettenbriefen, Giesen / Kersten 2018, S. 6; zu solchen Bsp. in den USA auch Berg 2016).

Zum anderen können die Kollektive wie Gewerkschaften und Verbände eine wichtige Funktion bei der Herausarbeitung von faktischen Leitbildern der digitalen Arbeit haben. Gerade weil es in diesem Bereich noch keine gesicherten Erwartungen über die Form und die Grenzen digitaler Arbeit gibt, bedarf es Strukturen, die geeignet sind, Erwartungen auszubilden und vor allem den starken Narrativen der Plattformen etwas entgegen setzen zu können. Etwa von Gewerkschaften entwickelte Branchenstandards (bspw. IG Metall u.a. 2016) können eine wichtige Orientierungsfunktion übernehmen (Bayreuther 2018, S. 76). So können sie als Bezugnahmesystem auf mehreren Ebenen dienen, zum einen, indem sie in individuelle Beschäftigungsverträge einbezogen werden. Unabhängig von Fragen der Tariffähigkeit und Tarifvertragsqualität könnten sie so eine gewichtige Gegenstrategie zur dominanten AGB-Politik der Plattformen sein und in internen Streitschlichtungsverfahren relevant gemacht werden. Zum anderen könnten sie aber auch bei der Rechtsdurchsetzung und Kontrolle wichtige Indizfunktion übernehmen, wenn sie erwartete Arbeitsstandards (wie etwa Transparenz, Vergütungshöhe, Kollektivierungsmöglichkeiten) markieren. Sie könnten dann als Gütesiegel für ‚gute Plattformarbeit' fungieren und sogar in Zertifizierungsverfahren eingebunden werden (vgl. Kocher / Hensel 2016, S. 989 m.w.N.). So hat die IG Metall bereits das Gütesiegel ‚Fair Crowd Work' begründet (Benner 2015, S. 298).

Aber auch ohne ausdrückliche Zertifizierung kann solchen internen Standards bereits eine wichtige Orientierungsfunktion zukommen, wenn sie – vergleichbar mit der Richtigkeitsvermutung von Tarifverträgen[22] – Anhaltspunkte für Bedingungen gelingender digitaler Beschäftigung formulieren. Ihre normative Kraft ziehen solche sozialen Standards aber nicht aus der sozialen Mächtigkeit und der vermuteten Aushandlungsgerechtigkeit der Tarifvertragsparteien, sondern aus der Sachnähe und Erfahrung der digitalen Kollektive zur Beschäftigungspraxis. Es geht dann nicht um ihre Setzungsmacht, sondern um ihr Wissen und Konfliktpotential, wenn sie sich als Räume und Kommunikationsstrukturen aufstellen, in denen sich die Erwartungen der digitalen Beschäftigten artikulieren und ausbilden können.

So können etwa Kontrollinstanzen wie *Gerichte* (zu deren zentraler Funktion bei der Ausbildung horizontaler Regelungsstandards, Teubner 2018a, S. 172), Kartellämter sowie Streitschlichtungs- und Ombudsverfah-

22 Dazu grundlegend BAG, 6.2.1985 – 4 AZR 275/83, juris Tz.25.

ren daran anknüpfen und die sachnahen Einschätzungen etwa der Gewerkschaften in ihre Bewertung der Vertragsverhältnisse über die bisherige AGB-Kontrolle hinaus einbeziehen. Möglich wäre diese Bezugnahme gesellschaftlicher Standardsetzungsprozesse jenseits des Tarifrechts vor allem über die Auslegung offener, generalklauselartiger Tatbestandsmerkmale. Vorbilder dafür gibt es bereits. So normieren §§ 32 II 2, 36 UrhG, dass ein Entgelt, welches als ‚gemeinsame Vergütungsregel' festgesetzt ist, als ‚angemessene Vergütung' gilt. Auch ohne die im Urheberrecht durch das Abstellen auf die gemeinsame Festsetzung erzeugte faktische Bindungswirkung (zur Vereinbarkeit mit Kartellrecht statt vieler Tolkmitt 2016; Bayreuther 2018, S. 358) könnte eine Generalklausel der ‚angemessenen Arbeits- und Vergütungsbedingungen' im Gesetz dazu führen, dass Branchenstandards als Indizien zur Ausfüllung des Tatbestandes herangezogen werden (dazu Bayreuther 2018, S. 76). In diese Richtung gehen die in jüngerer Zeit von der Deutschen Orchestervereinigung (DOV) festgelegten Mindesthonorarsätze für Aushilfs-Orchestermusiker und selbstständige Vokalsolisten, die als Vergütungsempfehlungen gelten.[23] Auch die 2015 zwischen einigen Crowdworking-Plattformen vereinbarten ‚Codes of Conducts' können wichtige Hinweise auf die Erwartungshorizonte der Parteien geben.[24]

Zentrale Forderungen an den Gesetzgeber wären in diesem Sinne, dass offene Tatbestände geschaffen und die Kollektive ermächtigt werden, Standards zu deren Ausfüllung setzen zu können. Neben dem Schutz der Teilnahme bei Kollektivierungsprozessen (vgl. Liebman / Lyubarsky 2017, S. 115ff.; IG Metall u.a. 2016, S. 6) ginge es dann um die Ermöglichung der Arbeit der Kollektive, etwa durch rechtliche Sicherung der kommunikativen Räume und insbesondere des Zugangs und der Kommunikation der Gewerkschaften mit den Plattformbeschäftigten (Krause 2016, B 107; Cohen 2015, S. 303ff.; DJT 2016, S. 12f.), durch die Schaffung von kollektiven Klagerechten (vgl. Research Group 2016, Art. 25 Nr. 2), aber auch durch den Schutz vor kartellrechtlichen Restriktionen.

---

23 Siehe dazu die Homepage des DOV, abrufbar unter: https://www.dov.org/freie/faire-honorare-fuer-orchesterprojekte-vokalsolisten (Stand November 2018).

24 Der Code of Conduct ist abrufbar unter http://crowdsourcing-code.de (Stand November 2018).

Literatur

Al-Ani, Ayad / Stumpp, Stefan (2018): Übergangsphänomen Crowdworking: Die Dinge, die da kommen werden. In: Andrea D. Bührmann / Uwe Fachinger / Eva M. Welskop-Deffaa (Hg.): Hybride Erwerbsformen. Springer VS: Heidelberg, S. 239-264.

Bayreuther, Frank (2017): Entgeltsicherung Selbstständiger. In: NJW, S. 357-361.

Bayreuther, Frank (2018): Sicherung der Leistungsbedingungen von (Solo-)Selbständigen, Crowdworkern und anderen Plattformbeschäftigten. Frankfurt am Main: Bund-Verlag.

Benner, Christiane (2015): Gewerkschaftliche Perspektiven in einer digitalen Arbeitswelt. In: Christiane Benner (Hg.): Crowdwork – zurück in die Zukunft? Perspektiven digitaler Arbeit. Bund-Verlag: Frankfurt am Main, S. 289-300.

Berg, Janine (2016): Income security in the on-demand economy: Findings and policy lessons from a survey of crowdworkers. In: Comparative Labor Law and Policy Journal, 37, S. 543-576.

Biegoń, Dominika / Kowalsky, Wolfgang / Schuster, Joachim (2017): Schöne neue Arbeitswelt? Wie eine Antwort der EU auf die Plattformökonomie aussehen könnte. FES.

Bundeskartellamt (2015): Digitale Ökonomie – Internetplattformen zwischen Wettbewerbsrecht, Privatsphäre und Verbraucherschutz. Tagung des Arbeitskreises Kartellrecht. 1.10. 2015. Bundeskartellamt. Bonn (zit. als AK Kartell).

Bundeskartellamt (2016): Marktmacht von Plattformen und Netzwerken. Arbeitspapier. B 6-113/15. Bonn (zit. als BKartA).

Bundesministerium für Arbeit und Soziales (2016): Arbeiten 4.0. Weißbuch. Berlin.

Bundesministerium für Wirtschaft und Energie (2017): Digitale Plattformen: Digitale Ordnungspolitik für Wachstum, Innovation, Wettbewerb und Teilhabe. Weißbuch. Berlin.

Busch, Christoph (2018): Verbraucherschutz in der Plattformökonomie. In: WISO, 15, S. 1-16.

Busch, Christoph / Dannemann, Gerhard / Schulte-Nölke, Hans (2016): Ein neues Vertrags- und Verbraucherrecht für Online- im Digitalen Binnenmarkt? In: MMR, S. 787-792.

Busche, Jan (1999): Privatautonomie und Kontrahierungszwang. Mohr Siebeck: Tübingen.

Busche, Jan / Röhling, Andreas (2017): Kölner Kommentar zum Kartellrecht. Band 1. Carl Heymans Verlag: Köln (zit. KK / Bearb.).

CDU / CSU / SPD (2018), Ein neuer Aufbruch für Europa. Eine neue Dynamik für Deutschland. Ein neuer Zusammenhalt für unser Land. Koalitionsvertrag zwischen CDU, CSU und SPD. 19. Legislaturperiode. Berlin.

Cherry, Miriam (2016): Legal and Governance Structures Built to Share. In: Trebor Scholz / Nathan Schneider (Hg.): Ours to Hack and to Own: The Rise of Platform Cooperativism. OR Books: New York u.a., S. 223-227.

Cherry, Miriam / Poster, Winifred (2016): Crowdwork, Corporate Social Responsibility, and Fair Labor Practices. In: Xavier Olleros / Majlinda Zhegu (Hg.): Research Handbook on Digital Transformations. Elgar: Cheltenham Glos, S. 291-312.

Cohen, Larry (2015): United States of Crowd Workers. In: Christiane Benner (Hg.): Crowdwork – zurück in die Zukunft? Perspektiven digitaler Arbeit. Bund-Verlag: Frankfurt/M., S. 303-322.

Damm, Reinhard / Hart, Dieter / Kohl, Helmut / Ott, Claus (1987): Alternativkommentar zum Bürgerlichen Gesetzbuch. Bd. 1: Allgemeiner Teil §§ 1-240. Luchterland: Neuwied (zit. als Berb. / AKom).

Das Acevedo, Deepa (2016): Regulating Employment Relationships in the Sharing Economy. In: Employee Rights & Employment Policy Journal, 20, S. 1-35.

Däubler, Wolfgang (2015): Crowdworker – Schutz auch außerhalb des Arbeitsrechts?. In: Christiane Benner (Hg.): Crowdwork – zurück in die Zukunft? Perspektiven digitaler Arbeit. Bund-Verlag: Frankfurt am Main, S. 243-274.

Däubler, Wolfgang (2016b): Digitalisierung und Arbeitsrecht. In: SR-Sonderausgabe Juli, 2, S. 1-44.

Däubler, Wolfgang / Klebe, Thomas (2015): Die neue Form der Arbeit – Arbeitgeber auf der Flucht?. In: Neue Zeitschrift für Arbeitsrecht, 17, S. 1032-1041.

Degryse, Christophe (2016): Digitalisation of the Economy and its Impact on Labour Markets. European Trade Union Institute Working Paper. Etui: Brüssel.

Deutscher Juristentag (2016): Beschlüsse. Bonn: Deutscher Juristentag e.V.

DICE Consult (2018): Modernisierung der Missbrauchsaufsicht für marktmächtige Unternehmen. Endbericht. Projekt- Nr. 66/17 des BMWi v. 29. August 2018.

Drahokoupil, Jan / Fabo, Brian (2016): The Platform Economy and the Disruption of the Employment Relationship. In: ETUI, Brüssel, 5, S. 1-6.

Dreier, Thomas / Leistner, Matthias (2014): Urheberrecht im Internet: die Forschungsherausforderungen. In: Gewerblicher Rechtsschutz und Urheberrecht, S. 13-27.

Durward, David / Blohm, Ivo (2017): The Rise of Crowd Aggregators – How Individual Workers Restructure Their Own Crowd. In: Jan M. Leimeister / Walter Brenner (Hg.): Proceedings der 13. Internationalen Tagung Wirtschaftsinformatik. St. Gallen, S. 395-409.

Economic Advisory Group for Competition Policy (EAGCP) (2005): An Economic Approach to Art. 82. Report für die Europäische Kommission. Brüssel.

Engelhardt, Sebastian v. / Wangler, Leo / Wischmann, Steffen (2017): Eigenschaften und Erfolgsfaktoren digitaler Plattformen. Studie für das Bundesministerium für Wirtschaft und Energie. Berlin.

Engert, Andreas (2018): Digitale Plattformen. In: AcP, 218, S. 304-376.

Europäisches Parlament (2013): Verordnung (EU) Nr. 524/2013 des Europäischen Parlaments und des Rates vom 21. Mai 2013 über die Online-Beilegung verbraucherrechtlicher Streitigkeiten.

Europäisches Parlament (2017a): Entschließung des Europäischen Parlaments vom 15. Juni 2017 zu einer Europäische Agenda für die kollaborative Wirtschaft (2017/2003(INI)).

Europäisches Parlament (2017b): Entschließung des Europäischen Parlaments vom 15. Juni 2017 zu Online-Plattformen im digitalen Binnenmarkt (2016/2276(INI)).

Europäische Kommission (2016a): Mitteilung. Europäische Agenda für die kollaborative Wirtschaft. Com (2016) 356 fin.

Europäische Kommission (2016b): Online-Plattformen im digitalen Binnenmarkt Chancen und Herausforderungen für Europa. COM(2016) 288 fin.

Europäische Kommission (2018): Vorschlag für eine Verordnung zur Förderung von Fairness und Transparenz für gewerbliche Nutzer von Online-Vermittlungsdiensten. COM(2018) 238 fin.

Europarat (2018): Empfehlung des Ministerkomitees des Europarats, über die Rolle und die Verantwortlichkeiten von Internetplattformen (Recommendation CM/Rec(2018)2 vom 7.3.2018, 1309th meeting.

Felstiner, Alek (2011): Working the Crowd: Employment and Labor Law in the Crowdsourcing Industry. In: Berkeley Journal of Employment & Labor Law, 32, S. 134-204.

Franck, Jens-Uwe (2016): Eine Frage des Zusammenhangs: Marktbeherrschungsmissbrauch durch rechtswidrige Konditionen. In: ZWeR, S. 137-164.

Fuchs, Christian (2015): The Internet as a self-organizing Socio-Technological System. In: Human Strategies in Complexity. Research Paper, S. 1-19.

Gersdorf, Hubertus / Paal, Boris (2018): BeckOK Informations- und Medienrecht, 19. Aufl. Beck Online.

Giesen, Richard / Kersten, Jens (2018): Der Arbeitskampf in der digitalisierten Arbeitswelt. In: NZA, 1, S. 1-18.

Greef, Samuel / Schroeder, Wolfgang (2017): Plattformökonomie und Crowdworking: eine Analyse der Strategien und Positionen zentraler Akteure, Studie BMAS. Berlin.

Gruber, Malte-Christian (2014): Vermittler, Störer, Rechtsverletzer: Zur Hybridhaftung im Internet. In: Zeitschrift für Geistiges Eigentum, 6, S. 302-324.

Gruber, Malte- Christian (2017): Digitaler Lebensraum. In: Bertram Lomfeld (Hg.), Fälle der Gesellschaft. Mohr Siebeck: Tübingen, S. 115-124.

Grünberger, Michael (2018): Warum der Stadionsverbots-Beschluss weit mehr ist als nur Common Sense. Abrufbar unter: ttps://verfassungsblog.de/warum-der-stadionverbots-beschluss-weit-mehr-ist-als-nur-common-sense/ (Stand November 2018).

Hauck, Ronny / Blaut, Heiko (2018): Die (quasi-)vertragliche Haftung von Plattformbetreibern. In: NJW 2018, S. 1.425-1.430.

Hensel, Isabell (2017): Soziale Sicherheit für Crowdworker_innen? Zu Regulierungsproblemen am Beispiel der Alterssicherung für Selbstständige. In: Sozialer Fortschritt 66, S. 897-918.

Hensel, Isabell / Teubner, Gunther (2014): Matrix reloaded. Kritik der staatszentrierten Drittwirkung der Grundrechte am Beispiel des Publication Bias. In: KJ, S. 152-170.

Hildebrandt, Mireille (2016): Smart Technologies and the end(s) of Law. Elgar: Cheltenham.

Hoffmann-Riem, Wolfgang (2016a): Regulierte Selbstregulierung im digitalen Kontext. In: Michael Fehling / Utz Schliesky (Hg.). Neue Macht- und Verantwortungsstrukturen in der Digitalen Welt. Nomos: Baden-Baden, S. 27-51.

Hoffmann-Riem, Wolfgang (2016b): Innovation und Recht – Recht und Innovation, Mohr Siebeck: Tübingen.

Hollenders, Anna-Sophie (2012): Mittelbare Verantwortung von Intermediären im Netz. Nomos: Baden-Baden.

IG Metall u.a. (2016): Frankfurter Erklärung zu plattformbasierter Arbeit: Vorschläge für Plattformbetreiber, Kunden, politische Entscheidungsträger, Beschäftigte und Arbeitnehmerorganisationen. Kopenhagen u.a.

Jörges, Christian / Falke, Josef (Hg.) (2011): Karl Poalyi, Globalisation and the Potential of Law in Transnational Markets. Hart Publishing: Oxford.

Kennedy, Joseph v. (2015): Why Internet Platforms Don't Need Special Regulation. In: The Information Technoloy & Foundation. Report 8, S. 1-22.

Kocher, Eva (2018): Die Spinnen im Netz der Verträge – Geschäftsmodelle und Kardinalpflichten von Crowdsourcing-Plattformen. In: JZ 18, S. 862-870.

Kocher, Eva / Hensel, Isabell (2016): Herausforderungen des Arbeitsrechts durch digitale Plattformen – ein neuer Koordinationsmodus von Erwerbsarbeit. In: Neue Zeitschrift für Arbeitsrecht, S. 984-990.

Körber, Torsten (2015): Analoges Kartellrecht für digitale Märkte? In: WuW, S. 120-133.

Körber, Torsten (2017): Konzeptionelle Erfassung digitaler Plattformen und adäquate Regulierungsstrategien. In: ZUM, S. 93-101.

Krause, Rüdiger (2016): Digitalisierung der Arbeitswelt – Herausforderungen und Regelungsbedarf. Gutachten B. In: Verhandlungen des 71. Deutschen Juristentags Essen. Deutscher Juristentag (Ständige Deputation) (Hg.). C.H.Beck: München.

Ladeur, Karl-Heinz (2007): eBay-Bewertungssystem und staatlicher Rechtsschutz von Persönlichkeitsrechten. In: Kommunikation und Recht, S. 85-91.

Leimeister, Jan Marco / David Durward / Shkodran Zogaj (2016): Crowd Worker in Deutschland eine empirische Studie zum Arbeitsumfeld auf externen Crowdsourcing-Plattformen. Düsseldorf: Hans-Böckler-Stiftung.

Liebman, Wilma B. / Lyubarsky, Andrew (2017): Crowdworkers, the Law and the Future of Work: The U.S. In: Bernd Waas / Wilma B. Liebman / Andrew Lyubarsky / Katsutoshi Kezuka (Hg.): Crowdwork. A Comparative Law Perspective. Bund-Verlag: Frankfurt/M., S. 24-140.

Lutz, Doris / Risak, Martin (2017): Arbeit in der Gig-Economy: Rechtsfragen neuer Ar- beitsformen in Crowd und Cloud, OGB: Wien.

Martini, Mario (2017): Algorithmen als Herausforderung für die Rechtsordnung, In: Juristen Zeitung, 21, S. 1017-1025.

Maschmann, Frank (2017): Total Compensation: Handbuch der Entgeltgestaltung. fachmedien Recht und Wirtschaft: Frankfurt/M. (zit. als Maschmann / Bearb.).

Maultzsch, Felix (2018): Contractual Liability of Online Platform Operators: European Proposals and Established Principles. In: European Review of Contract Law, 14, S. 209-240.

Maurer, Andreas (2010): Die Inhaltskontrolle transnationalen Rechts: Zur Inhaltskontrolle Allgemeiner Geschäftsbedingungen im grenzüberschreitenden (See)handel und deren Folgen. In: TranState Working Papers 122, Universität Bremen. Sfb 597: Transformations of the State.

Meder, Stephan (2009): Ius non scriptum – Traditionen privater Rechtsetzung, 2. Aufl. Mohr Siebeck: Tübingen.

Mestmäcker, Ernst-Joachim / Schweitzer, Heike (2014): Europäisches Wettbewerbsrecht, 3. Aufl., C.H. Beck: München.

Mittelstadt, Brent (2016): Automation, Algorithms, and Politics, Auditing for Transparency in Content Personalization Systems. In: International Journal of Communication, 10, S. 4.991-5.002.

Paal, Boris (2015): Internet-Suchmaschinen im Kartellrecht. In: GRUR Int., S. 997-1006.

Paal, Boris (2018): Intermediäre: Regulierung und Vielfaltsicherung. Rechtsgutachten im Auftrag der Landesanstalt für Medien Nordrhein-Westfalen. Freiburg.

Paal, Boris / Hennemann, Moritz (2017): Big Data im Recht. In: NJW, S. 1697-1701.

Podszun, Rupprecht / Schwalbe, Ulrich (2017): Digitale und GWB-Novelle: Überzeugende Regeln für die Internetokonomie?. In: NZKart, S. 98-106.

Pohlmann, Petra / Wismann, Thomas (2016): Digitalisierung und Kartellrecht – Der Regierungsentwurf zur 9. GWB-Novelle. In: NZKart, S. 555-563.

Pongratz, Hans J. / Abbenhardt, Lisa (2018): Interessenvertretung von Solo-Selbstständigen. In: WSI-Mitteilungen, 4, S. 270-278.

Pongratz, Hans J. / Bormann, Sarah (2017): Online-Arbeit auf Internet-Plattformen. Empirische Befunde zum ‚Crowdworking' in Deutschland. In: Arbeits- und Industriesoziologische Studien, 10, S. 158-181.

Prassl, Jeremias (2018): Humans as a Service. The Promise and Perils of Work in the Gig Economy. Oxford University Press.

Research group on the Law of Digital Services (2016): Discussion Draft of a Directive on Online Intermediary Platforms. In: Journal for European Consumer and Market Law, S. 164-169 (zit. als Research Group).

Schliemann, Harald (2014): Zum Schutz wirtschaftlich schwacher Solo-Dienst- und Werkvertragsunternehmer – Ein Zwischenruf. In: Martin Henssler / Jacob Joussen / Martin Maties / Ulrich Preis (Hg.): Moderne Arbeitswelt, Festschrift für Rolf Wank, C.H. Beck. München, S. 531-544.

Schönefeld, Daniel / Hensel, Isabell / Koch, Jochen / Kocher, Eva / Schwarz, Anna (2017): Jobs für die Crowds. In: Jochen Koch / Eva Kocher / Klaus Weber (Hg.): Arbeit|Grenze|Fluss. Work-in-progress interdisziplinärer Arbeitsforschung, Nr. 1, Frankfurt (Oder).

Schweitzer, Heike / Fetzer, Thomas / Peitz, Martin (2016): Digitale Plattformen: Bausteine für einen künftigen Ordnungsrahmen. ZEW-Diskussionspapier Nr. 16-042.

Senghaas-Knobloch, Eva (2005): Weltweit geltende Arbeitsstandards trotz Globalisierung: Analysen, Diagnosen und Einblicke. LIT Verlag: München.

Spindler, Gerald (2012): Persönlichkeitsschutz im Internet – Anforderungen und Grenzen einer Regulierung, 69. Deutscher Juristentag, Gutachten F. In: Verhandlungen des 69. Deutschen Juristentags 2012. Deutscher Juristentag (Ständige Deputation) (Hg.). C.H.Beck: München.

Stefano, Valerio de (2016): The Rise of the "Just-in-Time Workforce". In: Conditions of Work and Employment Series (International Labour Office. Inwork), 71, S. 1-31.

Teubner, Gunther (1978): Generalklauseln als sozio-normative Modelle. In: Klaus Lüdersen (Hg.): Generalklauseln als Gegenstand der Sozialwissenschaften. Nomos: Baden-Baden, S. 13-35.

Teubner, Gunther (2000): Ein Fall von struktureller Korruption? Die Familienbürgschaft in der Kollision unverträglicher Handlungslogiken (BverfGE 89, 214ff.)?. In: Kritische Vierteljahresschrift für Gesetzgebung und Rechtswissenschaft, 83, S. 388-404.

Teubner, Gunther (2003): Globale Zivilverfassungen: Alternativen zur staatszentrierten Verfassungstheorie. In: Zeitschrift für ausländisches öffentliches Recht und Völkerrecht, 63, S. 1-28.

Teubner, Gunther (2004) (Hg.): Netzwerk als Vertragsverbund. Nomos: Baden-Baden.

Teubner, Gunther (2012): Verfassungsfragmente – Gesellschaftlicher Konstitutionalismus in der Globalisieung. Suhrkamp: Berlin.

Teubner, Gunther (2014): Transnationale Wirtschaftsverfassung: Franz Böhm und Hugo Sinzheimer jenseits des Nationalstaates. In: ZaöRV 74, S. 733-761.

Teubner, Gunther (2018a): Quod omnes tangit: Transnationale Verfassungen ohne Demokratie?. In: Der Staat, 57, S. 171-194.

Teubner, Gunther (2018b): Digitale Rechtssubjekte? Zum privatrechtlichen Status autonomer Softwareagenturen. In: AcP, 218, S. 155-205.

Todolí-Signes, Adrián (2017): The 'Gig Economy': Employee, Self-Employed or the Need for a Special Employment Regulation?. In: Transfer, 23, S. 193-206.

Tolkmitt, Jan (2016): Gemeinsame Vergütungsregeln – ein kartellrechtlich weithin ungedeckter Scheck. In: Gewerblicher Rechtsschutz und Urheberrecht, S. 564-569.

Uffmann, Katharina (2016): Digitalisierung der Arbweitswelt. In: NZA, S. 977-984.

Vesting, Thomas (2004a): The Autonomy of Law and the Formation of Network Standards. In: German Law Journal, 5, 639-668.

Vesting, Thomas (2004b): The Network Economy as a Challenge to Create New Public Law (beyond the State). In: Karl-Heinz Ladeur (Hg.): Public Governance in the Age of Globalization. Aldershot: Ashgate, S. 247-288.

Viellechner, Lars (2013): Transnationalisierung des Rechts. Velbrück: Weilerswist.

Voegeli, Julia (2006): Die Regulierung des Domainnamensystems durch die Internet Corporate for Assigned Names and Numbers (ICANN). Carl Heymanns: Köln.

Waas, Bernd (2017): Crowdwork in Germany. In: Waas, Bernd / Liebman, Wilma B. / Lyubarsky, Andrew / Kezuka, Katsutoshi (Hg.): Crowdwork – A Comparative Law Perspective. Frankfurt am Main: Bundverlag, S. 142-186.

Autor*innenangaben

Thorben Albrecht, Bundesgeschäftsführer der SPD, von 2014 bis 2018 beamteter Staatssekretär im Bundesministerium für Arbeit und Soziales (BMAS). Verantwortlich für den BMAS-Dialogprozess "Arbeiten 4.0" mit inhaltlichem Schwerpunkt „Crowdworking".

Christiane Benner, Zweite Vorsitzende der IG Metall. Benner plädiert für klare Regeln und soziale Sicherheit für Crowdworker*innen.

Sarah Bormann, Dr. der Politikwissenschaften, Mitarbeit in dem ver.di-Projekt Herausforderungen Cloud und Crowd, derzeit Gewerkschaftssekretärin im ver.di-Fachbereich Gesundheit, Soziale Dienste, Wohlfahrt und Kirchen.

Gunter Haake, Diplom-Journalist, Geschäftsführer der mediafon Selbstständigenberatung GmbH und Gewerkschaftssekretär im ver.di-Referat für Selbstständige.

Isabell Hensel, Ass. jur., Europa-Universität Viadrina, Juristische Fakultät, Lehrstuhl für Bürgerliches Recht und Arbeitsrecht, Wissenschaftliche Mitarbeiterin Projekt „Crowdworking" und DFG-Projekt „Recht – Geschlecht – Kollektivität".

Jochen Koch, Prof. Dr., Europa-Universität Viadrina, Wirtschaftswissenschaftliche Fakultät, Lehrstuhl für Unternehmensführung und Organisation, Leiter des Centre for Entrepreneurship Research CfE^{R}, Mitantragsteller und Mitarbeit im Projekt „Crowdworking".

Eva Kocher, Prof. Dr., Europa-Universität Viadrina, Juristische Fakultät, Lehrstuhl für Bürgerliches Recht und Arbeitsrecht, Center for Interdisciplinary Labour Law Studies, Mitantragstellerin und Projektleitung „Crowdworking".

Daniel Schönefeld, Dr. phil., Europa-Universität Viadrina, Juristische Fakultät, Lehrstuhl für Bürgerliches Recht und Arbeitsrecht, Wissenschaftlicher Mitarbeiter Projekt „Crowdworking".

Anna Schwarz, Prof. Dr., Europa-Universität Viadrina, Kulturwissenschaftliche Fakultät, Professorin für Vergleichende Politische Soziologie, Mitantragstellerin und Mitarbeit im Projekt „Crowdworking".

Sebastian Strube, Dr. phil., Bayerischer Rundfunk, langjährige Berichterstattung zum Thema Crowdworking.

Kolibri 360 GmbH
Ferdinand-Jühlke-Straße 7
99095 Erfurt, Deutschland
produktsicherheit@kolibri360.de